Österreich

Eine Übersichtskarte von Österreich mit den eingezeichneten Reiseregionen finden Sie in der vorderen Umschlagklappe.

Roland Mischke

Österreich

**Österreich
Felix Austria**

Felix Austria

Ein Land mit Schauplätzen und Nationalheiligtümern, Küche und Kunst

Enzian ziert in Österreich selbst den 1-Eurocent

Das weltoffene, herzliche und immer ein bisschen rummelige Österreich, ein Touristenland mit bewährter Gastfreundschaft, ist geografisch gesehen mit keinem anderen europäischen Land zu vergleichen und weltweit nur mit den Bahamas, den Malediven und dem Bikini Atoll in der Südsee. Wie das? Weil diese Staaten Riffländer sind. Österreich war im längsten Teil seiner Vorgeschichte vom Meer bedeckt und besteht deshalb zum überwiegenden Teil seiner Fläche aus Gebirgen, die sich nach dem Rückzug des Wassers in den Himmel stemmten – die Alpen.

Riffe sind bekannt als Wunderwelten unter Wasser, farbenprächtige Tauchreviere und Lebensräume von Korallen und Fischen. In Österreich kann man sehen, wie sich aus Abermilliarden von Korallen, Muscheln und Schwämmen unterschiedliche Gebirgsformationen gebildet haben. Die ältesten Riffe stammen aus dem Paläozoikum und liegen im Süden des Landes, in den urigsten Teilen der Alpen, dem Grazer Bergland und den Karnischen Alpen. Die Ur-Riffe sind mehr als 400 Millionen, die jüngsten immerhin noch stolze 15 Millionen Jahre alt. Die aus dem Erdmittelalter stammende Bodengestaltung kennzeichnet Österreich fast landesweit.

Die Riff-Morphologie prägt in gewisser Weise auch die Bevölkerung von 8,3 Millionen Menschen in einem wenig besiedelten Land mit nur einem wirklich kompakten urbanen Kern, der Hauptstadt Wien. In Österreich kann man – wie unter Wasser – Wunderwelten erleben, gerade in touristischer Hinsicht bietet das Land eine außerordentliche Vielfalt. Farbenprächtig ist es auch, und dass seine Bewohner mental hier und da abtauchen ist in der Soziologie und Psychologie als Phänomen hinreichend bekannt. Österreich, das Riffland der Gefühle.

Sommer im Nationalpark Hohe Tauern (Moaralm)

Wasserfall im Tannheimer Tal (Tirol)

»Was die Österreicher auszeichnet, ist eine gewisse Einsicht in die Absurdität ihre Daseins«, sagt der Wiener Psychoanalytiker Felix de Mendelssohn. »Darüber verfügt der Deutsche viel weniger und der Schweizer fast gar nicht. Um diese Fähigkeit gruppieren sich alle möglichen Symptome, positive wie der ungeheure Sinn für Theatralik und eine tiefgründige Ironie, aber auch negative wie Weinerlichkeit, Brutalität und Verschlagenheit.« Der renommierte Seelenkundler erklärt damit auch die bizarren Ereignisse der letzten Jahre, den Entführungsfall Kampusch, den monströsen Inzestfall Fritzl oder den pompös betrauerten Tod des rechten, nationalkonservativen Politikers Haider. Österreich gab der Welt mit diesen Geschehnissen einige Rätsel auf.

Mendelssohn, Jahrgang 1944, der alle psychotherapeutischen Schulen an der Universität Wien leitet und als Ausbilder weltweit gefragt ist, erklärt das Rätselhafte anhand der österreichischen Geschichte. Es gab nie eine bürgerliche Revolution, wie in Frankreich, nie Aufstände der Armen, wie in England und Deutschland, nie eine Aufarbeitung der eigenen Historie, auch nicht des dunklen Geschichtskapitels, als sich viele Österreicher der verbrecherischen nationalsozialistischen Ideologie anschlossen. »Hier herrscht eine tiefsitzende Gemütlich-

Wandern in den Karnischen Alpen (Kärnten)

5

Jause in Kärnten (oben)

Gamsbarttreffen in Bad Goisern am Hallstätter See (Oberösterreich)

Kulisse der Salzburger Altstadt vor der Festung Hohensalzburg (rechts oben)

Vergoldeter Walzertraum: Johann Strauß Sohn im Wiener Stadtpark ▷

keit, die mit dem Mythos der k.u.k. Monarchie zu tun hat«, so Mendelssohn. »Österreich ist ein Land der Präsidenten und verfügt – neben dem Bundespräsidenten – über insgesamt 11 200 Häuptlinge ebenso vieler Vereine. Die Zahl hat sich seit den 1980-er Jahren fast verdoppelt. Der Untergang des Weltreichs und der Monarchie und das Zusammenschrumpfen sind die absoluten Traumen dieses Landes.« Für Mendelssohn ist sein Heimatland ein »Außenseiter mit Weltruhm. Die Österreicher agieren über die Kunst.«

Mit dem starken Kunstdrang ist das Land, dessen Geschichtsaufarbeitung in der dritten Generation gerade begonnen hat, gut präpariert für den Tourismus. Seine Bewohner verfügen über ein ausgeprägtes Nationalbewusstsein, sie sind stolz auf ihr Land mit den über 900 weißen Gipfeln, dunkelblauen, kristallklaren Seen, grünen Wäldern, Wiesen und Almen und gelbbraunen Äckern, mit Wildwasserflüssen, romantischen Städten und regionalen städtischen Zentren. Das Gallup-Institut befragte eine repräsentative Auswahl an Bürgern im Alpenland nach ihren »Nationalheiligtümern«. 76 Prozent begeistert die Landschaft, gleich danach folgt die österreichische Küche (34 Prozent), die Musik (33 Prozent), sportliche Erfolge (26 Prozent), wirtschaftliche Kraft (18 Prozent), bildende Kunst (18 Prozent), Literatur (16 Prozent) und Wissenschaft (12 Prozent). Österreichs Frauen (96 Prozent) sind dabei stolzer als die Männer (92 Prozent). Eine bemerkenswerte Erkenntnis für ein Land, dessen Einwohner angeblich ständig zwischen Minderwertigkeit und Größenwahn lavieren. 62 Pro-

Österreich
Felix Austria

Das Wahrzeichen von Wien: der Stephansdom

zent der Befragten gaben an, überzeugt zu sein, dass Österreich das schönste Land der Welt sei.

Was lieben die Einheimischen an ihrem Land am meisten? Da kommt eine bunte Palette zusammen. Sie mögen den Wiener Prater (2,7 Mio. Besucher im Jahr) und Schloss Schönbrunn, die Basilika Mariazell, den Großglockner, die Festung Hohensalzburg über Salzburg und den Pöstlingberg über Linz. Den Zuschlag als Bundesland erhielt Niederösterreich mit der Wachau,

Österreich
Felix Austria

Das Benediktinerkloster Stift Melk von der Donau aus gesehen (Niederösterreich)

dem romantischen Dürnstein und dem imponierenden Kloster Melk. Aber auch das Naturrefugium von Lobau und die Hainburger Au, ein Donaudelta bei Wien, sowie Kahlenberg und der Wienerwald.

Am meisten aber die Berge, vom Arlberg bis zu den Krimmler Wasserfällen und dem Nationalpark Hohe Tauern. Typisch Riffland eben. Österreicher mögen das, ihre Gäste sollen es kennen lernen.

Die Schlögener Donauschlinge im Frühling (Oberösterreich)

Chronik Österreichs

Chronik
Daten zur Geschichte Österreichs

Zeugnis aus der Altsteinzeit: Die »Venus von Willendorf« (um 25 000 v. Chr.) wurde 1908 in der Wachau gefunden

Römischer Legionärshelm im Museum Petronell-Carnuntum (Niederösterreich)

180 000 v. Chr.	Erste Spuren menschlicher Anwesenheit in den Alpen, Faustkeile, Steinbeile und Werkzeug aus Hirschgeweih.
32 000 v. Chr.	Die »Venus vom Galgenberg«, sieben Zentimeter, wird als älteste bislang bekannte Darstellung eines Menschen im niederösterreichischen Kremstal gefunden.
25 000 v. Chr.	Die elf Zentimeter große »Venus von Willenberg«, eine üppige Frauenfigur, wird als bedeutendster Kunstfund der Steinzeit in der Wachau entdeckt.
12 000 v. Chr.	Archäologische Funde belegen, dass einige Teile des heutigen Österreich damals besiedelt waren.
3700 v. Chr.	1991 finden Touristen im Tiroler Hochgebirge die mumifizierte Leiche eines Mannes aus der Jungsteinzeit, den »Ötzi«.
800–400 v. Chr.	Die Illyrer bringen die Hallstattkultur nach Oberösterreich, mit ihnen beginnt der lukrative Salzhandel.
15 v. Chr.	Unter Kaiser Augustus wird *Noricum* zur römischen Provinz, der Osten wird der Provinz Pannonien zugeschlagen.
488	Im Zuge des Zerfalls des Römischen Imperiums wird die staatsrechtliche Bindung an Rom aufgelöst.
3. Jh.	Germanenstämme dringen in den Ostalpenraum ein, vor allem Bajuwaren (Bayern), die donauabwärts siedeln. In Kärnten und die Südsteiermark sickern slawische Stämme ein.
788	Karl der Große besiegt Bayern und gliedert es mit den

Die Habsburger – Österreich wird groß in Europa

Die Krone der Habsburger: die »Rudolfskrone«

1156 wurde Österreich zum Herzogtum, die Herrschaft ging an die Babenberger. Doch nicht einmal hundert Jahre später starb die Linie aus, das Land geriet in den Taumel ungeordneter Verhältnisse. Da ergriff der zum deutschen König gewählte Rudolf I. aus der südwestdeutschen Dynastie der Habsburger die Gunst der Stunde: Mit dem Übergangskönig Ottokar II. von Böhmen zettelte er einen Krieg an. 1278 gewann Rudolf die Schlacht auf dem Marchfeld und schwang sich zum Herrscher über Österreich auf. Seine Söhne zementierten die Macht, 1438 erlangte das Haus Habsburg zum ersten Mal die Kaiserwürde. Das war der Weg zur Großmacht für sechseinhalb Jahrhunderte. Ihr Motto: A.E.I.O.U. – »Austria Est Imperare Orbi Universo« (»Alles Erdreich ist Österreich untertan«). Eine Nummer kleiner hatten sie es nicht. Mit Kaiser Maximilian I., der 1477 Maria von Burgund heiratete, und Maria Theresia, die sich zwischen 1740 und 1780 gegen Preußen und Bayern behaupten konnte, war das Habsburger Haus zeitweise bedeutendstes Herrschergeschlecht in Europa.

Die Komponisten – Österreich ist das Land der Musik

Wolfgang Amadeus Mozart steht über allem. Ein jung verstorbenes Genie wie ihn gibt es nicht in jedem Jahrhundert. Seine Musik erklingt nicht nur nach wie vor in Konzertsälen, sondern auch in Therapien, um das vegetative Nervensystem zu beruhigen. In Salzburg weiß man, was man an ihm hat, obwohl Mozart aus der Stadt floh – wegen der machtsüchtigen Erzbischöfe, die den Rebellen unter Kuratel stellen wollten. Auch Wien, wo er starb, setzt ganz auf ihn. Mozart über allem, aber Österreich hat noch mehr Ausnahmemusiker zu bieten.
Da ist Joseph Haydn, der im Burgenland die Musik zu neuen Höhen führte. Da ist Johann Strauß jun., der Walzerkomponist, der die Musik des Vaters weiterführte, nur besser, und deshalb zum »Walzerkönig« und Dirigenten der Wiener Hofbälle ernannt wurde. Fast 300 Werke schuf er, allein 169 Walzer und 16 Operetten mit den Favoriten »Die Fledermaus« und »Der Zigeunerbaron«. Da ist Gustav Mahler, der komponierte, aber auch dem Wiener Opernhaus zehn Jahre vorstand und vom Kaiser zum »artistischen Direktor« ernannt wurde. Da ist Franz Lehár aus der tiefen ungarischen Provinz, dem mit Operetten der Durchbruch gelang, vor allem mit dem Welterfolg »Die lustige Witwe« und »Paganini«. Da ist Arnold Schönberg, der Kettenraucher, der literweise Kaffee und flaschenweise Likör trank, um die Angst niederzuzwingen, die ihn lange daran hinderte, die atonale Zwölftonmusik zu kreieren. Österreich ist ein musikgesättigtes Land.

Wolfgang Amadeus Mozart (1756–91)

	österreichischen Gebieten in sein Reich ein. Gegen die Awaren und andere Feinde lässt er die Ostmark errichten.
Ab 900	Mehrere Einfälle der Reiter-Magyaren. Erst 955 gelingt es König Otto I., die Ungarn entscheidend in der Schlacht auf dem Lechfeld bei Augsburg zu schlagen.
996	Erste Erwähnung von *Ostarrichi* in einem kaiserlichen Dokument.

Holzschnitt von Österreich in der Schedelschen Weltchronik (1493)

Chronik Österreichs

Familie des Kaisers Maximilian I. (nach 1515, Gemälde von Bernhard Strigel, Kunsthistorisches Museum, Wien)

Die Zweite Wiener Türkenbelagerung 1683

1137	Wien wird erstmals in einer Chronik als Stadt aufgeführt.
1156	Österreich wird zum Herzogtum erhoben, Wien wird seine Residenz.
1282	Nach dem Aussterben der Babenberger-Linie gerät Österreich unter die Herrschaft des Hauses Habsburg, die mehr als 600 Jahre anhält.
1493	Kaiser Maximilian I. vertreibt die Ungarn aus Österreich und führt die geteilten Nationen zu einem Volk zusammen.
1526	Die Habsburger erben Ungarn und Böhmen. Wien wird Mittelpunkt des größten europäischen Reiches, in dem »die Sonne nicht unterging«.
1529	Die Erste Türkenbelagerung wird abgewehrt.
1618–48	Im Dreißigjährigen Krieg führen das Haus Habsburg und die Bayern die Katholische Liga an. Die protestantischen Schweden dringen fast bis Wien vor, werden aber abgedrängt.
1683	Die Zweite Belagerung durch die Türken wird unter großen Opfern verhindert.
1740–80	Unter Maria Theresia setzt eine Politik der Reformen und Modernisierung ein. Die Verwaltung wird zentralisiert.
1781	Joseph II. erlässt das Toleranzedikt, es garantiert die Freiheit der Religionsausübung. Österreich präsentiert sich damit als einer der fortschrittlichsten Staaten des Kontinents.

Chronik Österreichs

1805–15	Wien wird mehrfach durch napoleonische Truppen besetzt. Neuordnung Europas im Wiener Kongress (1815).
1848	Die Märzrevolution gegen das Regime von Fürst Metternich wird von kaiserlichen Truppen grausam niedergeschlagen. Der 18-jährige Franz Joseph wird Kaiser von Österreich (bis 1916). 1854 heiratet er Elisabeth von Wittelsbach (»Sisi«).
1866	Im Österreichisch-Preußischen Krieg um die Vorherrschaft in den deutschen Ländern verlieren die Österreicher die Schlacht von Königgrätz. Daraufhin wird der Deutsche Bund aufgelöst und der deutsche Nationalstaat (1871) ohne Österreich geschaffen.
1867	Unter einem gemeinsamen Herrscher wird die Doppelmonarchie Österreich-Ungarn als Zusammenschluss zweier unabhängiger Staaten gegründet.

Delegierte des Wiener Kongresses (links oben) mit dem österreichischen Fürsten Metternich an der Spitze (oben)

Die Kunst – Österreichs Kunstgeschichte ist eine stolze Historie

Wer die berühmteste Kultstatuette der Welt besitzt, die 27 000 Jahre alte »Venus von Willendorf« im Naturhistorischen Museum Wien, kann behaupten, schon lange Kulturnation zu sein. Doch es war die Hallstattzeit (800–400 v. Chr.), die österreichische Kunst in großen Mengen produzierte: Exzellente Schmuckkunst, reich verzierte Bronzeblechgefäße, Beigaben in über 2000 Gräbern. In der Zeit der Völkerwanderung (ab 400 n. Chr.) entstanden in Salzburg die Klöster St. Peter und Nonnberg, eine entscheidende Entwicklungshilfe in Sachen Kunst. Romanik, Gotik, Renaissance und Barock kamen zeitverzögert nach Österreich, trieben aber beachtliche Blüten, vor allem der Barock, die größte österreichische Kunstentfaltung. Ende des 19. Jahrhunderts kreierten jüngere Künstler mit der Leitfigur Gustav Klimt, einem Maler, die Wiener Secession, eine Variante des Jugendstils, geprägt von romantischer Naturdarstellung und symbolhafter Ornamentik. Original österreichisch und allein Grund genug, nach Wien zu reisen. Die zeitgenössische Kunstszene ist sehr vielfältig, modern orientiert, stets für einen Schock gut und erregt immer wieder Aufsehen.

Gustav Klimts Gemälde »Judith mit dem Haupt des Holofernes« (1901) in der Österreichischen Galerie im Oberen Belvedere, Wien

Kaiser Franz Joseph I. von Österreich (links oben), seine Gemahlin Elisabeth »Sisi« (oben Mitte) und deren Sohn Erzherzog Rudolf, Kronprinz von Österreich-Ungarn (rechts oben)

1914	Die Ermordung von Thronfolger Franz Ferdinand durch serbische Nationalisten in Sarajewo löst den Ersten Weltkrieg aus.
1918/19	Die Donaumonarchie bricht zusammen, die Erste Republik wird ausgerufen. Weil Südtirol an Italien verloren geht, wird das zu Ungarn gehörende Burgenland Österreich zugesprochen.
1938	Hitler besetzt das »Ostmark« genannte Österreich. Zehntausende Juden werden Opfer des Holocausts.

Peter Altenberg (Porträt von Gustav Jagerspacher, 1909)

Die Literatur – Österreich im Buch und auf der Bühne

Österreicher schreiben anders. Seine Literaten tun es zwar deutsch, sind aber nicht der deutschen Literatur zugehörig. Österreichs Literatur folgt aufgrund der Geschichte, der Mentalität und besonderen Kultur anderen Gesetzen. Selbst spät aus den »Kronländern« zugereiste Autoren wie der Galizier Joseph Roth (»Radetzkymarsch«), fingen in Wien an, über Österreich zu schreiben.

Die Autoren des 19. und frühen 20. Jahrhunderts griffen noch Motive des Land- und Dorflebens auf, so Marie von Ebner-Eschenbach, Ludwig Anzengruber oder der populäre Peter Rosegger. Mit Hugo von Hofmannsthal, Arthur Schnitzler, Felix Salten, Peter Altenberg, Karl Kraus und Stefan George kamen die Themen des urbanen Lebens: Dekadenz, Einsamkeit, Krieg und Gewalt, Liebesbeziehungen, der innere Monolog. Das Feuilleton gewann höchste Bedeutung, das Kaffeehaus wurde zum Arbeitsplatz. Stefan Zweig und Georg Trakl zerbrachen an den beiden Kriegen und begingen Selbstmord. Robert Musil war ein Sprachgenie, aber monomanisch, Ödön von Horvath verfasste vielgespielte Theaterstücke. Sie mussten, wie auch andere – Erich Fried, Elias Canetti – vor den Nazis fliehen. Eine Sonderrolle beansprucht das Kabarett, die Kleinkunstbühne ist bis heute überaus beliebt. In der Nachkriegszeit kamen Heimito von Doderer, Gerhard Rühm, H.C. Artmann, Ernst Jandl, Christine Lavant, Friederike Mayhöfer und Franzobel mit existenzialistischen Themen. Herausragend sind Ingeborg Bachmann, der Sprachkünstler Peter Handke, Thomas Bernhard und Elfriede Jelinek, die umstrittene feministische Literaturnobelpreisträgerin.

Chronik Österreichs

1945	Nach dem Zweiten Weltkrieg wird Österreich von den Alliierten in vier Besatzungszonen aufgeteilt.
1955	Österreich erklärt sich zum »immer während« neutralen Staat, wird unabhängig in die UNO aufgenommen. Die Alliierten ziehen ab.
1964 und 1976	Österreich richtet die Olympischen Winterspiele in Insbruck aus.
1995	Österreich tritt der EU bei.
2000	Nach drei Jahrzehnten sozialdemokratischer Regierung wählt die Bevölkerung eine Mitte-Rechts-Koalition. In der Folge wird Österreich international geächtet, nach einem halben Jahr werden die EU-Sanktionen wieder aufgehoben.
2002	Aus den Wahlen geht die ÖVP unter Bundeskanzler Schüssel als stärkste Partei hervor.
2004	Im Juli stirbt Bundespräsident Thomas Klestil. Sein Nachfolger wird Heinz Fischer (ÖVP).
2008	Mitte des Jahres gerät die Koalitionsregierung unter Bundeskanzler Alfred Gusenbauer (SPÖ) in die Krise, Neuwahlen werden angekündigt. Die Fußball-EM bringt dem Land internationales Renommee.
2009	Österreich wählt eine neue Regierung. Bundeskanzler wird Werner Faymann (SPÖ).
2009/2010	Durch die Kriminalfälle Kampusch (Entführung) und Fritzl (Sklavenhaltung) wird Österreichs Image weltweit beschädigt.

Die griechische Göttin der Weisheit, Pallas Athene, vor dem österreichischen Parlament am Dr.-Karl-Renner-Ring in Wien

Die Bergwelt des Montafon (Vorarlberg)

Die schönsten Reiseziele Österreichs

> **REGION 1**
> *Burgenland*

Burgenland
Der letzte Rest von Österreich-Ungarn

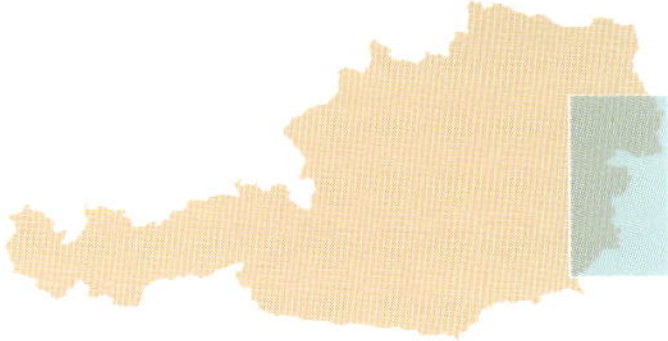

Ein für das Burgenland typisches Storchennest

Schilfumwachsenes Weltkulturerbe: Röhrlicht am Neusiedler See

Österreich ohne Berge – das gibt es nur im äußersten Osten des Landes, wo es an die Slowakei und Ungarn grenzt. Da beginnt Pannonien, das sich bis tief nach Ungarn hineinzieht. Klimatisch bedeutet das: Ein Himmel so weit wie ein Meer. Schlechtwetterzonen drehen vor dem Burgenland meist nach rechts oder links ab, so dass diese Region die meisten Sonnentage Österreichs verzeichnet. Die Farben des Landes sind von betörender Melancholie. Metallfarben der Neusiedlersee, minzgrün die Wälder, braun die Tiefebene so weit das Auge reicht, schmiergrau die Ziehbrunnen wie in der Puszta, grün die Gurken, rot die Paprika, blau die Plastikbahnen der Tomatenzüchtungen – *Paradeiser* gibt es in mehr als 500 Sorten –, blauschwarz die Blutwurst, gelbrosa die Speckjause, grau die ungarischen Steppenrinder und bis zu 250 Kilo fetten Mangalitza-Schweine, die nur auf Weiden grasen dürfen, bernsteinfarben die Weißweine, die in den letzten Jahren systematisch zu Nobeltropfen veredelt wurden, und golden das flirrende Licht, durch das Zehntausende Vögel fliegen. Im Burgenland hält Essen und Trinken Leib und Seele zusammen. Nirgendwo in Österreich reicht der Durchblick so weit. Radler, Walker und Camper können sich das Burgenland am besten erschließen, es erinnert an die Camargue und über allem liegt die Abschiedssinfonie von Franz Joseph Haydn.

Haydn diente seinem Fürsten Anton II. von Esterházy in Eisenstadt, dem beschaulichen Hauptstädtchen des Burgenlandes, als Kapellmeister in einer Zeit, als die k.u.k. Monarchie noch Realität und der Kaiser in Wien seine Briefe mit »An meine Völker ...« begann.

REGION 1
Burgenland

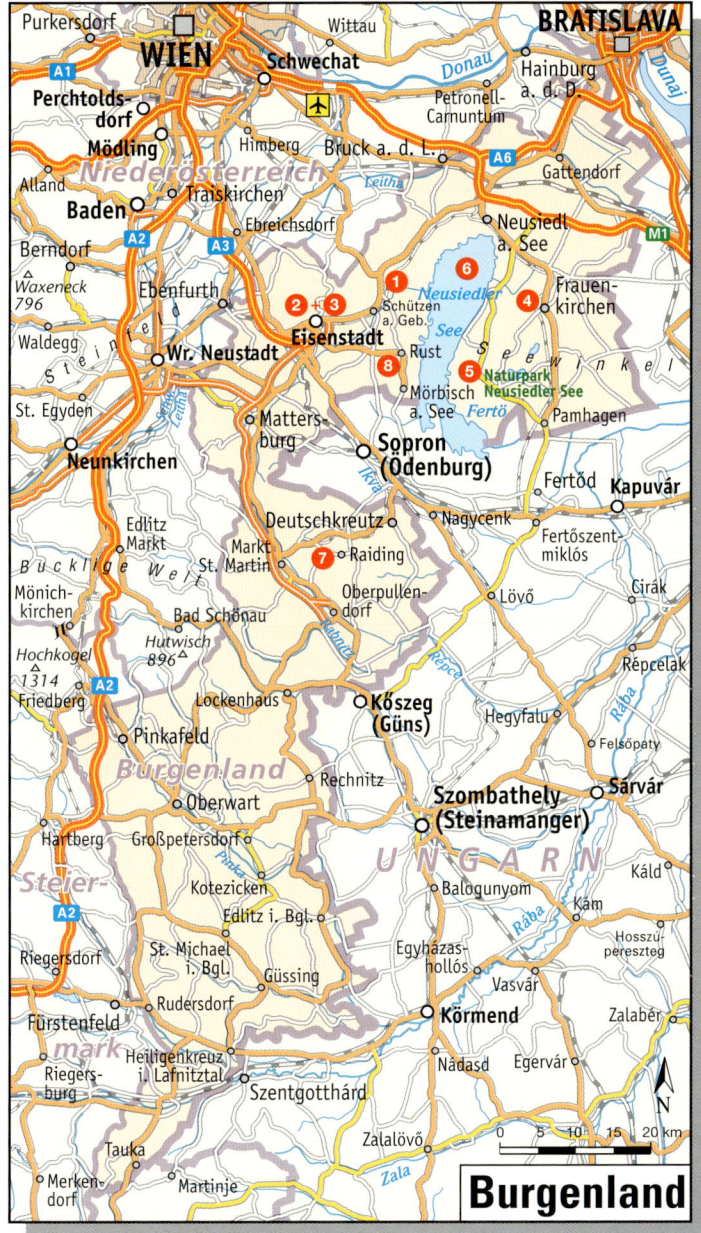

REGION 1
Burgenland

Chardonnay, Welschriesling, Neuburger, Grüner Veltliner, Pinot Blanc oder Gris, Sauvignon Blanc und Muskat Ottonel sind die Rebsorten des burgenländischen Weißweins

Buschenschank in der denkmalgeschützten Ruster Altstadt

52 Millionen Menschen, mehr als die Hälfte des Balkan, standen unter seiner Kuratel. Er war Kaiser von Österreich und König von Ungarn (k.u.k.) und wenn er zu seinem zweiten Amtssitz, nach Budapest wollte, übernachtete er in Eisenstadt bei den Esterházys. Die ließen das Reiterregiment im Schlosshof antreten, die Husaren die Säbel zücken und am Abend dirigierte Haydn im Prunksaal, dem größten der 256 Zimmer im Schloss. Da kam Stimmung auf.

Die Nachfahren des Imperiums agieren mit dezenter Zurückhaltung, an die ruhmreiche Vergangenheit, als die Fürsten sogar mit Napoleon überein kamen, erinnert nur noch der Rostbraten Esterházy und die Weine aus dem fürstlichen Weingut. Gleich rings um den Schlosssee reiht sich ein Rebstock an den anderen. Bis 1921 gehörte das Burgenland zu Ungarn, nach einem Volksentscheid gelangte es zu den Austriaken. Noch heute gibt es uralte Leute, die »kein gescheit's Deutsch« beherrschen. Rust zum Beispiel war mehr als 200 Jahre königlich-ungarische Freistadt, seine denkmalgeschützte Altstadt putzt sich heraus mit Renaissance und Barock. Das Burgenland war ein Vielvölkerland mit Ungarn, Kroaten, Slowaken, Juden, Sinti und Roma. Der Begriff »Pannonien« geht auf die Römer zurück, die ihre Provinz so nannten, ist aber heute ein kulturelles Sammelsurium, ein Lebensgefühl, beflügelt von Musik und Wein.

Das spektakuläre burgenländische Meer hat kaum Zuflüsse. An einem heißen Sommertag verdunsten Tausende Kubikmeter ins Nichts und das Wasser macht den Neusiedler See zur 30 Grad warmen Badewanne. Er ist schilfumwachsenes Weltkulturerbe, Mitteleuropas einziger Steppensee mit seltenen Tieren wie der Äskulapnatter, dem Mondhornkäfer und über 300 Vogelarten. Die Region, die bis zu Beginn der neunziger Jahre des 20. Jahrhunderts ein Armenhaus war, am Rand der westlichen Welt, ist seit der Demokratiewende in die Mitte Europas gerückt und erlebt einen enormen wirtschaftlichen Aufschwung. Darauf kann man direkt am Weinberg, im *Buschenschank*, ein Glas Wein trinken.

❶ Burgenländische Weingüter
Die schönste Weinarchitektur Österreichs

Das Burgenland gilt als die Wiege des österreichischen Weins

Manche Objekte sehen aus, als hätten Außerirdische sie auf Zwischenlandung abgesetzt. Dächer schwingen endlos, an überdimensionale Fässer erinnernde Rundbauten ziehen Blicke auf sich, der Bauhaus-Stil stand mancherorts Pate. Architekten und Designer haben die Ideen der Winzer auf teils spektakuläre Weise in Bauten umgesetzt. Da gibt es Stahl-Beton-Glashäuser, ansprechende Sandstein-Kunstwerke und avantgardistische Edelholzschachteln. Munter wurde mit Farbmustern gespielt, transparente Räume zeigen sich lichtdurchflutet, Orte zur Degustation ausgefallen möbliert. Nirgendwo in Europa wird das Genussmittel Wein mit so viel würdigen Produktionsstätten geehrt. Die Zeit der nüchternen Lagerhallen ist im Burgenland endgültig vorbei.

Bis in die 70er-Jahre des vergangenen Jahrhunderts galt Österreichs östlichstes Bundesland als Armenhaus der Nation. Niemand wollte an der Peripherie des Realsozialismus investieren. Darüber geriet in Vergessenheit, dass das Burgenland die Wiege des österreichischen Weins ist, nachgewiesen an Bodenfunden, die bis in die Hallstattzeit zurückreichen. Ältestes Fundstück ist eine römische Traubenpresse.

Nach der Demokratiewende in Mittelosteuropa rückte Österreichs einziges Bundesland ohne Berge ins Zentrum Mitteleuropas. Die Winzer, bis dahin wenig beachtet, hatten pfiffige Ideen, um auf sich aufmerksam zu machen. Über ihre mit Barriquefässern gefüllten Keller stülpten sie futuristische Bauten mit ungewöhnlichem Innendesign. Diese auffälligen Kreationen setzten einen regelrechten Neugiertourismus in Gang – auf einmal spielen die burgenländischen Winzerinnen und Weinbauern wieder in der ersten Liga des Weinbaus mit. Sie erhalten Auszeichnungen und Preise in Serie, Experten schwärmen von einer Bewegung made in Burgenland.

Weingut Esterházy
Trausdorf 1
7061 Trausdorf
✆ (026 82) 63 34-8
Fax (026 82) 63 34-6
www.esterhazywein.at

Weingut Leo Hillinger
Hill 1, 7093 Jois
✆ (021 60) 831 70
www.leo-hillinger.com
Mo–Fr 9–18, Sa/So/Fei 11–18 Uhr

Vereinte Winzer Blaufränkischland
Günser Str. 54
7312 Horitschon
✆ (026 10) 423 21
Fax (026 10) 423 21-4
www.vereinte-winzer.at
Di–Do 10–12 und 13–16, Fr 10–12 und 13–16.30, Sa 12–16.30 Uhr

Die Haydn-Kirche (Bergkirche) in der Freistadt Eisenstadt

❷ Freistadt Eisenstadt
3000 Eimer Wein für die Freiheit

In Eisenstadt legt man Wert darauf, Residenzstadt zu sein. Die Fürstenfamilie Esterházy regierte über Jahrhunderte und förderte die Stadt und die Musik. Zwar hatten bis 1648 die Habsburger das Sagen, aber dann wurde Eisenstadt königliche ungarische Freistadt und die Fürsten Esterházy – ein aus Ungarn stammendes Geschlecht – machten sie zu ihrer Residenz. Erst 1921 wurde die Stadt wieder österreichisch, seit 1925 ist sie die Hauptstadt des Burgenlandes.

Die Altstadt außerhalb des Schlossbezirks heißt Freistadt und glänzt mit restaurierten barocken Bürgerhäusern, Markt und Gassen. Als die Esterházys kamen, wollten sich die Eisenstädter ihre bürgerlichen Freiheiten sichern – und erkauften sie 1648 zum fürstlichen Preis von 16 000 Gulden und 3000 Eimern Wein, das entspricht 159 000 Litern. Die dreischiffige gotische Domkirche auf den Fundamenten einer Vorläuferkirche wurde nach über 30 Jahren Bauarbeit 1495 vollendet. Sie trägt den Namen des heiligen Martin, Schutzpatron des Burgenlandes, im 15. Jahrhundert war sie ein Bollwerk gegen die Türkenangriffe. 2003 ließ Bischof Paul Iby den Dom neu gestalten, maßgeblich war ein Entwurf des Architektenbüros Lichtblau-Wagner. Er spannt einen Bogen von der Zeit der Gotik in die Architektur der Gegenwart. Für die moderne Ausstattung war die Künstlerin Brigitte Kowanz zuständig. In der hochbarocken Spitalskirche, dem Gotteshaus der Barmherzigen Brüder, befindet sich eine Haydnorgel.

Eisenstadt ist immer noch eine Stadt des Weins. Es gibt zahlreiche Lokale mit urig-gemütlicher bis mondäner Atmosphäre, alle sind fußläufig schnell erreicht. Sie nennen sich meist Gasthaus oder Gasthof und bieten neben Spitzenweinen kulinarische Klassiker wie Käsespätzle mit gerösteten Zwiebeln, gebackenes Bries mit Petersilienerdäpfeln, gekochtes Rindfleisch mit Kürbisrahmgemüse oder Hirschgulasch an Burgundersauce. Der Platzhirsch ist das »Haydnbräu« an der alten Stadtmauer.

ⓘ Tourismusbüro Eisenstadt
Hauptstr. 35 (Rathaus)
7000 Eisenstadt
✆ (026 82) 67 39-0
Fax (026 82) 67 39-1
www.eisenstadt.at

✕ Restaurant Haydnbräu
Pfarrgasse 22
7000 Eisenstadt
✆ (026 82) 639 45
Fax (026 82) 639 45-13
www.haydnbraeu.at
Tägl. 10–23, Mai–Sept. 8–23 Uhr
Reservierung empf.

Schloss Esterházy in Eisenstadt ▷

❸ Schloss Esterházy und Joseph Haydn in Eisenstadt
Wo das erste Streichquartett erklang

REGION 1
Burgenland

Der Hofmeister empfängt die Gäste in höfischer Tradition am Tor und geleitet sie durch die Esterházy-Ausstellung und den Haydnsaal. Die Besucher erspüren etwas von der Atmosphäre und dem gesellschaftlichen Leben am bedeutendsten Fürstenhof des Burgenlandes. Das Schloss dominiert die Stadt, mit vier Ecktürmen um einen Innenhof errichtet (1663). Sein Zentrum ist der über drei Stockwerke oder 18 Meter hohe Haydnsaal, auf dessen Deckengemälden sich Zeus und die olympischen Götter versammelt haben und von dessen Wänden ungarische Könige bis zurück zu Stephan dem Heiligen grüßen. Der über 1000 Gäste fassende Saal gilt als einer der akustisch besten Konzertsäle Europas, geeignet für Oper, Sinfonie oder den intimen Solovortrag.

Der kinderlose, ganz seiner Kunst ergebene Joseph Haydn ist der Erfinder der Gattung Streichquartett. Sein Werk umfasst mehr als 100 Sinfonien, 50 Sonaten und 400 Lieder, dazu Opern, Oratorien, Messen, Märsche und Tänze. Dem Schöpfer der Kaiserhymne haben die Eisenstädter eine Widmung an seinem Wohnhaus angebracht, das an den weitläufigen Schlosspark grenzt. Sie preisen ihn als den »unsterblichen Mitbürger, den sein schöpferischer Geist aus diesen engen Mauern unter die Großen der Welt erhob«. Die Festanstellung am Hof der Esterházys hat den Komponisten stets motiviert, alles zu geben – und die Fürsten spiegelten sich auch in seinem Glanz. Joseph Haydn verkörperte den idealen Hofmusiker.

Der Ursprung der Esterházys liegt im 13. Jahrhundert. Unter Baron Nikolaus Esterházy, einem Strategen, schaffte es die ungarische Kleinadelfamilie zum Magnatengeschlecht aufzusteigen. Im Kampf der Habsburger gegen die Türken in Mitteleuropa konnte sich Österreichs Kaiser auf die Esterházys stets verlassen, verschiedene Familienmitglieder führten Schlachten gegen die Osmanen, einige fielen. Mit dem Ende der Donaumonarchie fiel das Geschlecht in Bedeutungslosigkeit, sein Name muss heute herhalten für die berühmte Esterházy-Torte.

Porträt von Joseph Haydn 1791 von Thomas Hardy

👁 **Schloss Esterházy**
7000 Eisenstadt
✆ (026 82) 719-30 00
www.schloss-esterhazy.at
Jan.–März Fr–So 9–17, April–Mitte Nov. Mo–So 9–18, Mitte Nov.–Dez. Do–So 9–17 Uhr
Schlossführung nach Voranmeldung: € 7,50, Kombiticket € 9,90

> **REGION 1**
> **Burgenland**

Der Kaiser der Paradeiser: Stekovics in Frauenkirchen

Stekovics
Schäferhof 13
7132 Frauenkirchen
Mob.-✆ 06 76-966 07 05
Fax (021 72) 226 90
www.stekovics.at
Ab-Hof-Verkauf 1.–31. Mai tägl. 10–18, 1. Juni–15. Nov. Mo–Sa 10–17, 16. Nov.–30. April, Mi und Fr 13–17, Sa 10–17 Uhr

Nationalpark Neusiedler See
Hauswiese
7142 Illmitz
✆ (021 75) 34 42-0
Fax (021 75) 34 42-4
www.nationalpark-neusiedlersee-seewinkel.at
April–Okt. Mo–Fr 8–17, Sa/So/Fei 10–17, Nov.–März Mo–Fr 8–16 Uhr

❹ Stekovics in Frauenkirchen
Der »Kaiser der Paradeiser«

Der Bischof wunderte sich. Der gelernte Religionslehrer Erich Stekovics, der die Personalabteilung der Diözese leitete, reichte zu Beginn des 21. Jahrhunderts seine Kündigung ein. Er wollte nicht mehr im Büro über Akten sitzen, er wollte in die Natur. Als Autodidakt hatte er die Geschichte von Obst- und Gemüsesorten erforscht, hatte die Samen von 3200 Tomatensorten und 680 Chilisorten, seltenen Paprikaarten und anderen Gewürzen aus aller Welt zusammengetragen und versenkte sie in einem Viertel Hektar Boden der fruchtbaren pannonischen Erde. Heute besitzt Erich Stekovics 30 Hektar und betreibt das, was er Event-Landwirtschaft nennt. Sein Motto: »Auf der Suche nach dem verloren gegangenen Geschmack.«

Rund 30 000 Besucher kommen im Jahr zu seinem Hof. Dort zeigt er ihnen im Hofladen die Parade der Gläser in verschiedenen Größen und Formen, in denen seine Mitarbeiter reife Früchte nach seinem Rezept verarbeitet haben. Sie sind nicht eingelegt, sondern konserviert und behalten den Großteil ihrer Vitamine. Stekovics kreiert ständig neue Rezepte. Spitzenköche wie Jörg Wörther besuchen ihn, er beliefert die Top-Gastronomie und beschert sie mit völlig neuen Aromen, die durch die industrialisierte Landwirtschaft in Vergessenheit gerieten. Weil seine Lieblinge vor allem die Tomaten sind – in Österreich Paradeiser genannt – porträtierte ihn eine Art-Doku als »Kaiser der Paradeiser«. Am liebsten aber geht Erich Stekovics mit Gruppen hinaus auf seine Felder. Dann zeigt er ihnen seine 1100 Apfelbäume mit nahezu sämtlichen Sorten, die Plantagen mit Marillen, Himbeeren, Pfirsichen und Nüssen, seine Tomaten aus den peruanischen Anden oder Paprika und Salzgurken aus Bauerngärten der tiefsten ungarischen Provinz. Die Früchte werden vom Stiel geschnitten und sofort verkostet. Nach der Rückkehr von Christoph Kolumbus aus Amerika wurde ein Gramm Chili aufgewogen mit einem Gramm Gold. So viel kostet es bei Stekovics nicht mehr, aber seine Geschäftsidee ist einmalig.

❺ Nationalpark Neusiedler See
Europas westlichster Steppensee

Wie viele Entensorten gibt es, wie viele Gänsearten? Im Neusiedler See schwimmen Knäck- und Krickente, Löffel-, Pfeifen- und Spießente, Stock- und Tafelente unüberhörbar herum. Es gibt Grau- und Brandgans, Bläss-, Rothals- und Saatgans. Aber auch stolze Federviehvertreter wie Silberreiher, Weißstorch, Großtrappe, Säbelschnäpler und Höckerschwan. Neusiedler See, Seewinkel und das ungarische Hanság bilden eines der bedeutendsten Vogelparadiese Europas, es erstreckt sich zwischen den Alpen und der Ungarischen Tiefebene. Unüberseh- wie unüberhörbar erstrecken sich die Vogelzüge über den Nationalpark hinweg, dieses Rauschen, Kibitzen und Schreien in der Luft, für Menschen die faszinierendste Seite an gefiederten Wesen. Schon der antike Denker Aristoteles beschrieb angeregt die Vogelzüge und verstieg sich zur Behauptung, Vögel, die im Winter verschwinden, würden verwandelt zurückkehren. Am Neusiedler See weiß man es besser. Er gehört zum internationalen Netzwerk der Vogelerkundung, die Methoden des schonenden Vogelfangs, der Beringung, Markierung und computergestützten Auswertung der Ergebnisse werden hier praktiziert. Die Ornithologie hat die Vogelwelt komplett ausgekundschaftet, jetzt bleibt ihr die wichtige Aufgabe, diese zu erhalten und zu schützen. Europas westlichster Steppensee ist ein ideales Terrain für Brutvögel, vor allem seine Wiesen. Der dichte Schilfgürtel ist bis zu fünf Kilometer breit. Die im Nationalpark gezüchteten Rinderherden, Pferde und Esel verhindern die Versteppung, indem sie diese Lebensräume ständig abweiden. So wird die von Menschen und ihren Nutztieren geschaffene Kulturlandschaft zum Rettungsraum für bedrohte Arten.

Rust wurde 1681 zur ungarisch königlichen Freistadt erhoben, es gibt noch liebenswerte Bürgerhäuser aus Renaissance und Barock, auf einigen klappern Störche. Die Fischerkirche ist von einer alten Wehrmauer umgeben, entstanden in der Zeit der Türkenkriege. Zum Badeplatz am See führt der ein Kilometer lange Straßendamm durch den Schilfgürtel.

REGION 1
Burgenland

Der Europäische Laubfrosch schätzt das Feuchtgebiet am Neusiedler See

❻ Region Neusiedler See
Eine Gegend für Liebhaber großer Rotweine

Tiere von der bedrohten Roten Liste, wie die Äskulapnatter oder der Mondhornkäfer, sind in dieser Landschaft zu Hause. Hier finden in jeder Jahreszeit spezielle Naturerlebnisse statt, das Feuchtgebiet ist viel stärkeren Schwankungen unterworfen als andere Naturräume. Große Wasserflächen im Spätwinter und Frühjahr geben der Seewinkelregion einen amphibischen Charakter, während sie im trocken-heißen Sommer an eine Steppe erinnert und in Regenperioden des Herbstes zum rutschigen Terrain wird. Diese teilweise Unzugänglichkeit des Ökosystems macht Sinn. Die Salzlacken des Seewinkels gehören zu den wichtigsten Brut- und Rastplätzen für

Die Kulturlandschaft rund um den Neusiedler See zählt zum UNESCO-Welterbe

Der Steppensee und sein Schilfgürtel sind für über 300 Vogelarten Brutplatz, Lebensraum oder Zwischenstation: Silberreiher, Bienenfresser, Grünschenkel auf Futtersuche und Familienausflug der Wildgänse (v. o. n. u.)

Die Windmühle Podersdorf im Nationalpark Neusiedler See

ⓘ **Neusiedler See Tourismus**
Obere Hauptstr. 24
7100 Neusiedl am See
✆ (021 67) 86 00
Fax (021 67) 86 00-20
www.neusiedlersee.com

Komponist und Klaviervirtuose Franz Liszt (1811–86)

Enten, Vögel und Möwen im europäischen Binnenraum. Im Südteil liegt Österreichs größtes schotterfreies Salzbodengebiet mit rund 25 Quadratkilometern. In trockenen Perioden kommt das Salz mit dem aufsteigenden Wasser nach oben und nach dessen Verdunstung bleibt die weiße Salzausblühung zurück.

Weil die Winter kalt und die Sommer heiß sind, bietet das Klima für den Weinbau optimale Bedingungen. Das Burgenland produziert hervorragende Rotweine der europäischen Spitzenklasse. Um das Qualitätsniveau zu halten, sind nur beste Traubensorten zugelassen. In den Orten am See oder in unmittelbarer Nähe werden Weinverkostungen angeboten, in der warmen Jahreszeit wird Lebensfreude zelebriert. In Mörbisch nahe der ungarischen Grenze, einem Dorf mit Laubenhäusern und langen Hofgassen, laden im Juli und August die beliebten Seefestspiele mit Operetten, die in einem Feuerwerk eskalieren, ein. In Halbturn lohnt sich der Besuch des von Maria Theresia in Auftrag gegebenen kaiserlichen Jagdschlosses (1711), einem der schönsten österreichischen Barockschlösser, ausgeschmückt mit Deckengemälden. Die barocke Wallfahrtskirche in Frauenkirchen mit dem gotischen Gnadenbild am Hochaltar stammt von italienischen Baumeistern.

❼ Geburtshaus von Franz Liszt in Raiding
Rhapsodien nach Zigeunerweisen

»Zu einer Hälfte Zigeuner, zur anderen Franziskaner«, schrieb Franz Liszt an seine Geliebte Caroline Wittgenstein. Sein Leben war voller Unruhe, von Widersprüchen und Brüchen geprägt. Zunächst wurde das 1811 in Raiding geborene Wunderkind jahrelang als Klaviervirtuose gefeiert, sein Tastenspiel war berauschend und führte ihn in alle bedeutenden internationalen Konzertsäle. Seine pianistische Technik beeinflusste Generationen von Klavierkünstlern. Das Eisenstädter Fürstengeschlecht der Esterházys übernahm seine Förderung, als der Neunjährige vom Schuldienst freigestellt wurde. Er studierte in Wien und Paris und wollte, nachdem er den Teufelsgeiger Paganini gehört hatte, zum Star auf seinem Instrument werden, dem Klavier. Aus seiner langjährigen Beziehung mit der Gräfin Marie d'Agoult entstammten drei Kinder, unter anderem Cosima (1837), die später Richard Wagners Ehefrau wurde. Doch mit seiner Rolle als Familienvater kam Liszt nicht zurecht. 1844 kam es zum Bruch mit der Gräfin. In Liszts Geburtshaus in Raiding wird dieser Werdegang dargestellt.

Großes leistete Franz Liszt mit der Komposition seiner Orchesterwerke, hauptsächlich der Sinfonischen Dichtungen, die für diese Sparte wegweisend wurden. Als Hofkapellmeister in Weimar wurde er vom konservativen Publikum allerdings ausgebuht. Der religiös orientierte Mann, der ständig mit Frauen Liebesverhältnisse unterhielt, suchte schließlich die Abgeschiedenheit eines Klosters in Rom. Dort erhielt er sogar die niederen Weihen als Abbé, ohne sein ausschweifendes Leben zu ändern, da er keinem Keuschheitsgelübde verpflichtet war. In Bayreuth, wo seine Tochter Cosima Wagner die Festspiele leitete, starb er 1886 und wurde auf dem dortigen Stadtfriedhof beigesetzt. Trotz seines getriebenen Lebens hat der große Musiker seine Heimat nie ganz vergessen. So komponierte er auch Rhapsodien nach Zigeunerweisen, wie sie im Burgenland populär waren. Im Kreis der bedeutenden Komponisten seiner Zeit galt das als Anbiederung an den Musikgeschmack der Salons, aber diese Abwertung hat Franz Liszt nicht gestört. Nach Raiding ist er allerdings nie mehr zurückgekehrt.

REGION 1
Burgenland

Liszt Geburtshaus
Franz Liszt Platz 1
7321 Raiding
✆ (026 19) 510 47
www.franz-liszt.at
Palmsonntag bis 31. Okt. tägl. 9–12 und 13–17 Uhr
Eintritt € 3,50, ermäßigt € 2
Während des Liszt-Festivals im Okt. tägl. 9–12 und 13–19.30 Uhr, Festival-Tickets € 25–49

❽ Historisches Stadtbild von Rust
Fischer und Weinbauern

In Rust dreht sich von jeher alles um den Wein. Seit 1726 steht am Rathauskeller, in Stein gehauen: »Mir ist recht, wenn ich bin voll.« Gemeint ist nicht mit Fisch, den man seinerzeit noch täglich aus dem Neusiedler See holte. Rust war lange ein kleines Fischerdorf, die Leute mussten schwer arbeiten und lebten in kargen Verhältnissen. Aber nach bäuerlichem Stadtrecht gehörten zum Hausbesitz stets zwei Weingärten. Jeder Fischer und Handwerker war auch Hobby-Weinzüchter, und das Keltern und Trinken der eigenen Tropfen tröstete über manche Härte des Alltags hinweg. Einem Gerücht zufolge bezeichnen sich noch heute fast alle 1800 Ruster als Weinbauern. Kein Wunder in einem Ort, in dem 1681 die Erhebung zur königlich-ungarischen Freistadt anstand – mit 30 000 Litern Wein und 60 000 Gulden erkauften sich die Ruster den Titel. Bis 1921, noch nach dem Ende der Donaumonarchie (1918), gehörte Rust zu Ungarn.

Tourismusverband Rust
Conradplatz 1
7071 Rust
✆ (026 85) 502
Fax (026 85) 502-10
www.rust.at

Der Altstadtbereich, komplett denkmalgeschützt, ist womöglich der schönste im Burgenland. Ganze Straßenzüge entlang zeigen Bürgerhäuser aus dem 16. bis 19. Jahrhundert gepflegte Renaissance- und Barockgesichter, zusätzlich geschminkt mit schönen Fenster- und Portalrahmungen, Erkern, Wappen und Stuckdekorationen. Idyllisch sind die Innenhöfe mit ihren gedeckten Stiegenaufgängen und Arkaden, einige noch mit Resten der alten Stadtmauer. Die meisten Häuser werden nach wie vor so genutzt wie von den Vorfahren: Wohnen und Arbeiten am selben Ort. Das bedeutendste Bauwerk ist die Fischerkirche aus dem 12. Jahrhundert, deren Errichtung erst im 16. Jahrhundert vollendet war. Jahr für Jahr finden dort in den Sommermonaten Konzerte statt, im wundervoll atmosphärischen barocken Seehof aus dem 17. Jahrhundert geht das Gitarrenfestival über die Bühne. Im selben Gebäude residiert seit 1989 die erste deutschsprachige Weinakademie der Welt. Sommeliers machen hier ihren Bachelor.

Der malerische Altstadtbereich von Rust im Burgenland

Das schönste Bürgerhaus ist das »Auge Gottes« (Rathausplatz Nr. 2) aus dem 18. Jahrhundert, ein Apotheker ließ es bauen und üppig ornamentieren, das nötige Kleingeld hatte er, denn schon damals verdienten Pillendreher gut. Gegenüber steht der pittoreske Adlerbrunnen. Das Rathaus wurde von den Türken warm abgetragen, also abgefackelt, wobei sämtliche Chroniken verbrannten. Inzwischen ist es längst wiederaufgebaut, und in manchen Sommern brüten auf dem Dach die Störche.

REGION 2
Kärnten

Kärnten
Der Berg ruft!

Rothirsch im Maltatal

Gipfelblick in Kärnten

Österreichs südlichstes Bundesland ist bedeckt von gigantisch bewaldeten Höhenzügen, umringt von mehreren Gebirgen und in Erdfalten sind 1250 blitzblaue Seen, darunter 200 Badeseen, gebettet. Die warme Jahreszeit ist hier mediterran warm, denn die Berge bieten dem Becken mit seinen großen Tälern Schutz vor den rauen Nordwinden. Kärnten rühmt sich des besten Klimas in Österreich, der Sonnenschein sei ein alter Kärntner, sagt man. Als rechteckförmiges Land grenzt es an Italien und Slowenien, 57 Prozent der Kärntner Landesfläche liegen auf über 1000 Höhenmetern. Der Name »Kärnten« ist ungeklärt, wahrscheinlich stammt er ab vom keltischen Stamm der Karner, die hier einst siedelten.

Klagenfurt ist anders als die nördlichen Städte Österreichs, gibt sich gar nicht cool, aber fast schon südländisch. Kärntens Landesmetropölchen zeigt einen Hauch von Grandezza und gespielter Weltoffenheit, ist aber tiefe Provinz, allerdings mit Charme und mental schon ziemlich balkanisch. Nationalistische Kärntner tragen Tracht und singen brave Volkslieder, es gibt viele Vereine und das Brauchtum wird hochgehalten. Aber das kann auch *resch* sein in Klagenfurt, knusprig, frisch. Die Industrie- und Handelsstadt ist alt, schon Mitte des 12. Jahrhunderts gab es sie als Marktflecken an einer Furt über die Glan. Damals soll es noch den Lindwurm gegeben haben, der in Sümpfen hauste und das Vieh der Bauern riss. Deshalb haben sie den Lindwurm in Stein gehauen und zum Gruseln auf den Neuen Platz gestellt. Der zentrale Platz entstand nach dem Brand von 1514, als die Kärntner Landstände mit dem Bau einer neuen Stadt begannen. Am Wörthersee, tiefblau das Wasser, zeigt sich die Stadt idyllisch und ein bisschen mondän mit Yachten und schicken Clubs.

In Kärnten ruft der Berg. Bergwanderern wird überwältigend viel geboten, sie hocken nach dem Auf und Ab auf Terrassen über den Seen, blinzeln in die letzten Sonnenstrahlen und nehmen ein Hüttenmahl zu sich mit Speckknödelsuppe und Kaiserschmarrn. In Kärnten sind Weitwanderungen von mehreren Tagen möglich, zum Beispiel auf dem Karnischen Höhenweg an der Grenze zu Italien, auf der rot-weiß-rot markierten Fernwanderstrecke Nummer 403; Insider bezeichnen sie als eine der schönsten Alpenrouten. Die gewaltigen Berge sind im Dunst des nächsten Morgens aufgereiht wie in einem Scherenschnitt: zackig. Die Kräuter entlang der Route sind für jene, die sich auskennen, eine Art Hausapotheke und die Wulfenia, die an einigen Stellen wächst, ist eine seltene Blume, die blau blüht und sonst nur noch im Himalaja vorkommt. Berge, Weiten, Täler – in Kärnten kann man sich den Stress weglaufen. Auch deshalb heißt der Karnische Weitwanderweg Friedensweg.

Noch besser aber ergeht es den Seen-Süchtigen. Nirgendwo präsentiert Österreich mehr Gewässer als in Kärnten, fast alle haben Trinkwasser-Qualität. Welcher ist der schönste See? Fiakersee,

Nicht jedermanns Sache: angeseiltes Wandern in Kärnten

Schilderbaum in den Nockbergen

31

**REGION 2
Kärnten**

Ossiacher See, Weißensee, Wörthersee, Millstätter See oder Turracher See? Die Kärntner überlassen das Urteil ihren Gästen. Der aber garantiert sauberste Badesee des Alpenraumes ist nachweislich der Faaker See mit seinem Uferstädtchen Egg, den grandiosen Aussichten auf Karawanken und Julische Alpen und sommerlichen Wassertemperaturen bis 26 Grad. Auch wilde Höhlen sind vorhanden, ganze unterirdische Systeme, die immer noch erforscht werden. Und heilendes Wasser zuhauf, das in den Thermen blubbert und geifert, gut ist gegen 16 Krankheiten, von Migräne bis Rheuma, auch präventiv. Kärnten ist ein ideales Wellnessland. Die Braunbären waren schon ausgerottet, wurden aber wieder angesiedelt. Große, aber scheue Tiere, die bei der Nahrungssuche gern unsichtbar wären.

Tourismus Gurk
Domplatz 11
9342 Gurk
© (042 66) 81 25
Fax (042 66) 81 25-5
www.gurktal.net

Dom Mariä Himmelfahrt
Domplatz 11
9342 Gurk
© (042 66) 82 36-12
Fax (042 66) 82 36-16
www.dom-zu-gurk.at
Tägl. 9–17 Uhr
Führungen tägl. 10.30, 13.30 und 15.00 Uhr (ca. 45 Min., € 4,60/€ 3,70)

❶ Dom Mariä Himmelfahrt in Gurk
Ein sakraler Ort, von einer Frau gegründet

In Gurk »herumzugurken« ist eine gute Idee. Denn der kleine Markt, rund 30 Kilometer nordwestlich von Klagenfurt, konserviert Geschichte wie kein anderer Ort in Kärnten. Das Ziel vieler Wallfahrten sind die berühmtesten romanischen Kirchen des Alpenlands. Die Marienkirche – eine romanische Kostbarkeit ersten Rangs – gründete Gräfin Hemma bereits 1043. Angeschlossen war ein Frauenkloster, das 1072 zum Sitz des neu gegründeten Domkapitels wurde. Gräfin Hemma war nach dem frühen Tod ihres Mannes eine der reichsten Frauen ihrer Zeit, und für Partys und andere Zerstreuungen nahm sie sich keine Zeit. Ihr lag daran, in Gottesfurcht etwas Bleibendes zu schaffen – die bis heute selbstständige Diözese Gurk. Mehr als 50 Bischöfe haben sich seit dem 12. Jahrhundert von dort aus als Hirten um ihre Schafe gekümmert.

Das den Ort absolut dominierende Gebäude ist der 1140 bis 1220 erbaute Dom, eine gewaltige dreischiffige Pfeilerbasilika mit Querhaus und nobler Einrichtung, viel zu groß für den Weiler. Die sterblichen Überreste der hl. Hemma und ihre Reliquien befinden sich heute in der Krypta unter dem Chor. 41 Meter hoch ragen die Türme an der Westfassade, ihre Zwiebel-

Fresko des Sündenfalls in der Bischofskapelle des Doms Mariä Himmelfahrt in Gurk

32

hauben sind weithin zu sehen. Das mächtige Portal wurde dem Gotteshaus 1200 eingepflanzt, die äußere Vorhalle ist mit gotischen Wandfresken und Glasgemälden (um 1340) ausgestattet. Nord- und Südwand sind mit Malereien aus dem Alten und Neuen Testament bedeckt. Das Innere der Kathedrale haben verschiedene Stilepochen geprägt. Das Samsonportal an der linken Langhauswand existiert dort seit 1200, der Kreuzaltar stammt aus dem Rokoko (1741), die Kanzel aus dem Barock. Sie wurde erst im Zuge der Gegenreformation eingesetzt, weil das Kirchenvolk es aus dem Protestantismus gewohnt war, Predigten zu lauschen. Den Hochaltar schmücken goldbemalte Schnitzfiguren (1632), auf sechs Holzreliefs ist die Geschichte der Klosterstifterin Hemma nacherzählt. In Österreich gibt es keinen zweiten Ort dieser sakralen Bedeutung, der von einer Frau gegründet wurde.

REGION 2
Kärnten

❷ Großglockner Hochalpenstraße
Alles Handarbeit

Mai bis Oktober währt die Hoch-Zeit eingefleischter Automobilisten. Dann ist die 48 Kilometer lange Straße zwischen Salzburg und Kärnten gegen Mautgebühr befahrbar. Nur nicht in der Nacht, denn auch Steinböcke im Hochgebirge haben ein Recht auf Ruhezeiten. Die Großglockner Hochalpenstraße hat Steigungen von bis zu zwölf Prozent, selbst moderne Großbusse gelangen jedoch auf die Passhöhe, nachdem die Kurvenradien von nur auf 15 Meter erweitert wurden. Der Geruch überbeanspruchter Bremsbeläge ist kilometerweit zu riechen. Doch der Anblick der Bergwelt ist nur mit einem Superlativ zu beschreiben: grandios!

In Höhen über 2000 Meter gibt es kaum aufsehenerregende Bauprojekte, die bis zu 4000 Menschen in Lohn und Brot bringen. Das geschah aber 1930, als Hitze, Staub und Lärm am Kamm der Hohen Tauern für Unruhe sorgten. Aus ganz Österreich zusammengeholte Arbeiter mit Schaufeln, Krampen und Schubkarren bewegten sich über schwindelerregende Höhen. Presslufthämmer lockerten Gestein, Sprengsätze wummerten, Pferde zogen vollbeladene Kipploren. Die kurven- und kehrenreiche Straße zum höchsten Berg Österreichs, 3798 Meter hoch, wurde in Handarbeit hergestellt. Als Nord-Süd-Verbindung ist sie stets eine bedeutende Alpenüberquerung gewesen, schon die Römer benutzten sie. Man fand Statuetten, römische Münzen, Werkzeuge und verschüttete Stollen von Goldgräbern. Befestigt wurde die Handelsstrasse erst im Hochmittelalter, seit 1935 ist sie asphaltiert und zweispurig. Die eigentliche Panoramafahrt auf der höchsten Stelle ist neun Kilometer lang.

Der geniale Planer war Franz Wallack, Jahrgang 1887. Mehrere Winter lang studierte er die Verhältnisse – 260 Mal wanderte der Diplomingenieur den Tauernkamm entlang –, um die Lawinengefahr auszuschließen und die Straße so landschaftsschonend als möglich anzulegen. Zugleich inszenierte er sie, indem er an spektakulären Stellen Aussichtspunkte einrichtete. Der höchste erreichbare Punkt über eine Stichstraße ist die 2571 Meter hohe Edelweißspitze, von der aus man 30 Dreitausender im Blick hat. Schautafeln erklären die Gipfel. Auf der Kaiser-Franz-Josefs-Höhe gibt es Ausstellungen und das Glocknerkino, seit einigen Jahren kann man von der Swarovski-Beobachtungswarte Geier und andere Adler, Steinböcke und Murmeltiere beobachten.

Nach heutiger Rechnung kostete das Bauwerk mehr als 70 Millionen Euro. Jedes Jahr am 1. Mai zur Wiedereröffnung des Fahrverkehrs gibt es eine Schneeräumung mit schwerem Fräsengerät. Im Winter liegt die Straße mitunter zehn und mehr Meter unter dem Schnee. Sie zu befahren verlangt etwas fahrerisches Können, das Erlebnis bleibt unvergesslich.

Etappe auf der berühmtesten Alpenstraße: das Fuscher Törl in 1850 Metern Höhe

👁 **Großglockner Hochalpenstraße**
Rainerstr. 1
5020 Salzburg
✆ (06 62) 87 36 73-0
Fax (06 62) 87 36 73-13
www.grossglockner.at
Anfang Mai–15. Juni
6–20, 16. Juni–15. Sept.
5–21.30, 16. Sept.–Ende Okt. 6–19.30 Uhr,
alle Ausstellungen entlang der Straße tägl. von 10–17 Uhr

ⓘ **Info Straßenzustand**
Informationsstelle
Ferleiten
✆ (065 46) 650
www.grossglockner.at/service/

Kaiser-Franz-Josefs-Höhe an der Großglockner Hochalpenstraße

**REGION 2
Kärnten**

Das schönste Marterl Österreichs: der Bildstock in Egg am Fakersee

Der Weißensee in Kärnten präsentiert sich türkisblau

❸ **Kärntner Seen**
Sauber, warm und im Winter zum Eislaufen zugefroren

1250 Gewässer hat Kärnten, davon sind 200 zum Baden geeignet. Und ein See ist schöner als der andere. Wer beim Schwimmen doch mal Wasser schluckt, muss sich keine Gedanken machen: Alle Kärntner Badewannen haben Trinkwasserqualität. Der Faaker See gilt als der sauberste Badesee im Alpenraum, im Sommer kann er bis zu 26 Grad warm werden. Im See gibt es eine Insel, die per Boot erreicht werden kann. Umgeben ist man von zwei grandiosen Panoramen, den Karawanken und den Julischen Alpen. Am Nordufer bei Egg steht das schönste *Marterl*, zu Deutsch Bildstock, Österreichs.

Der Klopeiner See gilt als definitiv wärmster österreichischer Badesee, das Wasser hat höchste Qualität, obwohl sich an den Ufern von St. Kanzian und Klopein viel Tourismus tummelt. Schön sind die Sonnenuntergänge zwischen den Bergen.

Der Längsee liegt in einer ruhigen Gegend, er ist nicht verbaut und hat – bis auf zwei Standbäder – völlig freie Ufer, um zu picknicken und zu baden. Malerisch erscheint die ehemalige Benediktinerabtei St. Georgen direkt am See, die besucht werden kann.

Der Ossiacher See zwischen der Gerlitzen Alpe und den Ossiacher Tauern präsentiert sich als sturmgeschützte Idylle. Der elf Kilometer lange und eineinhalb Kilometer breite See ist aber nicht nur perfekt zum Baden, sondern auch zum Wandern und fürs Paragliding. Außerdem bietet er sich an als Standort, um Ausflüge zu Sehenswürdigkeiten zu machen. An der Ruine Landskron, am südöstlichen Ende des Ossiacher Sees, gibt es in der warmen Jahreszeit eine tägliche Adlerflugschau.

Der Pressegger See ist ein Sonderfall. Er liegt in einem Tal der Karnischen Alpen, umgeben von bis zu 2000 Meter hohen Bergen. Er war einst doppelt so groß, verlandet aber seit Jahren und hat am Ufer ein ausgedehntes und ausgesprochen romantisches Schilfgebiet.

REGION 2
Kärnten

Alter Platz und Dreifaltigkeitssäule in Klagenfurt

ⓘ Klagenfurt Tourismus
Neuer Platz 1
9010 Klagenfurt
✆ (04 63) 537 22 23
Fax (04 63) 537 62 18
www.info.klagenfurt.at

🏛 Landesmuseum Kärnten
Museumsgasse 2
9021 Klagenfurt
✆ (050) 536-305 99
Fax (050) 536-305 40
www.landesmuseum-ktn.at
Di–Fr 10–18, Do 10–20,
Sa/So/Fei 10–17 Uhr
Eintritt € 7, ermäßigt € 5

Der Turracher See ist der kleinste, aber einer der höchstgelegenen Kärntner Seen. Ein Bergsee auf 1736 Meter Seehöhe, im Sommer ein ausgezeichneter Ausgangspunkt für Wanderungen im Nationalpark Nockberge, im Winter ein kleines Skigebiet.

Der Weißensee präsentiert sich türkisblau – wie das Meer in der Karibik. Wie ein Fjord hat er sich auf zwölf Kilometer Länge in die Landschaft geschoben, auf 930 Meter Seehöhe. Er ist ohne Zufluss und wird ausschließlich aus Quellen gespeist.

Die Kärntner Seen sind nicht nur im Sommer empfehlenswert, im Winter werden sie zu großen Eislaufplätzen.

❹ Historische Altstadt von Klagenfurt
Die Rose vom Wörthersee

Grafitti von Jef Aerosol am Musilhaus in Klagenfurt: Robert Musil

Viele österreichische Städte wollen cool sein. Klagenfurt nicht. Kärntens Landesmetropole ist anders als ihre Schwestern im Norden. Fast schon südländisch, beschwingt von Grandezza und sehr selbstbewusst. Man nennt sie die Rose vom Wörthersee. Die Altstadt ist in der Struktur eines Schachbretts angelegt. So etwas kann sich nur ein Italiener ausdenken, in diesem Fall der Baumeister Domenico de Lalio 1534. Der Zugereiste sorgte auch bei der Hausbebauung für südliches Flair. Viele der 70 Altstadthäuser besitzen allgemein zugängliche Arkadenhöfe, alle wunderschön restauriert. Im Landhaus regiert der Kärntner Landtag. Er tut es hinter Wänden und unter einer Decke, die im 18. Jahrhundert mit 665 Wappen der Kärntner Landstände, Landeshauptleute, Vizedome und Landesverweser geschmückt wurden. 21 Jahre hat man an diesem Schmuckwerk bis zu seiner Fertigstellung 1594 gearbeitet.

Der Geburtsort von Robert Musil (»Der Mann ohne Eigenschaften«) und Ingeborg Bachmann (»Die gestundete Zeit«) wurde Mitte des 12. Jahrhunderts als Marktflecken gegründet. Damals gab es schon die Kramergasse, die heute als Österreichs älteste Fußgängerzone (seit 1961) gilt. Häu-

REGION 2
Kärnten

Zum Gruseln: der Lindwurmbrunnen auf dem Neuen Platz in Klagenfurt

ser der Gründer- und Jugendstilzeit prägen ihr Aussehen. Der lang gestreckte Alte Platz mit der Dreifaltigkeitssäule (1689) ist der älteste Stadtplatz, seine Barockbauten besitzen die schönsten Arkadenhöfe. Der dreistöckige Laubenhof des Alten Rathauses aus dem 17. Jahrhundert ist wohl Klagenfurts beliebtestes Fotomotiv. Das Landhaus ist der repräsentativste Profanbau der Stadt, bestimmt von zwei mit Zwiebeltürmen gekrönten Treppentürmen und einem doppelgeschossigen Arkadenhof. Daneben wurde im frühen 20. Jahrhundert ein Jugendstiltheater (1910) gesetzt.

Am Neuen Platz steht die Domkirche, Österreichs älteste Wandpfeilerkirche (1591), die Raumgestaltung bestimmen umlaufende Emporen. Die wertvollen Stuckarbeiten und Gemälde stammen aus dem 18. Jahrhundert, besonders üppig fiel die Kanzel (1726) aus. Gegenüber steht das Kärntner Landesmuseum (1884) mit umfangreichen Sammlungen zur Natur und Kultur des Landes.

❺ Lindwurmbrunnen in Klagenfurt
Herkules besiegt den Drachen

Es war ein Irrtum, aber er schrieb Stadtgeschichte. Den 1590 gefundenen Schädel eines eiszeitlichen Wollhaarnashorns, der heute noch im Landesmuseum in der Vitrine liegt, hielt man für einen Drachenkopf. Und wo ein Drachen ist, da ist ein Drachentöter nicht fern. Es fand sich ein Herkules, der dem Feuer speienden Vieh den Garaus machte. Am Lindwurmbrunnen am Neuen Platz hat man ihnen ein Denkmal gesetzt, dem Drachen und seinem Bezwinger. Klagenfurts Wahrzeichen mitten in der Stadt ist heute ein idealer Treffpunkt, nicht zu übersehen. Um die Zeit der Stadtgründung vermuteten die abergläubischen Klagenfurter in dem sumpfigen Gebiet um die Furt am Fluss Glan unheimliche Wasserdämonen, die sich auch an Menschenopfern labten. Dort sollte der Lindwurm hausen, der das Vieh der Bauern riss und in die Sümpfe zerrte. Bis sich der tapfere Kärntner fand, der in Herkulesmanier das Ungeheuer außer Gefecht setzte. Seit 1636 planscht der Lindwurm in seinem Brunnen, 7,55 Meter lang und 1,70 Meter hoch. Als Wappentier ist er den Klagenfurtern wichtig, sie sind stolz auf das Monster. Aber der manieristische Stil des Denkmals aus Chloritschiefer sorgt nicht für allgemeine Begeisterung. Früher machten sich junge Leute eine Gaudi daraus, das Fabelungeheuer zu bezwingen, indem sie sich darauf schwangen. Das ist heute verboten, zudem ist das Denkmal von einem ornamentreichen schmiedeeisernen Zaun umgeben. Zweimal – 1797 und 1945 – war bei solchen Besteigungen des Drachens dessen Schwanz abgebrochen.

1514 kam es zu einem verheerenden Stadtbrand, Klagenfurt musste ganz neu aufgebaut werden. Die Kärntner Landstände suchten zu dieser Zeit eine eigene Residenz und baten Kaiser Maximilian I., Klagenfurt als solche ausbauen zu dürfen. Der Patriarch nickte gnädig ab, 1518 löste Klagenfurt die bisherige Landeshauptstadt St. Veit an der Glan ab. So hat die Stadt von zwei Missständen profitiert, dem Ungeheuer in seinen Sümpfen und seinen brennenden Dächern.

REGION 2
Kärnten

❻ Burg Hochosterwitz in Launsdorf
Die Uneinnehmbare

Der Begriff märchenhaft ist in diesem Fall zutreffend. Die Gebrüder Grimm hätten sich das nicht besser ausdenken können. Die Burg Hochosterwitz bei St. Veit ist Österreichs berühmteste Ritterfestung, ein markanter Trutzbau auf einem steilen kegelförmigen Kreidefelsen, der weit ins Land hineinstrahlt. 860 wurde sie erstmals erwähnt, ihre 14 Tore hielten in ihrer langen Geschichte jedem Feind stand – doch nicht dem Tourismus in seiner täglichen Legionärsstärke. Der Aufstieg über den 620 Meter langen und steilen Burgweg ist schweißtreibend, doch oben warten ein Ritter-Museum, ein uriges Restaurant im Burghof und eine großartige Aussicht über das Tal. Die Anstrengung lohnt sich.

Das Geschlecht der Khevenhüller, in deren Besitz sich die Burg nach wie vor befindet, wollte im 16. Jahrhundert ein Exempel statuieren. Es war die Zeit der Türkeneinfälle, die Osmanen waren begierig darauf, sich ein Weltreich aufzubauen. Georg Freiherr von Khevenhüller hielt dagegen. Der Landeshauptmann und kaiserliche Ratgeber ließ seine Burg nach den neuesten militärischen Erkenntnissen seiner Zeit zu einer Festung ausbauen, die als uneinnehmbar galt. Es wurden die modernsten Waffen herangeschafft, sie reichten für 700 Verteidiger. Die Torbauten waren besonders präpariert. Die Türken rannten mehrmals an, aber Hochosterwitz wurde nie erobert.

Der Aufstieg lohnt sich auch deshalb, weil dabei das Schutzsystem zu erkennen ist. Jedes der 14 Tore rings um den Burgberg war doppelt gesichert. Am Khevenhüllertor ist das Familienwappen der Eigentümer aus weißem Marmor zu sehen, der Weg in den von Laubengängen umgebenen inneren Burghof führt zudem über fünf Zugbrücken.

Burg Hochosterwitz
9314 Launsdorf
✆ (042 13) 20 20 und 20 10
Fax (042 13) 20 20-16
www.burg-hochosterwitz.or.at
April, Okt. tägl. 9–17, Mai–Sept. tägl. 9–18, bei Vollmond 9–24 Uhr
Eintritt € 8,50, ermäßigt € 6

Österreichs berühmteste Ritterburg: Burg Hochosterwitz in Launsdorf

Der Millstätter See in Kärnten

ⓘ **Tourismusbüro Millstatt**
Marktplatz 8
9872 Millstatt
✆ (047 66) 20 21-0
Fax (047 66) 20 21-20
www.millstatt.at, Mo–Fr 8–12 und 13–16 Uhr

Miniatur aus der Millstätter Handschrift (um 1200, Kärntner Landesarchiv, Klagenfurt), die im ehemaligen Benediktinerstift Millstatt entstand

❼ Millstatt und der Millstätter See
Kärntens Sonnenregion

Unter Surfern und Seglern gilt der Millstätter See als Geheimtipp. Der Wind aus den Nockbergen sorgt für ausgezeichnete Strömungsverhältnisse. Aber auch für Taucher ist der See etwas Besonderes, er ist bis zu 141 Meter tief. Die von Gebirgszügen umschlossene Beckenlandschaft zeigt in der warmen Jahreshälfte ein schon mediterran anmutendes Klima. Das Becken mit seinen großen Tälern ist mit einer Muschel vergleichbar: unten mit ebenem Boden und tiefen Rillen, oben mit einem sich gewaltig aufwölbenden Gebirge. Der Millstätter See ist Kärntens Sonnenregion.

Zwölf Kilometer lang zieht sich der See vor der prächtigen Gebirgskulisse durch die Landschaft, breit ist er bis zu eineinhalb Kilometer. Man kann wandern, die herrlichen Naturstrände der Strandbäder aufsuchen oder vom Wasser aus die charmanten Jahrhundertwendevillen bewundern. Es gibt sie vor allem im Hauptort Millstatt, der in der Zeit der Habsburger zur Wende zum 20. Jahrhundert ein populärer Sommerfrische-Ort des Adels war. Am Villenweg stehen noch rund 20 Sommersitze aus der Gründerzeit, das Tourismusbüro hält eine spezielle Broschüre parat.

Der Millstätter See ist uraltes Siedlungsgebiet, schon die Kelten und Römer waren hier. Ihnen folgten im 11. Jahrhundert die Benediktiner, die in Millstatt ein Kloster gründeten (1070), dessen Stiftshof mit seiner rundbogigen zweistöckigen Arkadengalerie und einer mehr als 1000 Jahre alten Gerichtslinde mit mächtig gespreiztem Geäst sehenswert ist. Die Stiftskirche ist noch als romanischer Pfeilerbau (1170) zu erkennen, mit Kreuzgang, Stufenportal, Netzrippengewölbe und markantem Weltgerichtsfresko. Die Jesuiten, denen das Kloster zuletzt gehörte (1598–1773), sorgten für seine barocke Ausstattung mit kunsthistorischen Kostbarkeiten wie dem Millstätter Fastentuch, mit dem der Hochaltar in der Fastenzeit verhängt wird. Im Sommer finden in diesem prachtvollen Gemäuer die Millstätter Musikwochen statt.

Mondän mit Yachten und schicken Clubs: Schloss Velden am Südufer des Wörthersees ▷

⑧ Wörthersee
Die Räder surren

REGION 2
Kärnten

Der Schlagersänger Udo Jürgens wuchs in Schloss Ottmanach hoch überm Wörthersee, Kärntens größtem See, auf, hier begann er als Beachboy seine Karriere, die in »Aber bitte mit Sahne...« und anderen Schmonzetten ihren Höhepunkt erreichte. Der Plattenmillionär, inzwischen im achten Lebensjahrzehnt und ordentlicher Professor der Republik Österreich, kehrt so oft als möglich an den See zurück. Seine Vorfahren waren Händler und Bankiers, sie konnten sich das Anwesen leisten. Inzwischen ist das Schloss längst verkauft, aber der See ist für den Schlagersänger zugänglich. »Dieser See war für mich Jugend«, sagt er. Udo Jürgens wandert am Gewässer entlang, schwimmt darin, empfindet Romantik beim Anblick des tiefblauen Alpensees. Nur ein Lied, meint er melancholisch, könne er nicht schreiben. »Das Wort Wörthersee ist ohne jede anmutige Akustik, nüchtern und unmelodisch.«

Sagenumwoben: das Wörthersee-Mandl

Das sehen nicht alle so, aber die urteilen nicht ausschließlich nach der Akustik. Der Wörthersee ist zum Paradies für Inlineskater geworden, sie legen wieder und wieder die acht Kilometer lange Strecke zwischen Klagenfurt und dem See zurück. Der Wind pfeift um die Nase, die Räder unter den Füßen surren, die Blicke nehmen die Umgebung wahr. Von Krumpenbach bis zur Ostbucht des Wörthersees ist das Wasser stets in Reichweite. Der Weg führt am Brunnen des heiligen Antonius vorbei, dessen Wasser sich aus einer Schweinsschnauze ergießt. Es folgen das Strandbad Klagenfurt, Skater-Park, Reptilienzoo und Minimundus mit rund 150 Modellen der schönsten Gebäude der Welt aus 53 Ländern im Maßstab 1:25. Dann sind die Aktiven mit ihren bunten Knie- und Ellenbogenschützern schon in der City.

ⓘ **Wörthersee Tourismus**
Villacher Str. 19
9220 Velden
℗ (042 74) 382 88
Fax (042 74) 382 88-19
www.woerthersee.com

 **WSG Wörthersee Schifffahrt GmbH**
Friedelstrand 3
9020 Klagenfurt
℗ (04 63) 211 55
Fax (04 63) 211 55-15
www.woertherseeschifffahrt.at

Man kann die Strecke auch mit dem Fahrrad absolvieren, joggen oder walken. Man kann ebenso – und das ist eine ganz andere Erfahrung – die Ostbucht des Wörthersees mit einem Schiff passieren. Am stilvollsten mit einem der letzten noch in Betrieb befindlichen Schraubendampfer Europas (1909). In der warmen Jahreszeit geht es auch schwimmend – der Wörthersee ist Europas wärmster Alpensee.

REGION 3
Niederösterreich

Niederösterreich
Österreichs größtes Bundesland

Österreichs Kernland grenzt an Tschechien, die Slowakei im Osten, das Burgenland, die Steiermark und Oberösterreich. Das bedeutet: Sämtliche Verkehrsströme gehen durch Niederösterreich, ein Bauernland mit den größten landwirtschaftlichen Anbauflächen, das halb Österreich ernährt. Die Donau zieht sich 232 Kilometer durchs Land, oberhalb des Stromes ist das Land erst flach, dann wird es hügelig, unterhalb der Donau steigt es auf zu bewaldeten Höhen wie dem Wienerwald und bis hinauf zu den Gipfeln der Nördlichen Kalkalpen. Eine abwechslungsreiche Landschaft.

Die schönsten 32 Donaukilometer zwängen sich durch die Wachau, ein steil ansteigendes Stromtal mit stufenförmig angelegten Weinterrassen und mildem Klima, das im Frühjahr eine unvergleichliche Baumblüte aufweist. Die Fahrt durch die Wachau – am schönsten mit dem Schiff, eindrucksvoll ebenso mit dem Auto oder Fahrrad – ist ein einmaliges Erlebnis. Hinter jeder Kurve eröffnet sich ein neues Panorama, mal beschwingt, mal dramatisch. Kleine Städte und heitere Weindörfer prägen Europas bezauberndstes Flusstal.

Krems, das Tor zur Wachau, trumpft auf mit Bürgerhäusern voller Lauben und Erker, prachtvollen spätbarocken Fassaden und dekorativen Brunnen, die Lokale sind pastellfarben gehalten. Auch das Städtchen Stein besitzt reich verzierte Portale und Wandmalereien.

Weiß und duftig: Aprikosenblüte in der Wachau

Auf dem beeindruckenden Klosterberg thront das Stift Göttweig, von unten sieht es aus, als würde es gleich in den Himmel schweben. Dürnstein gehört zum Schönsten, was die Alpenrepublik zu bieten hat, über den Gassen döst eine romantische Ruine vor sich hin, das Schlosshotel bietet raffiniert verfeinerte Regionalküche. Wenn im Frühling über 100 000 Marillenbäume ihre Knospen öffnen, ist das Donautal eine einzige bunte Wolke. Auch die Mandelbäume schlagen blühend aus, rosa, weiß und duftig. Wer in der Wachau nicht die Entdeckung der Langsamkeit erlebt, dem hilft nichts anderes mehr.

An vielen Orten in Niederösterreich treten überraschend Schlösser, Burgen, Klöster und kunsthistorisch bedeutende Kleinstädte ins Blickfeld. Die auffällige Dichte beweist, dass die Gegend auch früher schon ein Kernland war, der Tourismus war bereits im 19. Jahrhundert eine wichtige Einnahmequelle. Das Waldviertel ist Natur pur, eine raue, aber artenreiche Landschaft mit kompakten Nadelwäldern,

REGION 3
Niederösterreich

Wachauer Marillen

REGION 3
Niederösterreich

Feucht-fröhlich geht's zu bei der Weinernte in der Wachau

ⓘ **Tourist Information Baden**
Brusattiplatz 3
2500 Baden
✆ (022 52) 226 00-600
Fax (022 52) 807 33
www.baden.at

Spielcasino
Kaiser-Franz-Josef-Ring 1
2500 Baden
✆ (022 52) 444 96
www.casinos.at
Tägl. 15–3 Uhr

Römertherme
Brusattiplatz 4
2500 Baden
✆ (022 52) 450 30
Fax (022 52) 450 30-83 04
www.roemertherme.at
Tägl. 10–22 Uhr

kleinen Seen, Teichen, Mooren und Granitbergen, die sich auf über tausend Meter emporstemmen. Vorgeschichtliche Völker hinterließen Kultstätten in der abgeschiedenen Region, bis heute liegt eine spirituelle Aura über dem Land. Nirgendwo in Europa soll es mehr Wünschelrutengänger geben. Die kleinen Städte wie Gmünd, Heidenreichstein oder Zwettl besitzen ein uriges Ambiente. Das Leben hier war immer hart, aber die Menschen sind heimatverbunden. Idyllischer ist das Weinviertel nahe Wien, mit sanft geschwungenen Hügeln und grünen Rebhängen, wo das Klima milder und die Weinkultur heiter ist. Ganz modern dagegen empfängt Niederösterreichs Hauptstadt St. Pölten mit kühner, futuristischer Architektur. Erst 1986 wurde es zur Verwaltungsstadt des Landes, vorher von Wien aus regiert.

❶ **Baden bei Wien**
Aus der Luft gesponnen

Vergleicht man ein hübsch restauriertes historisches Haus mit einer Praline, so ist Baden, 26 Kilometer südlich von Wien, eine volle Ladung an Süßigkeiten. Schon 1795 bedichtete der Poet Moritz Gottlieb Saplier den Ort an den Ausläufern des Wienerwalds: »Ein Städtchen, aus der Luft gesponnen, ein kleines Wien in Aquarell.« Baden ist eine perfekte Biedermeier-Idylle, doch hinter der anheimelnden Kulisse versteckt sich eine effiziente Infrastruktur, die Baden zu einer der vermögendsten Kommunen gemacht hat.

Der Kurpark ist voller weißer Bänke auf gusseisernen Pfoten. Das zweitgrößte Casino Europas, 1934 eröffnet, präsentiert sich als massives Kuppelgebäude, nachts bestrahlt wie ein Märchenschloss. Es ist zugleich Kongress- und Veranstaltungszentrum und davor stehen Palmen – Baden hat

Florale Wachauer Impression

REGION 3
Niederösterreich

Badener Spielcasino

ein besonderes Mikroklima. Aus der Pannonischen Tiefebene kommt Wärme, die Flanken des Wienerwalds schützen vor eisigen Alpenwinden. Aus den Trauben kann sogar Rotwein hergestellt werden. Beethoven, der fast drei Jahre in Baden lebte, war von den Tropfen begeistert. Aber nicht alle Badener von Beethoven.

Der Bonner Komponist lief keuchend und schlecht gekleidet durch den Wienerwald, schrieb Noten auf Steine, sang laut, bis die Gendarmerie ihn festnahm und Gönner ihn auslösen mussten. Er bändelte mit Weibsbildern an und war bekannt als Zechpreller. Aber in Baden vollendete er die Neunte Sinfonie, seit 1992 ist »Freude, schöner Götterfunken« die europäische Hymne. Im Kurpark steht ein Beethoventempel.

Die Römerquelle wälzt täglich sieben Millionen Liter Wasser in das Rohrleitsystem, das Bäder und Hotels versorgt. Es ist gut für den Bewegungsapparat, gegen Rheuma und verbessert die Cholesterinwerte. Das Artdéco-Bad Römertherme besitzt Österreichs größten Sandstrand. Erstes Haus am Platz ist der »Herzoghof« am Casino, ein denkmalgeschütztes Biedermeier-Hotel – Baden pur.

❷ Zisterzienserabtei Heiligenkreuz
Klosterleben im Wienerwald

Es regnete und war bitterkalt, als Benedikt XVI. an einem Sommertag 2007 nach Heiligenkreuz kam. Vorher hatte man genau geprüft, ob das Papamobil durch das enge Wiener Tor passen würde, das die Einfahrt zum Stift Heiligenkreuz bildet. Es war das erste Mal in der fast 900-jährigen Geschichte des Zisterzienserstifts, dass ein Papst es besuchte. 1133 hatten es Mönche aus Morimond gegründet, zurzeit leben 76 Mönche dort und alle fühlten sich geehrt von dem hohen Besuch. Die Anlage war aus diesem Anlass rundum saniert und frisch gestrichen worden, selbst die Felder waren nicht gepflügt und dort war ein Zelt aufgestellt worden. 200 000 Menschen wollten den Papst sehen.

Heiligenkreuz hat die zweitälteste Zisterzienserabtei Österreichs, benannt nach der Kreuzreliquie, die Herzog Leopold V. dem Kloster schenkte. Das Stift besteht als einziges Zisterzienserkloster des Alpenlands ununterbrochen seit seiner Gründung. Man kann es besuchen und erhält erstaunliche Einblicke in heutiges Klosterleben. Bekannt sind etwa die

Zisterzienserabtei Heiligenkreuz
Klosterpforte
2532 Heiligenkreuz im Wienerwald
✆ (022 58) 87 03-0
Fax (022 58) 87 03-114
www.stift-heiligenkreuz.org
Eine Besichtigung ist nur im Rahmen einer Führung möglich: Mo–Sa 10, 11, 14, 15, 16, So/Fei 11, 14, 15, 16 Uhr
Eintritt € 7,30, ermäßigt € 6,30

REGION 3
Niederösterreich

Karikaturmuseum Krems
Steiner Landstr. 3a
3500 Krems-Stein
✆ (027 32) 90 80 20
Fax (027 32) 900 24
www.karikaturmuseum.at
Tägl. 10–17 Uhr
Eintritt € 9, ermäßigt € 8

Regionalbüro Wachau-Nibelungengau-Kremstal
Schlossgasse 3
3620 Spitz an der Donau
✆ (027 13) 300 60-60
Fax (027 13) 300 60-30
www.wachau.at

Zisterzienserabtei Heiligenkreuz

Chorgebete zur Mittagszeit, an denen Zuhörer teilnehmen können. Viele ahnen allerdings nicht, dass die Mönche ihr Leben mit Einnahmen aus Forstwirtschaft, Weinbau und Tourismus finanzieren. 16 000 Hektar Land gehören zum Stift. Das Holz wird in einem eigenen Sägewerk verarbeitet. Geld kommt auch von der Pacht für Jagdgebiete und von Immobilien herein. Die Kuttenträger führen einen modernen Wirtschaftsbetrieb. Dazu gehört auch der Wein. Österreichs zweitältestes Weingut, das Freigut Thallern, wird vom Stift betrieben. Der Papst hat den Rotwein bei seiner Visite verkostet. Direkt im Stift versorgen Klostergasthof und Kellerstüberl rund 170 000 Touristen pro Jahr. Etwa 5000 davon nehmen eine Kammer im Kloster, um für einige Tage zur Ruhe zu kommen.

An der dreischiffigen Stiftskirche finden sich romanische wie gotische Elemente, die Glasfenster leuchten seit 1300 im Sonnenlicht, den Kreuzgang durchweht meditative Stille. Das Kloster ist nur im Rahmen einer Führung zugänglich, der Arbeitssaal der Mönche weist noch Teile der Wandbemalung aus dem 13. Jahrhundert auf.

❸ Krems und die Wachau
Lachen und Genießen

In Krems steht ein Museum für Vaterlandsverräter, es ist dem Karikaturisten Manfred Deix gewidmet. Jörg Haider malt er als kahl geschorenen Neonazi, den ultrakonservativen Bischof Krenn mit wehenden Talarschößen auf einem U-Bahn-Gitter, wie einst Marilyn Monroe mit schönen Beinen, und eine Galerie von Landsleuten, denen als Schweinefleischesser statt Beinen Sauhaxen aus dem Rumpf wachsen. Die Österreicher hassen ihn, sie lieben ihn aber auch, weil er selbst ihre größten Widersacher hässlich karikiert. Das Karikaturmuseum in Krems straft alle ab, die sich an die Öffentlichkeit wagen. Mit sibirischen Marderhaarpinseln und englischen Aquarellfarben hält Deix alles auf hochfeinem Karton fest. Er ist der meistverklagte Karikaturist der Welt, er selbst rechnet sich das zur Ehre an. In Krems gibt es viel zu lachen.

»Vom Silberband der Donau rings umwunden, hebt sich's empor zu Hügeln voller Wein«, dichtete Grillparzer ergriffen über die Wachau. Eingeklemmt in ein enges Tal zwischen Krems und dem Barockstift Melk und zwischen Hängen voller Reben und Wäldern liegt einem der munter mäandernde Fluss zu Füßen. Er durchfließt auf 32 Kilometer einen Landstrich, der viele Dichter in die Knie zwang, von Rilke bis zum Zyniker Thomas Bernhard. Wer mit dem Schiff durchgleitet, erlebt die Farben eines Flusslaufs von Blau bis Dunkelgrün. Wer im Auto unterwegs ist, dem stockt in mancher Kurve der Atem. Das Land schwingt sich von Hügel zu Hügel, auf Bergflanken hocken Ruinen einst stolzer Burgen und das Kircherl, fast immer ein mächtiger Bau. Weingüter ziehen sich bis ans Donauufer, viele

REGION 3
Niederösterreich

Weinterrassen und Weindörfer säumen in der Wachau zwischen Krems und Melk die 32 schönsten Donaukilometer

REGION 3
Niederösterreich

Tourismusbüro Leopoldsdorf
Rathausplatz 3
2285 Leopoldsdorf
✆ (022 16) 22 16
www.leopoldsdorf-marchfelde.gv.at

Tourismusbüro Melk
Babenberger Str. 1
3390 Melk
✆ (027 52) 523 07-410
Fax (027 52) 523 07-490
www.niederoesterreich.at/melk

Info Wachauschifffahrt
Im Sommer verkehren tägl. Schiffe zwischen Krems und Melk, www.ddsg-blue-danube.at

Stift Melk
Abt-Berthold-Dietmayr-Str. 1
3390 Melk
✆ (027 52) 55 52-32
Fax (027 52) 55 52-49
www.stiftmelk.at
Besichtigung tägl. mit oder ohne Führung Mai–Sept. 9–17.30, März/April und Okt. 9–16.30 Uhr
Führungen € 9,50, ermäßigt € 6,30
Reisezeit: Die Aprikosenbäume blühen in der Regel Anfang April, die Weinlese findet ab Mitte bis Ende September statt.

von ihnen mit gastronomischem Betrieb. Man kann rasten und genießen. Seit 40 000 Jahren siedeln hier Menschen, einer von ihnen war die Venus von Willendorf vor 24 000 Jahren. Beim Bahnbau 1908 wurde ihre Skulptur gefunden. Wellige Hüften, vorlappender Bauch, riesige Brüste, das Gesicht nur angedeutet – ein Symbol der Fruchtbarkeit. Und fruchtbar ist sie nach wie vor, die Wasser- und Weinregion Wachau.

❹ Das Marchfeld
Bis an den Horizont

Tief herabhängende Wolken über dem flachen Land. Verstreute und vom Wind gebeugte Bäume, Ginsterbüsche und Steppengras. Moore und Teiche, der Rußbach, der das Marchfeld durchquert, bevor er in die Donau mündet, ist ein trübes Rinnsal. Diese Region ist geografisches Randgebiet. Eine Landschaft wie in den baltischen Ländern oder der Pannonischen Tiefebene. Sie beginnt unmittelbar östlich von Wien und erstreckt sich bis nach Tschechien und in die Slowakei hinein. Die frühere Kornkammer Österreichs ist durch Versteppung bedroht, Flora und Fauna sind seit Jahrzehnten in Bedrängnis. Es ist die trockenste Region des Landes. Alte Sagen berichten von Seen und Drachen, Hexen und Feen in den Bäumen. Die Einsamkeit ist mit Händen zu greifen. Tourismus gibt es nur als individuelle Unternehmung, Reisende haben Platz bis an den Horizont.

Viele der völkerwandernden Nationen der letzten 3000 Jahre sind durchgetrekkt, doch Fuß gefasst haben nur die Römer und später die Franken. Sie wurden um 800 planmäßig angesiedelt. Die Franken bauten Straßendörfer – untypisch für Österreich, das in seinen ländlichen Regionen von Einzelhöfen geprägt ist –, Giebelhaus neben Giebelhaus, vorn der Wohntrakt, hinten der Stall. Viele der Dörfer sind versunken, nachdem im 13. Jahrhundert das Marchfeld zum Schlachtfeld wurde und Raubritter-Anarchie einzog. Böhmen und Habsburger kämpften gegen Ungarn, wochenlang rauchten die abgebrannten Dörfer. Im 14. Jahrhundert kamen biblische Plagen über das Land: Heuschrecken, Überschwemmungen, die Pest. Im 15. Jahrhundert verschanzten sich räuberische Horden, Hussiten und Türken im Marchfeld. Erst unter Prinz Eugen (1663–1736) wurde die verödete Gegend zivilisiert. Doch auch er musste sich gegen Kuruzzen und Türken – deshalb viele Kruzitürken – zur Wehr setzen. Erst im 19. Jahrhundert kam es durch die Donauregulierung zur Befriedung der Region. Durch den Marchfeldkanal, dessen Bau 1982 begann, soll die Landwirtschaft der Region gefördert werden. Hinter Engelhartstetten und an der Donau hat man einen schönen Blick auf die slowakische Hauptstadt Bratislava, die nachts beleuchtet aussieht wie ein fremder Stern.

❺ Stift Melk
Österreichs schönstes Kloster

Im Norden liegt das Waldviertel, im Süden der Dunkelsteiner Wald und die Donau zwängt sich in das 35 Kilometer lange und enge Tal der Wachau. Dort liegt auch Melk, das die Römer schon kannten und das 831 Stadtrecht erhielt. Ein hübscher Ort mit Häusern des 17. und 18. Jahrhunderts. Darüber aber thront ein sonnengelb heiterer Barock von fast schon imperialer Größe, er nimmt den größten Teil des begrünten Felsplateaus ein. Einst wurde von hier aus *Ostarrichi*, die Ostmark, regiert. Markgraf Leopold I. aus dem Geschlecht der Babenberger hatte ab 976 eine wuchtige Burg in der luftigen Höhe bauen lassen. Als 1089 Leopold II. ins östlich gelegene Niederösterreich umsiedelte, vermachte er die Burg den Benediktinern, die Stift Melk zum geistig-kulturellen Zentrum von großer Breitenwirkung entwickelten. 1702 war dem Orden unter Abt Berthold Dietmayr die Burg zu unpraktisch, sie ließen vom Tiroler Baumeister Jakob Prandtauer und dessen Schüler Joseph Munggenast ein komplett neues Kloster errichten, das um die Kirche herum mit einem Bollwerk von Anbauten umschlossen wurde. Es ist um mehr als das Doppelte größer als die frühere Burg. Dem Geist der Zeit entsprechend geschah das in Barockbauweise, und zwar in Perfektion. Symmetrische Fassadentürme, über und über dekoriert, leuchten weithin auf dem grau-herben Granit des Felsens. Stift Melk ist Österreichs schönstes Kloster.

Der Besucher gelangt über den Vorhof in den Prälatenhof, der mit zeitgenössischen Fresken ausgestattet ist, es geht um Kardinaltugenden. Die Kaiserstiege ist pinkfarben und zeigt verzaubernde Putten. Über die Prunkstiege wird der 196 Meter lange Kaisergang erreicht, in den 60 Räumen haben viele gekrönte Häupter genächtigt. Zur Donau hin ist der Kolomanihof ausgerichtet, der Marmorsaal schwelgt in üppiger Deckenfresken-Mythologie, im Nordteil befindet sich die Bibliothek mit über 100 000 Büchern, darunter 200 Handschriften und 850 Inkunabeln. Die Intarsien sind überaus prachtvoll, die Altane zwischen Marmorsaal und Bibliothek gewährt weite Ausblicke ins Land, durch das sich der Fluss windet. Die Stiftskirche Peter und Paul ziert eine geschwungene Fassade, ihr Innenraum ist in Goldtönen gehalten, was bei Sonnenschein zu bizarren Lichteffekten führt. Unter dem als aufgerissener Himmel freskierten Gewölbe erblickt der Besucher die göttliche Dreifaltigkeit. Die Besichtigung des Klosters im Sommer mit und ohne Führung möglich, der barocke Stiftspark ist zwischen Mai und Oktober tagsüber geöffnet.

Eine grandiose Spiraltreppe verbindet die Stiftsbibliothek Melk mit der Stiftskirche

Der Apostel Petrus eines anonymen Meisters im Museum von Stift Melk

Wahrzeichen der Wachau: das Benediktinerkloster Stift Melk

**REGION 3
Niederösterreich**

❻ Römerausgrabungen im Freilichtmuseum in Petronell-Carnuntum
Pompeji bei Wien

Cäsar und Konsorten gibt es nicht nur bei Asterix und Obelix. Marc Aurel war hier, Septimus Severus wurde gar 193 n. Chr. an diesem Ort zum neuen römischen Kaiser ausgerufen. In ihrer Hochzeit hatte Petronell-Carnuntum an der Donau 50 000 Einwohner, denen das römische Bürgerrecht zustand. Die einstige Hauptstadt der römischen Provinz Oberpannonien, die heute aus acht Kilometer langen ausgedehnten Ausgrabungsfeldern besteht, war eine der bedeutendsten römischen Siedlungen nördlich der Alpen. Der deutsche Historiker Theodor Mommsen schwärmte vor 100 Jahren: »Die Wiener haben ein Pompeji vor ihren Toren …«

Zu sehen sind: Militärstadt, Zivilstadt, Amphitheater und Thermen. Sie ließen es sich gut gehen, die Römer. Beispielhaft wurde ein steinerner Zeuge rekonstruiert, ein komplett eingerichtetes, begehbares römisches Wohnhaus, sogar mit Fußbodenheizung durch warmes Wasser. Noch prächtiger: das Heidentor, ein Doppel-Triumphbogen für Kaiser Konstantius (361). Und warum siedelten die Römer ausgerechnet hier? Carnuntum war eine Weinregion, das wussten die Südländer zu schätzen. Und ist es noch heute, das Anbaugebiet grenzt an den Osten Wiens, sein Mittelpunkt ist Göttlesbrunn. Ein Dorf, in dem jede Familie einen Weingarten hat und das trotzdem unbekannt ist – denn die Flaschen aus Carnuntum gehen alle nach Wien! Weißer und roter Wein, beide von hoher Qualität.

Im Grabungsgelände können Besucher den Archäologen bei der Arbeit zuschauen. Im wiederaufgebauten Dianatempel sind mehr als 3000 Fundstücke aus den Grabungen ausgestellt – Waffen, Werkzeuge, Schmuck, Kunstgegenstände –, eine ganze Römerstraße und ein römischer Baukran wurden rekonstruiert. Wer die gesamte imponierende Anlage mit Palastruinen, Thermen, Straßen, Häusern, Amphitheater und Arena überblicken will, steigt auf den Aussichtsturm.

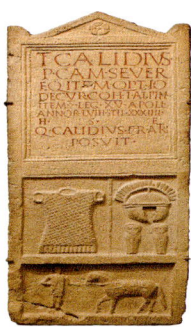

Grabstele des römischen Zenturio Titus Calidius Severus aus dem 1. Jh. n. Chr., gefunden in Petronell-Carnuntum

 **Freilichtmuseum Petronell
Archäologischer Park Carnuntum**
Hauptstr. 1A, 2404 Petronell-Carnuntum
✆ (021 63) 33 77-799
Fax (021 63) 33-77-5
www.carnuntum.co.at
15. April–15. Nov. tägl. 9–18 Uhr, Eintritt inkl. Museum Carnuntinum in Bad Deutsch-Altenburg und in der Kulturfabrik Hainburg € 9, Kinder € 3

»Römisches Leben« in Petronell-Carnuntum

❼ Retz – Zentrum des Weinviertels
Das Spiel der Aromen heißt »Pfefferl«

Retz, Zentrum des Weinviertels

Ist jemand nicht schlagfertig und braucht lange zum Denken, nennt man ihn einen Armleuchter. Den gab es tatsächlich, in den Schlössern des Weinviertels, wo er mit einer Kerze in der Hand im Raum seiner Herrschaft in der Ecke stand und für Licht sorgte. Er wurde nicht gefragt, brauchte nicht nachzudenken, er war nur ein Armleuchter.

Solches und mehr erfährt man im Himmelkeller, dem Weinviertelmuseum in Kronberg. Die Gegend war immer abgelegen, bis 1990 grenzte sie an den Eisernen Vorhang der damaligen Tschechoslowakei. Obwohl das Weinviertel die Tradition nicht nur in seinem Namen trägt, wurden die Weine von Österreichs Gastronomie lange ignoriert. Bei Messen wurden die Winzer in den hintersten Raum verbannt. Dann entdeckte Österreichs führender Wein-Schriftsteller Viktor Siegel die Region. 2003 verkündete er: »Wenn jemand von mir einen Geheimtipp haben möchte. Bitte schön, er möge ins Retzer Land fahren. Dort findet er wundervolle Weine zu freundlichen Preisen.«

Retz, das Zentrum des Weinviertels, ist ein Barockstädtchen von altertümlichem Reiz. Es gibt ganze Kellergassen, in denen der Wein gekeltert wird. Eine unterirdische Welt mit tief in den Lössboden gegrabenen, insgesamt 25 Kilometer langen Gängen, die ein gleichbleibendes Raumklima zur Lagerung von Wein haben. Hier wird auch verkostet. Nirgendwo sonst, heißt es unter Weinexperten, sei der Grüne Veltliner derart würzig. Das Spiel der Aromen ist ausgeprägt, es wird hier liebevoll Pfefferl genannt. Um den Hauptplatz steht Baukultur aus josephinischer Zeit, herausragend sind das Sgraffitohaus (1576) mit Bildern biblischer Themen und das Verderberhaus. Das Rathaus ist Rokoko, die Dominikanerkirche barock und das Wahrzeichen von Retz ist die historische Getreidemühle, etwas über dem Ort, von 1722. Im Mittelpunkt steht aber der Wein, seit 1150 Jahren urkundlich belegt.

ⓘ **Tourismusverein Retz**
Hauptplatz 30
2070 Retz
℡ (029 42) 27 00
Fax (029 42) 27 00-27
www.erlebniskeller.at

🏛 **Museum Himmelkeller**
Himmelkeller
2123 Kronberg im Weinviertel
℡ (06 99) 17 44 22 65
www.himmelkeller.at
Mai–Okt. So/Fei ab 13.30 Uhr
Führung Mo–Mi und So–Fei 15 Uhr, € 7, ermäßigt € 7, Gruppenführungen ab März nach Voranmeldung
Reisezeit: Im Herbst.

Renaissanceschloss Schallaburg

Schloss Schallaburg
3382 Schallaburg 1
© (027 54) 63 17
www.schallaburg.at
Mo–Fr 9–17, Sa/So/Fei
9–18 Uhr
Eintritt € 9, ermäßigt € 8

*Detail des Terrakotta-
Arkadenhofs von Schloss
Schallaburg*

⑧ Renaissanceschloss Schallaburg
Ein Denkmal für den Hofnarren

Der Halleiner Baumeister Jakob Bernecker muss sich sehr frei gefühlt haben. 1572 heuert ihn Wilhelm von Losenstein an, ein Protestant und Humanist. Der Besitzer der Schallaburg spricht mit ihm über die Arbeit des Künstlers, dann entlässt er ihn lächelnd. Bernecker krempelt die Ärmel auf. Über Monate wird der zweigeschossige rotweiße Terrakotta-Arkadenhof sein Domizil. Er überzieht ihn mit einer Überfülle an Figuren, Wappen, Büsten, Masken, Fratzen und Medaillons, Atlanten und Karyatiden, Geflechten aus Ranken und Blattwerk. Eine der schönsten Masken ist die des Hofnarren, auch der bekam ein Denkmal gesetzt. Historiker führen das auf den humanistischen Einfluss von Losenstein zurück, Deppen wurden damals nicht an der Fassade adliger Bauten verewigt. Das war eine Wiedergutmachung.

Die Schallaburg ist vielleicht das schönste Renaissanceschloss des an Schlössern reichen Niederösterreichs. Der quadergeschmückte Bergfried setzt einen markanten Akzent ins Grün des Umlands. Die ältesten Teile der Burg entstanden in der Zeit der Romanik und der Gotik, aber das Mittelalter ist nur noch in der romanischen Wohnburg auszumachen. Die vermögenden Besitzer ließen im 16. Jahrhundert die Anlage nach dem Vorbild italienischer Palazzi umbauen, sie wollten – der Mode ihrer Zeit folgend – einen weithin sichtbaren Herrensitz, mit einem stattlichen Turnierhof, ausladenden Freitreppen und überbordender Plastikkunst an den Wänden des Arkadenhofs. Dafür war Jakob Bernecker zuständig. Noch heute stehen Besucher fassungslos vor seiner Schmuckfülle und brauchen einige Zeit, um sich zu orientieren. Die Liebe zur Kunst ist hier auf die Spitze getrieben worden. Die mythologischen Figuren und Fabelwesen erzählen von der Zeit ihrer Entstehung, die populärste ist das Hundefräulein.

Am Ende des Zweiten Weltkriegs wurde die Schallaburg von den Sowjets zerstört, bis 1970 war sie eine Ruine, dann ging sie in Staatsbesitz über. In den Jahrzehnten danach wurde sie gründlich saniert und in alter Pracht wiederaufgebaut. Heute ist sie das Kultur- und Bildungszentrum Niederösterreichs mit Wechselausstellungen, Vorträgen und Lesungen.

❾ Bergwelt des Semmering
In der Wiener Sommerfrische

Sigmund Freud kraxelte gern die Raxalpe hinauf, drei Stunden von Reichenau bis zum Erzherzog-Otto-Haus (520 Meter), wo er seine Jause einnahm. Die zerklüftete Bergwelt des Semmering ist eng in ihren Tälern, aber hoch und weit mit ihren Bergen. 1924 schrieb der Vater der Psychoanalyse eine Postkarte an einen amerikanischen Freund, auf der er die Gegend äußerst knapp charakterisierte: »It is charming.«

Freud erholte sich auf dem Semmering in einer Zeit, als alles, was in Wien Rang und Namen hatte, in der Sommerfrische südwestlich der Hauptstadt Abwechslung suchte. Ende des 19. und im ersten Drittel des 20. Jahrhunderts galt der Semmering als Zauberberg. Man reiste an mit der Semmeringbahn, der ersten Gebirgsbahn der Welt, 1854 eingeweiht. Das Gleisbett steigt bis auf 895 Meter Höhe an, die Passfahrt geht durch 14 Tunnel und über 16 teils zweistöckige Bodenviadukte, die gespenstisch tiefe Schluchten überbrücken. 41 Kilometer lang ist die Strecke und geschaffen wurde sie nach einem Plan des Eisenbahningenieurs Carl Ritter von Ghega (1802–1860). Eine technische Meisterleistung, die auch viele Opfer forderte. Seit 1998 gehört sie zum Weltkulturerbe.

Nach der Katastrophe des Ersten Weltkriegs und dem Untergang der Donaumonarchie verödete der Semmering. Erst seit den 1990er-Jahren, nach dem Ausbau des Skigebiets Hirschkogel, einem Wanderwegenetz bis auf 2000 Meter Höhe und der Wiederbelebung des kleinen Theaters im Ort Reichenau, ist der Semmering wieder da. Er trägt heute den übergeordneten Namen Region Südalpin. Die lange verfallenen Villen wurden saniert, die im Koma liegende Hotellerie ist wiedererwacht. Entlang der Bahnstrecke verläuft der Bahnwanderweg, eine der abwechslungsreichsten Wanderstrecken Österreichs. Sie führt über 23 Kilometer und den Doppelreiterkogel mit einer grandiosen Rundsicht auf Rax, Schneeberg und das Alpenvorland. Sigmund Freud wäre begeistert.

REGION 3
Niederösterreich

ⓘ **Tourismusbüro Semmering**
Passhöhe 248
2680 Semmering
ⓒ (026 64) 200 25
Fax (026 64) 200 29
www.semmering.or.at

ⓘ **Semmeringbahn**
Die Bahn verkehrt von Wien-Südbahnhof zehn Mal am Tag
www.semmeringbahn.at

Die Semmeringbahn, die erste Gebirgsbahn der Welt

> **REGION 3**
> *Niederösterreich*

Der Klangturm in der Kellergasse von St. Pölten

Rathausplatz von St. Pölten

❿ St. Pölten
50 000 Einwohner, drei Theater

Die meisten fahren vorbei an dieser Stadt – ein Fehler! Dort gibt es nicht nur einen stets grantelnden Kardinal, der als Ultrakonservativer eher als Altlast in Sankt Pölten gilt, sondern Architekturhighlights im Landhausviertel und Kulturbezirk, die man in solcher Dichte nicht erwartet hätte. Niederösterreichs Hauptstadt leistet sich als Marketing auserlesene Kulturbauten, entworfen von angesehenen Baumeistern. Auf 50 000 Einwohner kommen drei Theater, mehrere hochwertige Museen und eine Vielzahl von Galerien. Das ist österreichweit einmalig.

Seit 1986 ist die Stadt Niederösterreichs Verwaltungszentrale, vorher war Wien zuständig. 1992 begann der Bau des Regierungsviertels durch den Architekten Ernst Hoffmann mit dem eleganten Landtagsgebäude und angekoppelten Verwaltungsbauten. Ihm schließt sich der Kulturbezirk an, in den Österreichs international renommierter Architekt Hans Hollein das Niederösterreichische Landesmuseum setzte. Das Haus ist konzipiert als multimediales Erlebniszentrum und stellt Natur, Geschichte und Kunst des Bundeslands in ausgefallener Weise dar. Landeskunde wird nicht in üblicher Weise nur mit Schautafeln und Exponaten, sondern unter markanten Stichworten aufgeblättert. Wie haben die Niederösterreicher früher gelebt? Wie haben Fürsten ihre Grenzen gezogen? Welche Art von Kommunikation fand zwischen Oberklasse und Volk statt? Welche Siedlungsformen gab es? Wie entwickelten sich einzelne Wirtschaftszweige? Welche Kulturen gab es? Was ist übrig geblieben von früheren Lebenswelten? In der Stadt, in der einst Paula von Preradovic, die Verfasserin der österreichischen Hymne »Land der Berge ...« lebte, geht man das selbstbewusst an. Zur neuen Architektur gehört auch der 62 Meter hohe

Klangturm von Ernst Hoffmann, ein gläsernes, alles überragendes Gebäude. Klaus Kada schuf das Festspielhaus mit Konzertsaal, Bühne und 1100 Plätzen sowie die Landesbibliothek.

Aber auch die Altstadt mit dem einstigen Marktplatz, heute Rathausplatz, der Dreifaltigkeitssäule (1782) und der Franziskanerkirche (18. Jahrhundert) im Rokokogewand ist attraktiv. Das Rathaus (14. Jahrhundert) zeigt an seiner Südseite, dass verschiedene Bauperioden an diesem Gebäude zum Tragen kamen. Es gibt Renaissanceportale und Barockfassaden. Das Stöhr-Haus, ein Jugendstilbau von Joseph Maria Olbrich (1908, Nr. 41), gehört zu den wichtigsten Hinterlassenschaften dieser Epoche. Weitere schöne Palais runden das Bild einer properen Stadt ab.

REGION 3
Niederösterreich

Tourismusinformation St. Pölten
Rathausplatz 1
3100 St. Pölten
✆ (027 42) 35 33 54
Fax (027 42) 333 28 19
www.st-poelten.gv.at

⑪ Egon Schiele Museum in Tulln an der Donau
Ein Museum für den Frühvollendeten

Er war gerade zum Star der Wiener Szene avanciert, da klopfte der Tod an seine Tür. Am Ende des fürchterlichen Ersten Weltkriegs, den Egon Schiele in Uniform verbrachte, kam eine grausame Grippeepidemie über Europa. Schieles schwangere Frau starb an der Spanischen Grippe und Schiele kurz darauf, erst 28 Jahre jung.

Egon Schiele (1890–1918) wurde im Gebäude des Hauptbahnhofs Tulln geboren, sein Vater war Eisenbahner. Bekannt geworden ist er durch seine provozierenden Akte vor allem von Frauen und Kindern, durch die knöcherne Darstellung des menschlichen Körpers und seine Landschaftsbilder. Schiele, der im nahen Wien an der Akademie der Künste studiert hatte, galt als Frühvollendeter, seine bildnerische Technik war bereits vollkommen ausgereift.

Egon Schieles »Selbstporträt mit Lampionfrüchten« (1912, Leopoldmuseum, Wien)

Heute werden seine Werke auf Auktionen zu Höchstpreisen versteigert, in seiner Zeit ließ der Ruhm auf sich warten. Das Bürgertum fühlte sich von Schieles derbnaturalistischer Darstellung des Körpers abgestoßen, eine Zeit lang war der Maler wegen Unsittlichkeit im Gefängnis. Im ehemaligen Gefängnisgebäude des Bezirksgerichts Tulln ist heute das Schiele Museum untergebracht. Es enthält in seiner ersten Abteilung eine ausführliche Darstellung von Leben und Gesamtwerk, in der zweiten Abteilung sind sein Reifungsprozess und künstlerischer Durchbruch dokumentiert, mit 90 Originalzeichnungen und frühen Gemälden. Eine Zelle des Gefängnisses in Neulengbach, in der Schiele kurzzeitig festgehalten worden war, ist nachgebildet worden.

Tulln am rechten Donauufer gehört zu Österreichs ältesten Städten. Es war Sitz des römischen Militärlagers Comagena, zwei Hinterlassenschaften, ein römischer Turm aus dem dritten Jahrhundert – Österreichs ältestes Gebäude – und ein Meilenstein, zeugen davon. Sehenswert ist auch die romanische Pfarrkirche des Heiligen Stephan (12. Jahrhundert), die barock umgestaltet wurde. Das Portal mit den zwölf Reliefs ist vermutlich eine Darstellung der zwölf Apostel. Auch der Friedhof dahinter, aus dem

Egon Schiele Museum
Donaulände 28
3430 Tulln an der Donau
✆ (022 72) 645 70
Fax (022 72) 641 16
www.egon-schiele.eu
9. April–30. Okt. Mi–So 10–17 Uhr, Eintritt € 5, ermäßigt € 4

REGION 3
Niederösterreich

ⓘ **Waldviertel Tourismus**
Sparkassenplatz 4
3910 Zwettl
✆ (028 22) 541 09
Fax (028 22) 541 09-36
www.waldviertel.or.at

ⓘ **Info Mohn**
www.waldviertler-graumohn.at

Eiswasserfall in der Ysperklamm im südwestlichen Waldviertel

13. Jahrhundert, ist der älteste seiner Art in Österreich. Die berühmte Friedhofskapelle der Drei Weisen vereint spätromanische und frühgotische Stilelemente.

⑫ Waldviertel
Richtig »mohnfühlen«

Lassen Sie sich »vermohnen«, »So richtig mohnfühlen« – so heißen die touristischen Locksätze im Mohndorf Armschlag im Waldviertel, eine Autostunde nordwestlich von Wien. Die Gasthöfe laden ein zu Mohnnudeln, Mohnknödeln und natürlich Mohnkuchen. Eine Attraktion und ein gutes Mitbringsel ist das Mohnöl, dem wohltuende Wirkungen beim Auftragen auf die Haut nachgesagt werden. Aber was sind die halluzinativen Folgen von Mohnverzehr und Mohnöleinreiben?

Das Waldviertel erstreckt sich oberhalb der Donau von der Wachau bis zur tschechischen Grenze, durchschnitten von dunkelgrün dahintreibenden Bächen und Flüssen und überragt von gewaltigen Burgruinen, Klöstern und Kirchtürmen. Es ist ein Land mit rauem Klima, großer Einsamkeit und von melancholischer Magie. Die kleinen Orte mit ihren niedrigen,

**REGION 3
Niederösterreich**

aufgefädelten Häuserreihen haben schon etwas Pannonisches, die Dörfer sind fast immer um einen weiten Anger in der Mitte gezogen, auf dem die niedrige Kirche und das Feuerwehrhaus Platz haben. Alles ist unspektakulär, bis auf die Tatsache, dass es sich um das qualitätsvollste Mohnanbaugebiet Europas handelt. Waldviertler Graumohn ist geschützt, er stammt ausschließlich aus dem Waldviertel mit den Regionen Zwettl, Waidhofen/Thaya und Krems-Land nördlich und südlich der Donau. Dieser Mohn verdankt seine Güte den geografischen Verhältnissen: kalte Winter und heiße Sommer, weite Hügellandschaft, ausgeprägter Taufall.

Das ist das ideale Klima für den Mohnanbau. Betrieben wird er von kleinstrukturierten Höfen, die Anbau und Vermarktung gemeinsam organisieren. Das blau-gelbe Logo stellt die Furchen eines bestellten Feldes dar, darüber eine stilisierte Sonne. Der wertvolle, aromatische Samen aus der kleinen grauen Kapselfrucht war schon den Mönchen des Stifts Zwettl bekannt. Die weiß-lila-rot blühenden Felder von Ende Juni bis Anfang Juli prägen seit Jahrhunderten die Region. In Armschlag gibt es einen Mohnlehrpfad, Bauern laden in ihre Mohngärten ein, Bäuerinnen verraten einige ihrer Mohnrezepte und sogar ein Mohnstrudel-Wanderweg ist vorhanden. Das alles bleibt ohne betäubende Folgen.

Rot-weißes Mohnfeld im Waldviertel

**REGION 4
Oberösterreich**

Oberösterreich
Mit altem Charme in den Cyberspace

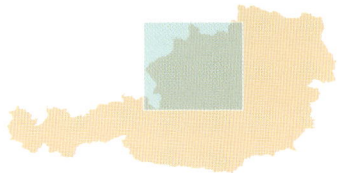

Nebelfetzen treiben im Nationalpark Kalkalpen den Hang hinab, es wird dunkel, feucht und kalt. Plötzlich ein Röhren aus voller Kehle. Ein Hirsch steht am Waldrand und brüllt so laut er kann. Das soll die Konkurrenten einschüchtern, der Bulle wacht über seinen Harem. Es ist Brunftzeit, die Rivalen suchen Weibchen. Wer gut röhrt, vertreibt sie.

Oberösterreich ist ein Naturwunder. Wer mit guten Schuhen, Fernrohr oder besser noch Feldstecher unterwegs ist, bekommt viel Wild zu sehen. Durch den Nationalpark Kalkalpen schlängelt sich die Straße durch enge Schluchten, die saftigen Wiesen liegen an den Hängen darüber, unterhalb schroffer Felsformationen. Da, wo es am schönsten ist, kann man nur zu Fuß hingehen. Die Landschaft wirkt unverbraucht, ist aber ungezähmt, anstrengend und wild. In den tiefen Schluchten und auf den Berghängen gibt es Luchse, Steinböcke, den Alpenbockkäfer und den Weißrückenspecht, der die Stille sucht. In

Herbst auf einer Alm im Salzkammergut

schwer- oder unzugänglichen Bachläufen tummeln sich Bachforellen, rund 800 Quellen sind bekannt, 80 Brutvogelarten und 1400 Schmetterlingsspezies. Außerdem bedecken 1000 verschiedene Blütenpflanzen, Farne und Moose den Boden.

REGION 4
Oberösterreich

Oberösterreich wurde lange »Österreich ob der Enns« genannt, es erstreckt sich zwischen den Flüssen Enns und Inn, vom Dachsteinmassiv bis zum Böhmerwald. Natursehenswürdigkeiten folgen dicht aufeinander: Berge wie Filmkulissen, Höhlen und Grotten wie die berühmten Dachsteinhöhlen, pittoreske schmale Täler und Schluchten wie der Gosauzwang bei Hallstatt. Dazu viele große Badeseen im oberösterreichischen Teil des Salzkammerguts. Wenn es für Alm-Idyllen einen Preis gäbe, stünde das Land gut im Wettbewerb. Im Winter versinken die Almen im Schnee, der Skisport ist äußerst populär.

Purpurfarbener Sonnenhut

Das Mühlviertel ist rau, einsam und voller Zauber. Seit 300 Millionen Jahren eine Landschaftsoper, dessen Gestein Bäche waschen und wilde Gesteinshaufen auftürmen wie in der Klam-

**REGION 4
Oberösterreich**

*Zwergl-Skischule in
Ebensee am Traunsee*

schlucht. Das Mühlviertel ist ein besonderer Teil der Alpen: es besteht überwiegend aus Granit. Das hat sich bizarr verformt, im Wald versteckt oder auffällige Vertiefungen gebildet. Goethe hat auf der Durchreise das eigenartige Flair empfunden, das Granitballungen an sich haben: »Hier auf dem ältesten, ewigen Altare, der unmittelbar auf der Tiefe der Schöpfung gebaut ist, bring ich dem Wesen aller Wesen ein Opfer.«

Linz, die Hauptstadt von Oberösterreich, war lange eine verdreckte Industriestadt, doch die Schlote qualmen nicht mehr. Stattdessen blinken die aufgefrischten Fassaden, reiht sich transparente Architektur mit dem neuen Kunstmuseum am Donauufer, ist aus dem Stahlrevier eine kunstsinnige, umweltbewusste Metropole mit enormer Lebensqualität geworden. Früher flohen viele aus der Dreckschleuder von Voestalpine, heute ist das Unternehmen vorbildlich im Sponsorship für die Stadt. Kaum zu glauben, dass Adolf Hitler Linz zu seinem Alterswohnsitz ausbauen wollte, nur die Nibelungenbrücke und die klobigen Torhäuser am Südende wurden realisiert. Mit den Festivals Lentos und Ars Electronica hat Linz ein neues Gesicht bekommen, sie sprengen die Grenzen zwischen Kunst und Wissenschaft.

Hallstatt sieht heute fast genau so aus wie vor hundert Jahren. Zwei Kirchen, hölzerne Fischerhäuser am See, auf einem Plateau über dem Wasser im Beinhaus der Pfarrkirche verzierte Totenschädel, die viele Besucher anziehen. Auch das gehört zur Natur.

REGION 4
Oberösterreich

Impression vom Attersee: Gustav Klimts »Waldabhang in Unterach am Attersee« (1917)

❶ Attersee
Vergängliche Schönheit

Nur noch 500 000 Jahre Zeit bleiben Touristen für einen Ausflug an den Attersee. Dann werden sie nicht mehr den größten See des Salzkammerguts und der österreichischen Alpen vorfinden – er wird verlandet sein. Das Seesterben aufzuhalten ist unmöglich, denn durch die Erosion werden die Wasserbecken des 20 Kilometer langen und bis zu drei Kilometer breiten Attersees nach und nach mit zu Tal getragenem Gestein aufgefüllt. Auch diese Schönheit ist vergänglich.

Den Komponisten Gustav Mahler und den Maler Gustav Klimt hat sie so fasziniert, dass sie darin leben wollten. Mahler verbrachte ab 1894 mehrere Aufenthalte in einem eigens erbauten Komponierhäuschen beim Gasthof Föttinger in Steinbach am Südostufer des Attersees. Es ist zu besichtigen, in dieser Klause vollendete der Komponist seine »Dritte Sinfonie«. Gustav Klimt reiste zwischen 1900 und 1916 jeden Sommer an den Attersee, er sog die flirrenden Reflexe des Wassers und die Farben der Landschaft auf und füllte damit mehr als 50 Leinwände. Die Bilder sind schuld an der touristischen Karriere des Gewässers. Menschen, die sie sahen, wollten nun auch die Realität kennenlernen und reisten an. Nicht zur Freude des knorrigen Klimt, der sich wegen des Ansturms bald ein neues Domizil suchte.

Es war übrigens sein Lieblingsmodell, das ihn an den See lockte, die Wiener Modemacherin Emilie Flöge. Sie brachte ihn in die Villa Paulick in Seewalchen, die heute noch an den Aufenthalt des Malers erinnert. Man hat von dort genau den Blick auf den See, den der Künstler auf Leinwand bannte.

Der Attersee ist ein Ort für aktive Urlauber. Mit Wassersport, Wandern, Reiten, Tennis, Drachenfliegen und Paragliding kann man aus dem vollen Repertoire wählen. Zu besichtigen ist die hübsche Wallfahrtskirche Maria Attersee, die aus einer gotischen Burgkapelle hervorging (13. Jahrhundert) und barockisiert wurde (1728).

ⓘ Tourismusverband Attersee
Nussdorfer Str. 15
4864 Attersee
✆ (076 66) 77 19
Fax (076 66) 77 19-19
www.oberoesterreich.at/attersee
www.attersee.at

👁 Villa Paulick
Promenade 12
4863 Seewalchen
✆ (076 62) 24 12
http://:www.oberoesterreich.at/villa-paulick

**REGION 4
Oberösterreich**

In Bad Ischl begegneten sich Sisi und Kaiser Franz Joseph von Österreich

❷ Kaiservilla in Bad Ischl
Wo europäische Geschichte geschrieben wurde

Eigentlich sollte Franz Joseph Helene aus dem Geschlecht der Wittelsbacher heiraten. Doch deren Schwester, die junge Elisabeth, Sisi genannt, gefiel ihm besser. Ein leichtfüßiges, verträumtes Mädchen, mit 15 Jahren fast noch ein Kind, als er es zum ersten Mal sah – in Bad Ischl, wo er sich mit ihrer Schwester verloben sollte. Der junge Kaiser ließ die Feier platzen. 1854 kam es zur Traumhochzeit mit Sisi. Bad Ischl wurde dem Kaiser und seinem Reich, damals die größte Macht Europas, zum Schicksal.

Etwa 60 Mal soll Franz Joseph in der in einem großen Park gelegenen Biedermeiervilla die Sommerfrische verbracht haben. Als Sisi und er sich immer weiter auseinandergelebt hatten, kam es zwischen Franz Joseph und der Burg-Schauspielerin Katharina Schratt zu einer Beziehung, die in Bad Ischl, dem Treffpunkt der eleganten Welt, Dauerthema war. Der Kaiser reiste sogar mit der Geliebten an, sie wurde in einer eigenen Villa untergebracht. In späteren Jahren, nachdem sein Sohn Rudolph durch Selbstmord aus dem Leben geschieden und Sisi in Genf ermordet worden war, zog sich Franz Joseph in Bad Ischl immer mehr ins Private zurück.

Die Kaiservilla, in der europäische Geschichte von großer Tragik geschrieben wurde, ist heute Museum. Zu sehen sind die originalen Gemächer des Kaiserpaars und die Dokumente einer bewegten Zeit, die zur Neuordnung Europas führte. Hier erklärte Franz Joseph Serbien den Krieg, was den Ersten Weltkrieg auslöste. Hier schrieb er die bewegende Erklärung »An meine Völker«. Hier sahen sich Kaiser und Kaiserin zum letzten Mal. Die 45-Minuten-Führung vermittelt nicht nur etwas vom Flair der Kaiserzeit, sondern ist auch äußerst informativ. Nach der Besichtigung kann man durch den Kaiserpark spazieren und sich das Marmorschlössl anschauen, Sisis einstiges Teehaus.

ⓘ **Tourismusverband Bad Ischl**
Auböckplatz 5
4820 Bad Ischl
✆ (061 31) 277 57-0
Fax (061 32) 277 57-77
www.badischl.at

👁 **Kaiservilla**
Jainzen 38
4820 Bad Ischl
✆ (061 32) 232 41
Fax (061 32) 232 41-20
www.kaiservilla.at
Mai–Sept. tägl. 9.30–17, Okt.–April tägl. 10–17 Uhr, Führungen stündl. ab 10.15 Uhr
Eintritt € 12,50, Kinder € 7,50

Kaiservilla in Bad Ischl

❸ Bierbaden im Landhotel Moorhof in Franking
Erstes grenzenloses Bierbad Österreichs

REGION 4
Oberösterreich

Warum Bier nur trinken, wenn man darin auch baden kann! Bei Familie Bauer im Landhotel »Moorhof« im Frankinger Ortsteil Dorfibm ist das möglich. Dort kann man im wahrsten Sinn des Wortes eintauchen in die Hopfen-Malz-Hefe, ein Biertrubgemisch, das von jeher als natürliches Heilmittel gilt. Man tut es exklusiv an diesem Ort, Familie Bauer hat sich das Rezept rechtlich schützen lassen.

Stilecht hockt man sich so, wie Gott einen geschaffen hat, in den traditionellen Holzbottich mit Bierzapfsäule. Allein oder mit dem Partner, der Partnerin, was sehr erotisch sein kann, denn man kommt sich dabei sehr nahe. Auf Wunsch wird das Vollbad im Bier auch in der Wanne angerichtet.

Im Biertrub sind die Inhaltsstoffe von Malz und Hopfen enthalten, die zur Säuberung und Entschlackung des Organismus führen, wirksam sind gegen entzündliche rheumatische Beschwerden, Gicht, bestimmte Hautkrankheiten, bei Durchblutungsstörungen und gegen andere Leiden helfen sollen. Gesunde Menschen sollten das Ganze als vorbeugende Maßnahme sehen, Spaß ist garantiert. Die speziellen Zusätze und das Schnaitl Premium Naturtrüb, eigens für den »Moorhof« abgefüllt, führen in Verbindung mit warmem Wasser zu einer gesunden körperlichen Erschöpfung, die abschließende Abwaschung mit klarem kalten Wasser ist dann eher unerotisch, erzielt jedoch therapeutisch sinnvolle Nebeneffekte. Gemütlich wird es wieder im sofort anschließenden Heusprudelbad, für das Heu ausschließlich aus der umliegenden Moorlandschaft benutzt wird. Die ätherischen Öle des Heus sorgen für eine optimale Körperwärme. Beim abendlichen Bierschmankerl dann wird das Badebier auch verköstigt. Tatsächlich ein grenzenloser Biereinsatz.

ⓘ **Tourismusverband Franking**
Holzöster am See Nr. 26
5131 Franking
✆ (062 77) 81 19
Fax (062 77) 84 00
www.franking-holzoester.com

🛏 **Landhotel Moorhof**
Dorfibm 2
5131 Franking
✆ (062 77) 81 88
Fax (062 77) 81 88-75
www.moorhof.com
www.bierbad.at

REGION 4
Oberösterreich

Therme Geinberg
Thermenplatz 1
4943 Geinberg
© (077 23) 85 00-0
Fax (077 23) 85 00-999
www.therme-geinberg.at
Mo–Do 11–22, Fr 11–23, Sa/So/Fei 9–22 Uhr
Eintritt: Tageskarte Mo–Fr € 27,50, Kinder € 22,50, Sa/So/Fei € 29, Kinder € 24

❹ Therme Geinberg
Salzgüsse und Kokos-Mango in der Sauna

Ein Stück Karibik in Oberösterreich. Ein Ort, an dem man sich fallen lassen kann. Ein Platz, an dem man etwas für seine Gesundheit tut. Eine Sphäre zum Relaxen. Natürlich auch mit karibischen Klängen. Und Ansagen im oberösterreichischen Dialekt. Die karibische Lagune enthält Wasser mit drei Prozent Salzgehalt, um sie herum wurde feiner weißer Sand aufgeschüttet. Eine solche Einbettung hätte dem Thermalwasser vor einem halben Jahrhundert niemand vorausgesagt. Damals vermutete man Erdöl unter Geinberg, doch erst 1974 kam es zur ersten Bohrung. Statt des Öls schoss heißes Wasser aus der Erde, das Bohrloch wurde schnell wieder verschlossen. Doch die Idee war da, aus einer der ergiebigsten heißen Heilquellen Mitteleuropas etwas zu machen. Über 55 Millionen Euro wurden bisher in die Therme investiert.

1998 eröffnete sie als noch bescheidenes Thermalbad, wurde inzwischen in mehreren Stufen vergrößert und erfüllt modernsten Standard. Die Thermen-Kaskade ist auf zwei Ebenen angelegt, drei Wasserwelten mit Frisch-, Thermal- und Salzwasser zwischen 26 bis 36 Grad verblüffen die Besucher. Neun Saunen und Dampfbäder gibt es, eine Eiswelt mit Schneeparadies – zu begehen mit dem beim Schwitzen erhitzten Körper. Die Erlebnisaufgüsse werden mit feinem Honig, Salz und Kokos-Mango-Öl durchgeführt, im weitläufigen Saunagarten lässt es sich gut durchatmen. Ein Floatarium gehört ebenso zur Ausstattung wie exklusive Ruhebereiche und ein Fitnessstudio. Auch diverse, von Trainern begleitete sportliche Aktivitäten in und außerhalb des Thermenbereichs werden angeboten, bis hin zum Lifestyle Management.

In der Vitalwelt gibt es Massagen, Packungen und diverse Heilbäder, zur

Relax-Oase: die Totes-Meer-Salzgrotte in der Therme Geinberg

Anwendung kommen natürliche Heilmittel aus der Region. Die Keramikkacheln stammen aus Gmunden, das Restaurant »Aquarium« zelebriert Eventgastronomie und hat einen Weinkeller.

REGION 4
Oberösterreich

❺ Gmundner Tram und Keramik
3500 Jahre Ton

Konkurrenz belebt tatsächlich das Geschäft. Als Bad Ischl im Salzkammergut Ende des 19. Jahrhunderts – der Glanzzeit der Aristokratie – zum eleganten Treffpunkt der Reichen und Schönen wurde, war Gmunden im Zugzwang. Man brauchte eine Attraktion: eine Straßenbahn, um 1890 noch ein verwegener Gedanke. Der elektrische Strom war erst kurz zuvor eingeführt worden. Mit vier Motorwagen wurde im Sommer 1894 die Straßenbahn auf die Gleise gestellt, viele Sommerfrischler kamen nur deshalb nach Gmunden, um diese Attraktion zu erproben. Denn die Bahn überwand ächzend, aber mit Bravour einen Höhenunterschied von 60 Metern, eine Steigung von zehn Prozent – seinerzeit eine Weltbestleistung.

Heute ist die Gmundner Tram mit ihrem mehr als 50 Jahre alten Fuhrpark immer noch populär. Sie führt 2,3 Kilometer lang vom Hauptbahnhof zum Rathausplatz quer durchs Städtchen und sein Umfeld und noch in den 1990er-Jahren haben sich Gmundner und begeisterte Urlauber für die Erhaltung und Ausstattung der Bahn eingesetzt. Pro Jahr werden mehr als 300 000 Fahrgäste in fünf Triebwagen – darunter einem Jugendstilwaggon und einem offenen Sommerwaggon – transportiert. Den Grüß-Gott-Schaffnern sagt man einen besonderen Charme nach.

Der Traunsee entstand als riesige abgeschmolzene Gletscherzunge, die an ihrem Rand sanfte Moränenhügel aufwarf. Gmunden sitzt direkt auf dem abgeschmolzenen Gletscherrand, der einen Schatz birgt: Ton. Schon die Römer fertigten hier Keramik, Gmundens ältestes Tongefäß ist ungefähr 3500 Jahre alt. Über Jahrhunderte war die Keramikherstellung eine sichere Einnahmequelle, heute residiert im Städtchen die größte Manufaktur Mitteleuropas, die Firma Gmundner Keramik. Jedes Produkt wird 60 Mal in die Hand genommen, bevor es endgeprüft ins Lager gelangt, die Bemalung, hier Beflammung genannt, ist nach Stilrichtungen unterschieden. Selbst im Sanitärbereich war Gmunden seiner Zeit voraus: Kaiserin Sisi ließ sich ein Bidet sogar auf die Insel Korfu schicken. Im Museum Klo & So werden solche Skurrilitäten gezeigt. Ausgestellt sind 300 skurrile Objekte bis hin zum als Bücherstoß getarnten Zimmerklo.

❻ Historisches Stadtbild von Gmunden
Traunsee – Traumsee

Wer mit dem Dichter Nikolaus Lenau am Morgen die Traun hinunter wandert, kommt automatisch in seine Gemütsstimmung. Lenau setzte sich gern auf eine Bank, schaute auf das über Steine hüpfende Wasser, das zur Donau hin zog, und reimte: »Sahst du ein Glück vorübergehn,/ Das nie sich wiederfindet,/ Ist's gut in einen Strom zu sehn,/ Wo alles wogt und schwindet.« Der sogenannte Lenau-Morgensitz befindet sich am Traunufer von Gmunden. Von dort sind heute wie früher im Morgennebel Salzschiffe und erste Lichter der Bürgerhäuser zu sehen. Dahinter erheben sich in blau schimmernder Ferne die Bergmassive von Traunstein (1691 Meter), Hochkogel (1486 Meter) und Erlakogel (1575 Meter). Wegen dieser Rahmung wird Gmunden als Nizza des Salzkammerguts bezeichnet.

Schauseite des Gmundner Rathauses

Klo & So Museum für historische Sanitärobjekte
Traungasse 4
4810 Gmunden
✆ (076 12) 79 44 25
Fax (076 12) 79 44 29
www.museen.gmunden.at/klouso
Juni–Aug. Di–So 10–17,
Sept.–Mai Mi–So 10–17,
jeden 1. Mi im Monat bis 21 Uhr
Eintritt € 6, Kinder € 2

Traunsee Touristik
Toscanapark 6
4810 Gmunden
✆ (076 12) 660 14
Fax (076 12) 668 43
www.traunsee-touristik.at

Gmunden: Schloss Orth auf der Halbinsel Toscana im Traunsee

REGION 4
Oberösterreich

Star der Vogelwelt im Grünauer Almtal: der Waldrapp

Dazu trägt auch der Rahmeninhalt bei: die großzügige Esplanade, die weitläufigen Parks, das operettenhafte Biedermeier der Straßenzüge und das über einen Holzsteg mit Gmunden verbundene Landschloss Orth auf der Halbinsel Toscana (bekannt auch aus einer TV-Serie). Sie heißt so, weil Ende des 19. Jahrhunderts die großherzogliche Familie Toscana, ein württembergisches Adelsgeschlecht, und die vom Hannoverschen Königshaus abstammenden Cumberlands in die Region zogen. Auch Künstler wie Johannes Brahms, Franz Schubert, Friedrich Hebbel, Rainer Maria Rilke kamen zur Sommerfrische, der legendäre Hotelier Charles Ritz und Ernest Hemingway zum Fliegenfischen. Das Städtchen leistete sich sogar ein Theater, in dem Arthur Schnitzler im Sommer 1897 die Erstaufführung seines Dramas »Freiwild« inszenierte. Im Theater befindet sich heute ein Kino.

Am Rathausplatz gibt die prosperierende Gmundner Wirtschaft den Ton an. Über dem Eingang des Rathauses bimmeln Glocken aus Gmundner Porzellan. Die städtische Keramikproduktion, die größte Mitteleuropas, ist das ökonomische Rückgrat des Ferienorts. Seine Geschichte reicht zurück bis in die Zeit der Kelten, die erste Erwähnung in einer Chronik stammt aus dem Jahr 909. Gmunden war über Jahrhunderte ein befestigter Salzhandelsplatz, seit 1862 Kurstadt, heute Wassersport-Destination. Auf dem insgesamt zwölf Kilometer langen und bis zu drei Kilometer breiten Traunsee ist von Wasserski bis Tauchen alles möglich. Mit 191 Meter Tiefe ist er Österreichs tiefstes Gewässer. »Traunsee – Traumsee« verkürzt die Werbeprosa programmatisch.

❼ Wandern im Grünauer Almtal
Wo Konrad Lorenz mit den Graugänsen schwamm

Tourismusverband Grünau im Almtal
Im Dorf 17
4645 Grünau im Almtal
℃ (076 16) 82 68
Fax (076 16) 88 95
www.gruenau-almtal.at

Jeden Tag fliegt die Kolonne von Graugänsen über das verwinkelte Almtal und den Almsee hinweg. Stattliche Vögel, präzise keilförmig formiert, ihr Flügelschlagrauschen ist zu hören. Der Verhaltensforscher Konrad Lorenz hat sie 1973 in der grünen Au zwischen hoch aufragenden Felsen, einem Tal ohne Durchgangsverkehr, angesiedelt. Grünau ist Oberösterreichs flächenmäßig größte Gemeinde mit 230 Quadratkilometern, aber bewohnt nur von 2000 Einwohnern. Vorher gab es im Grünauer Almtal keine Graugänse, sie folgten ihrem Meister, trippelten ihm auf seinen Wegen hinterher, gingen mit ihm baden im See. Lorenz erforschte ihre Persönlichkeit, die Grundlagen des sozialen Lebens der Wirbeltiere lassen Vergleiche mit den Menschen zu. Für seine Forschungen erhielt der gebürtige Wiener den Nobelpreis.

»Hier hält die Stille«, schrieb Adalbert Stifter im Almtal. In der ersten Hälfte des 20. Jahrhunderts gab es noch Wildtiere: Bär, Luchs und Wolf. Heute nicht mehr, aber es werden noch 70 Tierarten gezählt – Gämsen, Rotwild und eine faszinierende Vogelwelt, die selbst in der Alpenregion ihresgleichen sucht. Am Fuß des Toten Gebirges zeigt eine unverfälschte Natur alle ihre Reize. Wandernd erlebt man sie am besten, entweder mit Bergführer oder individuell auf gut markierten Wegen. Oder beim Übernachten auf einer Almhütte, wenn bei Dunkelheit ungewohnte Geräusche einsetzen. Oder beim Almabtrieb der Kühe. Oder in der Konrad-Lorenz-Forschungsstelle, wo seine Graugänse immer noch erforscht werden. Oder im Cumberland-Wildtierpark, wo Kolkrabe und Waldrappe die Stars der Vogelwelt sind. Ein Wohlempfinden stellt sich ein, mitunter steigert es sich zum Glücksgefühl in dieser abgeriegelten Gebirgswelt. Dass es so viel naturbelassene Landschaft noch gibt.

Wandern im Grünauer Almtal am Fuße des Toten Gebirges ▷

**REGION 4
Oberösterreich**

🛈 Hallstatt im Salzkammergut
Ein exotischer Ort

Alexander von Humboldt war begeistert beim Anblick von Hallstatt. Er erhob das Dorf zum »schönsten Seeort der Welt«. Heutige Besucher geben dem Weltreisenden recht, wenn sie mit der Standseilbahn auf den Salzberg fahren und vom Rudolfsturm hinunterschauen. Unten ragt der Ort mit seinen bunten Dächern und der massigen gotischen Kirche schwungvoll in den See hinein. Einige Häuser sind einen steilen Berghang hinauf gestaffelt, manche hängen wie Vogelnester am Felsen. Ein Anblick, von dem man sich nicht losreißen kann. Seit 1890 ist Hallstatt über eine Straße am Seeufer zu erreichen. Aufgrund der langen Isolation entwickelte sich die Zivilisation hier langsamer und brachte Eigenheiten wie den Totenkult hervor.

Neben der Pfarrkirche mit ihren spätgotischen Fresken sind im sogenannten Beinhaus über Jahrhunderte rund 600 Totenschädel übereinandergestapelt worden. Viele davon bemalt, andere mit Namen und Lebensdaten versehen. Der abgeschiedene Ort besaß zu wenig Platz für seine Verstorbenen. Deshalb wurden sie auf dem kleinen Friedhof beerdigt, aber bald darauf wieder ausgegraben, um Platz zu machen für Nachfolger in den Gräbern. Ein archaisches Rotationsverfahren, es macht Hallstatt zum exotischen Ort. Im Museum wird diese Sitte mit der kulturgeschichtlichen Vergangenheit erklärt, sie ist keltischen Ursprungs. Fast 100 Keltengräber wurden auf dem Salzberg gefunden, viele mit kostbaren Grabbeigaben.

Der See hat etwas Verwunschenes. Er ist 8,5 Kilometer lang, mit grün schillerndem Wasser und bis zu 125 Meter tief, teilweise beschattet vom mächtigen Dachsteinmassiv. Die schmalen Seeufer, von steilen bewaldeten Berghängen bedrängt, gehören zu den ältesten Siedlungsgebieten in Österreich. Weil alte Eisengegenstände aus der Zeit der keltischen Hochkultur gefunden wurden, wird diese auch als Hallstattzeit bezeichnet – gemeint ist damit der Beginn der Eisenzeit (circa 800 bis 450 v. Chr.). Selbst unter kundigen Archäologen gibt es noch Hoffnung, weitere Schätze im See zu finden, Pfahlbauten wurden bereits geortet. So verwundert es nicht, dass die Gegend Weltkultur- und Weltnaturerbe ist.

🛈 **Tourismusbüro**
Seestr. 169
4830 Hallstatt
✆ (061 34) 82 08
Fax (061 34) 83 52
www.hallstatt.net

Weltkulturerbeort: Hallstatt im Salzkammergut (oben und unten)

🟠 Benediktinerstift Kremsmünster
Europas ältestes Hochhaus

Der Legende nach hat der Jagdhund Gunthers, des sagenhaften Sohns des Bayernherzogs Tassilo III., in den Wäldern an der Krems einen Eber aufgespürt. Das Tier gebärdete sich so wild, dass es Gunther tödlich verletzte. Sein Vater war untröstlich und beschloss die Gründung eines Klosters. Das war im Jahr 777, mithin ist Kremsmünster nach Mondsee das zweitälteste Kloster Österreichs. Im Läuthaus der Stiftskirche liegt das Gunthergrab aus weißem Nagelfluh, auf der Deckplatte ist der tapfere Gunther in einem romanischen Gewand dargestellt, ihm zu Füßen ruht der Eber mit der Lanze im Leib und der Jagdhund. Die Farbfassung ist so gut erhalten, als sei sie erst kürzlich angefertigt worden.

Das Kloster der Benediktiner besteht beinahe ununterbrochen seit über 1200 Jahren, in nationalsozialistischer Zeit gab es eine kurze Aufhebung (1940–45). Nach wie vor wird von den Mönchen eine Schule geführt und die kostbaren Sammlungen werden gehütet. Dazu gehören eine Gemäldesammlung, eine barocke Bibliothek mit etwa 150 000 Folianten, darunter zahlreichen Handschriften und Inkunabeln von unschätzbarem Wert. Die Sternwarte (1748–59), auch Mathematischer Turm genannt, beherbergt die älteste stationäre Wetterstation Europas und die naturwissenschaftlichen Sammlungen des Stifts. Die Wirkungsstätte des Astronomen Placidus Fixlmillner ist beachtliche 50 Meter hoch und gilt als ältestes Hochhaus Europas. Die Stiftskirche wurde als ursprünglich romanisch-gotischer Bau (13. Jahrhundert) ab 1680 vom Barockbaumeister Carlo Antonio Carlone umgestaltet, sie ist überreich an Stuck und besitzt schöne Fresken im Deckengewölbe. Das riesige Hochaltarbild der Verklärung Christi ist von Marmorengeln umgeben. Einzigartig ist der in der Schatzkammer aufbewahrte Tassilo-Kelch, ein drei Kilo schweres, vergoldetes Kupfergefäß, das 768 zur Hochzeit von Herzog Tassilo mit der langobardischen Prinzessin Luitburg kreiert wurde – vielleicht das schönste Werk frühmittelalterlicher Goldschmiedekunst.

Benediktinerstift Kremsmünster

👁 Benediktinerstift-Kremsmünster
Stift 1, 4550 Kremsmünster
✆ (075 83) 52 75-0
Fax (075 83) 52 75-18
www.stift-kremsmuenster.at
Führungen: Kunstsammlungen € 7, Kinder € 3
Naturwissenschaftliche Sammlungen/Sternwarte € 8, Kinder € 3

Die Schatzkammer des Stifts in Kremsmünster birgt Kleinodien von Weltruf wie den Tassilokelch

**REGION 4
Oberösterreich**

❿ Ars Electronica Center, Lentos und Brucknerhaus in Linz
Heute für morgen

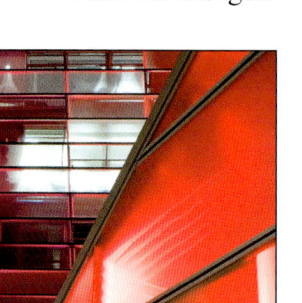

Futuristisch: das Ars Electronica Center in Linz bei Nacht

Ars Electronica Center
Graben 15, 4020 Linz
✆ (07 32) 72 72-0
Fax (07 32) 72 72-2
www.aec.at
Di/Mi/Fr 9–17, Do 7–21,
Sa/So/Fei 10–18 Uhr
Eintritt € 7, ermäßigt € 4

Lentos Kunstmuseum Linz
Ernst-Koref-Promenade 1
4020 Linz
✆ (07 32) 70 70-36 00
Fax (07 32) 70 70-36 04
www.lentos.at
Di–So 10–18, Do bis 21 Uhr, Eintritt € 6,50, ermäßigt € 4,50

Brucknerhaus
Untere Donaulände 7, 4020 Linz
✆ Kasse (07 32) 77 52 30
Fax (07 32) 76 12 21 70
www.brucknerhaus.at

In Urfahr im Norden der Stadt, direkt am Donauufer, steht das Ars Electronica Center als Museum der Zukunft. Eine nützliche Einrichtung, die vor allem jüngeren Leuten hilft, sich heute auf das Morgen vorzubereiten. Sie lernen die transparente Gesellschaft zwischen Überwachung und Begeisterung für mediale Selbstdarstellung kennen. Sie studieren und probieren neueste Technologien, Trends in der Arbeitswelt, die Entwicklung der Medien – der durchschnittliche Dreißigjährige verbringt heute schon pro Tag rund acht Stunden mit Medien aller Art –, Stadtplanung und Virtual Reality. Das alles geschieht nicht in trockener Vermittlung, sondern durch Symposien, Ausstellungen, Performances und Festivals. Grafik, Animation und Simulation sind längst Teil der Alltagskultur, und hier wird ihre Bedeutung noch einmal konzentriert dargestellt. Bis hin zum Fly Simulator, mit dem man virtuell durch die Straßen von Linz fliegen kann, um die Städteplanung aus der Vogelperspektive zu beäugen.

Auch Lentos ist eine moderne Attraktion, ein Museum der Spitzenklasse am südlichen Donauufer. Manche halten es für das bedeutendste Museum Österreichs im Bereich der modernen Kunst. Ein lang gezogener, schlüssiger Stahl-Glas-Bau der Schweizer Architekten Hofer und Weber, in dem rund 1500 Werke aus Malerei, Skulptur und Objektkunst gezeigt werden, dazu 10 000 Arbeiten auf Papier und etwa 850 künstlerische Fotografien. Die frühesten Werke stammen aus dem 19. Jahrhundert, bedeutende Werke gibt es von Klimt, Schiele, Kokoschka, Corinth und Pechstein. Dazu Expressionismus und Neue Sachlichkeit. Aus den Ensembles internationaler Kunst ragt die US-amerikanische Pop-Art heraus.

Stromabwärts steht auch das Brucknerhaus, ein 1974 eröffnetes Konzert- und Kongresszentrum des finnischen Architekten Heikki Siren. Anton Bruckner (1824–96) war in Oberösterreich geboren und gilt als Komponist der Romantik. Der Organist und Musikpädagoge hinterließ ein großes sinfonisches Werk. Er lebte als Schulgehilfe in Linz, wurde in die Provinz verbannt und kehrte zurück, um von 1855 bis 1868 Organist am Linzer Dom zu sein. Danach ging er nach Wien, wo Kaiser Franz Joseph von seiner Musik so gerührt war, dass er ihn mietfrei im Belvedere wohnen ließ.

⓫ Grottenbahn mit Märchenstadt im Berg in Linz
Im Reich des Drachen Lenzibald

Das ist ein gutes Beispiel dafür, wie man martialisch strotzende militärische Bauten zur sinnvollen Nachnutzung umfunktionieren kann. 1906 waren die maximilianischen Befestigungstürme am Pöstlingberg nicht mehr zu gebrauchen, findige Köpfe kamen auf die Idee, in sie hinein eine Grottenbahn zu implantieren – zur Freude der kleinen und großen Besucher. Der Besuch bei Zwergen und Elfen war von Anfang an ein voller Erfolg.

Die Grottenbahn rumpelt als elektrisch angetriebener Zug mit Drachenkopf durch das Innere des Befestigungsturms und den ehemaligen äußeren Verteidigungsring der Stadt. Dabei passiert sie mehrere Darstellungen aus dem Zwergenreich wie »Der Besuch beim Zwergenkönig«, das »Kristallbergwerk«, den »Königshof von Rapunzel« oder die »Schneckenpost«. An den Seiten des Gleisbetts blinkt es geheimnisvoll. Die Grotte erstrahlt im Lichterglanz, sobald der Zug mit dem Drachen Lenzibald sich nähert. Der reißt zwar sein zähnebewehrtes Maul auf, hält aber glückselig die Augen geschlossen – am Ende wird er Feuer speien, wozu das Publikum kreischt. 1936 kam noch im Kellergewölbe der Grottenbahn die Nachbildung des Linzer Hauptplatzes dazu. Unter einem romantischen Sternenhimmel bummeln die Besucher über den altehrwürdigen Platz mit seinen Geschäftslokalen und finden in den abgehenden Gassen zahlreiche lebensgroße Märchengruppen und -darstellungen der Gebrüder Grimm. Die ganze Figurenwelt der Kinderwelt ist da: Schneewittchen, Hänsel und Gretel, der Froschkönig, Rübezahl und die Bremer Stadtmusikanten. Nicht nur Kinder sind sichtlich verzaubert.

Als 1945 Linz bombardiert wurde, traf eine Fliegerbombe das Areal und beschädigte es schwer. Nach dem Krieg wurde es innerhalb kurzer Zeit wiederaufgebaut und dabei noch einmal erweitert. Mit der Neuschaffung der Zwergenwelt beauftragte man sogar eine renommierte Bildhauerin. Die Märchenwelt ist so beliebt, dass zusätzliche Aktionstage veranstaltet werden.

REGION 4
Oberösterreich

Grottenbahn
Am Pöstlingberg 16, 4040 Linz
✆ (07 32) 34 00 75-06
Fax (07 32) 34 00 75-21
www.oberoesterreich.at/grottenbahn
1. März–31. Mai tägl. 10–17, 1. Juni–31. Aug. tägl. 10–18, 1. Sept.–1. Nov. tägl. 10–17 Uhr, Adventssonntage 10–17, 8. Dez. 10–17, 24. Dez. 10–15 Uhr, Eintritt € 4,50, Kinder € 2,30, Familienticket € 11,50

⑫ Stadtrundgang durch Linz
Stahl und Blasmusik

Man könnte der süßen Verführung erliegen. Die original Linzer Torte besteht aus Johannisbeermarmelade, von dunklem Teig ummantelt. Ein Stück dieser Torte ist nicht gerade kalorienarm, aber längst nicht so kalorienstark wie die größte Linzer Torte aller Zeiten, die vier Meter im Durchmesser maß und ins Guinnessbuch der Rekorde einging.

Die Hauptstadt von Oberösterreich und drittgrößte Stadt des Alpenlandes mit 189 000 Einwohnern war eine des Handels und von Eisen und Stahl.

Linz zur Blauen Stunde

REGION 4
Oberösterreich

ⓘ Tourist Information Linz
Hauptplatz 1
4020 Linz
✆ (07 32) 70 70-20 09
Fax (07 32) 70 70 54-20 09, www.linz.at

🏛 Schlossmuseum Linz
Schlossberg 1
4020 Linz
✆ (07 32) 77 44 19-0
www.landesmuseum.at
Di–Fr 9–18, Do 9–21,
Sa/So/Fei 10–17 Uhr
Eintritt € 6,50, Kinder € 4,50

Nur noch in Wien hinterließ die in der zweiten Hälfte des 19. Jahrhunderts in Österreich einsetzende Industrialisierung so viele Hinterlassenschaften mit Fabrikhallen und Schloten. Doch zugleich besitzt die Donaustadt eine beachtliche Altbausubstanz. Im Mittelpunkt steht der größte mittelalterliche österreichische Stadtplatz: 220 Meter lang und 60 Meter breit ist der Hauptplatz. Raum genug für den Handel. Und im Sommer für die Massen, die jeden Freitag am Open-Air-Konzert im Rahmen des Linzer Kultursommers den Platz füllen. Die Konzerte sind über Linz hinaus bekannt und locken bis zu 10 000 Fans an. Von Linzer Blasmusik über Rock, Pop und Soul bis zu Klassik wird allerhand geboten, auch internationale Stars sind hier aufgetreten.

Den Hauptplatz säumen barocke Häuser, die meisten davon haben noch ihre anmutigen Höfe aus der Renaissance. Das Rathaus stammt aus dem 17. Jahrhundert, es integriert das Museum Linz Genesis, in dem die Stadtgeschichte auf didaktisch moderne Weise im Zeitraffer vermittelt wird. Die 20 Meter hohe Dreifaltigkeitssäule (1723) besteht aus Salzburger Marmor und ist ein Dank der Bewohner, dass Pest, Feuer und Krieg an der Stadt vorbeigingen. In der vom Platz abgehenden Klosterstraße steht die Minoritenkirche in ihrem Rokokogewand, daneben das Landhaus mit drei Innenhöfen – entstanden aus den Höfen eines früheren Klosters – und mit prächtigem Portal, dessen Wappen aller österreichischen Kernländer ein beliebtes Fotomotiv ist. Im Laubenhof erinnert der achteckige Planetenbrunnen (1582) an den Astronom Johannes Kepler (1571–1630), der 14 Jahre am Kollegium in Linz lehrte. Das auf einer Anhöhe gelegene Schloss (15. Jahr-

hundert) war Residenz des Kaisers Friedrich III. Der im Kulturhauptstadtjahr 2009 in moderner Stahl-Glas-Architektur neu errichtete Südflügel, 1800 durch einen Brand zerstört, beherbergt das Schlossmuseum Linz mit kulturhistorischen Sammlungen und Dauerausstellungen zur Natur und Technik.

⓭ Mondsee
Mythos Mondseekultur

Eine Mischung zwischen Türkensäbel und Bauernsichel. Von den Aussichtspunkten der Berge herab liegt der elf Kilometer lange und eineinhalb Kilometer breite Mondsee gekrümmt vor der dramatischen Kulisse der steil aufragenden Drachenwand und des Schafbergs. An seinen Ufern, dem Mondseeland, hat sich eine reine Urlauberidylle entfaltet. Hübsche kleine Orte wie Mondsee, Tiefgraben, St. Lorenz und Innerschwand mit geranienbehängten Hotels und Landhäusern, Geschäften mit Trachten, Hüten und Souvenirs. Grund dafür ist die Tatsache, dass der nur 27 Kilometer von Salzburg entfernte See der wärmste Salzkammergutsee ist, er bringt es auf bis zu 26 Grad. Deshalb ist hier die größte Surf- und Segelschule des deutschsprachigen Raums beheimatet, überhaupt spielt Wassersport eine große Rolle. Hunderte Kilometer Wanderwege und ein Reitwegenetz von

Wasservögel am Mondsee

Blick vom Schafberggipfel auf den Mondsee

REGION 4
Oberösterreich

ⓘ **Tourismusverband Mondseeland**
Dr. Franz Müller Str. 3
5310 Mondsee
✆ (062 32) 22 70
Fax (062 32) 22 70-22
www.mondsee.at

ⓘ **Tourismus Mühlviertel**
Freistädter Str. 119
4041 Linz
✆ (07 32) 22 10 22
Fax (07 32) 727 77 01
www.oberoesterreich.at/
muehlviertel

Mühlviertler Wandersleut
c/o Mühlviertler Alm
Unterweißenbach 19
4247 Unterweißenbach
✆ (079 56) 73 04
Fax (079 56) 73 04-4
www.oberoesterreich.at/
muehlviertler.alm

Gasthof Haudum (Speckspezialitäten)
Rohrbacherstr. 2
4184 Helfenberg
✆ (072 16) 62 48-0
Fax (072 16) 62 48-25
www.haudum.at
Reservierung empf.

Gasthaus Pils (Back- und Brathendl)
Eibenstein 16
4193 Reichenthal
✆ (079 49) 62 34
Fax (079 49) 62 34-18
www.gh-pils.at
Reservierung empf.

rund 150 Kilometern stehen Urlaubern zur Verfügung. Kulturinteressierte können die 5000 Jahre alte Geschichte des Mondseelands auf speziellen Kulturwegen entdecken. Zahlreiche Funde erinnern an die römische Besiedelung und die Mondseekultur der Jungsteinzeit (circa 1900 v. Chr.). Damals lebten Menschen auf Pfahlbauten über dem See, in einigen Räumen des ehemaligen Klosters ist das zu besichtigen – dort gibt es ein Pfahlbaumuseum.

Dieses Kloster ist ein historischer Beleg dafür, dass sich die gesamte Kultur der Region aus Kloster- und Kirchengründungen heraus entwickelte. Fromme Männer wie der Bayernherzog Odilo waren eine Art Entwicklungshelfer. 748 gründete er das Kloster, das erste in Oberösterreich. Mit seinen Benediktinern kultivierte er das Land, die Mönche hatten Kunstsinn und spezialisierten sich auf Buchmalerei. Von ihnen stammt das älteste, in Österreich geschriebene Werk, der Tassilopsalter (788), und die älteste deutschsprachige Bibelübersetzung, der Mondseer Matthäus (um 800). Beachtlich sind die künstlerischen Hinterlassenschaften des Barockbildhauers Meinrad Guggenbichler (1649–1723), der vom Kloster zu offenbar so guten Konditionen an den Mondsee gelockt wurde, dass er dort 45 Jahre bis zu seinem Tod blieb.

⑭ **Radwandern im Mühlviertel**
Landschaft mit Schmelz und Speck

Ach ja, die Dichter. »Soweit das Auge ging, sah es kein anderes Bild als denselben Schmelz der Forste, über Hügel und Täler gebreitet«, schrieb Adalbert Stifter über das Mühlviertel. Recht hat er. Das ist eine Landschaft mit Schmelz und zum Dahinschmelzen. Ein Glücksfall im österreichisch-tschechisch-deutschen Dreiländereck für Genießer, die diese Gegend am besten gemächlich erkunden: wandernd oder radelnd.

Schon die alten Kelten waren entzückt. Den Heidenstein, einen riesigen Granitblock nahe Eibenstein, haben sie als Heiligtum verehrt. Ihre Nachfahren, die Esoteriker aller Länder, vereinen sich hier. Dem Stein werden magische Kräfte nachgesagt, ein besonderes Energiefeld der Erde soll um ihn herum verlaufen. Deshalb hat die lokale Tourismuswirtschaft den Chakra-Wanderweg eingerichtet. Er gibt nicht nur, er kostet auch Energie. Der Rest ist Glaube. Zur Stärkung für unterwegs kann man sich Speck mitnehmen oder ein Hähnchen. Schwarz geräucherter Speck, Bauchspeck, Karreespeck, Knoblauchspeck und Diätspeck (er heißt tatsächlich so!) gehören zu den Spezialitäten des Landstrichs, der erst nach dem Fall des Eisernen Vorhangs touristisch erschlossen wurde. Im »Gasthaus Pils« in Reichenthal werden Backhähnchen noch nach alten Rezepten in eine Kräutermischung eingelegt und mit einer leckeren Paste gefüllt. Gut verpackt in Frischhaltefolie nehmen Radwanderer das Hendl im Rucksack mit.

Leicht erhöht vom Rad aus erschließt sich eine wunderbar gewellte, sanft vor sich hin dösende Landschaft mit Feldern, Wäldern, Wiesen und kleinen Dörfern. Der südliche Rest des dunklen Böhmerwalds ist licht und hell dank der Forstwirtschaft, die unter anderem Holz für den Instrumentenbau liefert. Man radelt an duftenden Kräuterfeldern mit Melisse, Minze und Schafgarbe vorbei, sieht traumverlorene Gärten um steinerne Bauernhäuser und findet überall urige Gasthöfe wie aus alten Zeiten. Der Speck dort stammt von Bioschweinen, das Bier von heimischen Hopfenfeldern und Brauereien und die Teller werden obligatorisch so gut gefüllt, dass das Weiterfahren per Rad wegen des Kalorienabbaus ebenso obligatorisch ist.

REGION 4
Oberösterreich

Mountainbiken im Mühlviertel

**REGION 5
Bundesland
Salzburg**

Salzburg
Nostalgie in Stein,
Musik in der Luft

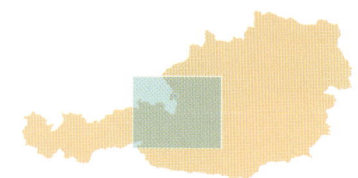

Kirchen, Kuppeln, Gassen, Brunnen und Arkaden. Gesamtkunstwerk Salzburg. »Die Gegenden von Salzburg, Neapel und Konstantinopel halte ich für die schönsten der Erde«, schrieb um 1800 der Weltreisende Alexander von Humboldt. Die Salzburger haben das in großen Lettern auf eine Tafel pressen und an den Mönchsberg, der die Stadt überragt, hängen lassen. Gerade mal 148 000 Einwohner zählt die Stadt, empfiehlt sich aber als Welthauptstadt der Musik. Schließlich wurde Mozart hier geboren, den sie immer noch als Wolferl liebkosen. Und es finden die anspruchsvollsten Festspiele statt, die Stars aus aller Welt, viel internationales Publikum und jede Menge Prominenz anlocken. Durch Mozarts Geburtshaus laufen jährlich eine halbe Million Menschen, besonders im Sommer ist die Stadt im Ausnahmezustand. Wer durch die Gassen spaziert, stellt fast, dass sie hochbarock, aber auch mittelalterlich geprägt sind. Die Salzburger leben ganz selbstverständlich in dieser über Jahrhunderte gebauten Geschichte zwischen Residenz und Dom, Mirabellgarten und Papagenoplatz und den beiden Stadthälften, getrennt von der Salzach, einem Wildwasser führenden Fluss.

Ja, Salzburg ist theatralisch. In einem Werbespruch wird die Stadt »Bühne der Welt« genannt, was zurückgeht auf den Theaterregisseur und Mitgründer der Salzburger Festspiele, Max Reinhardt. »Die

Verwunschener Bergsee und …

REGION 5
Bundesland Salzburg

Atmosphäre von Salzburg ist durchdrungen von Schönheit, Spiel und Kunst«, schrieb er. »Jeder Platz, jede Straße hier scheint von vornherein zum Schauplatz eines Spiels geschaffen zu sein.« Selbst vor dem Dom macht das nicht Halt. In jeder »Fünften Jahreszeit« wird seit 1920 auf dem Domplatz Hugo von Hofmannsthals hochmoralisches Theaterstück »Jedermann« aufgeführt, vor den Portalen des Gotteshauses. Es geht um einen vermögenden Angeber, der dem Tod begegnet.

Lange wurde Salzburg auch »Rom des Nordens« genannt, weil Erzbischöfe in hochgeschlossenen Soutanen, mit strengen Perücken und ihrer Würde bewusst, das Sagen hatten. Ihnen lag die Stadtentwicklung am Herzen, ununterbrochen bauten sie an einer repräsentativen Residenz, privat verstanden sie sich zu vergnügen. Reichtum und Macht der Salzburger Erzbischöfe haben zur Prachtentfaltung beigetragen und eine zeitlose Schönheit entstehen lassen. Die bei der UNESCO gelistete Altstadt ist, wie der Schriftsteller Alfred Komarek schreibt, ein »gottgefälliges Kunstwerk«.

Rückgrat der Salzburger Macht und Herrlichkeit waren über Jahrhunderte die Salzminen, vor allem um Hallein, Hallstatt und in der Region um Dachstein. Die Reichenhaller Patrizier ließen das kostbare Konservierungsmittel, das »weiße Gold«, bergen und teuer von den Erzbischöfen bezahlen. Die Arbeiter schufteten für Billiglohn und trösteten sich mit den Jahresfesten, an denen Ruhe und Ausgelassen-

… »Mushroom searching« im Salzburger Land

REGION 5
Bundesland Salzburg

Schmankerlwalking in Sportgastein im Gasteinertal

Zeugnis der Volksfrömmigkeit im Salzburger Land

ℹ Gasteinertal Tourismus
Tauernplatz 1
5630 Bad Hofgastein
✆ (064 32) 33 93-0
Fax (064 32) 33 93-120
www.badgastein.com
www.gastein.com

🛏 **Hotel Weismayr**
Kaiser-Franz-Josef-Str. 6
5640 Bad Gastein
✆ (06 34) 25 94
Fax (06 34) 25 94-14
www.weismayr.com

Ein Wintermärchen: ▷ Bad Gastein am Fuße der Hohen Tauern

heit erlaubt waren. »Stille Nacht, heilige Nacht«, das meistgesungene Weihnachtslied im deutschsprachigen Raum und in mehr als 330 Sprachen und Dialekten auf dem Planeten, entstand Heiligabend 1818 in der Nikolauskirche im Ort Oberndorf. Berühmte Baritone, aber auch Elvis Presley und die Toten Hosen haben es gesungen.

Das Salzburger Land und das Salzkammergut, das man sich mit Oberösterreich teilt, zeigen sich mit eindrucksvollen Gebirgsarenen und verwunschen wirkenden Seen, an den Ufern und in den kleinen Städten mit überkommenem Handwerk und Brauchtum, Trachten und Folklore. Kaiser kamen hierher zur Sommerfrische, Künstler erwählten sich das Ausseerland zum Ort der Poesie. Mond- und Irrsee sind die wärmsten Gewässer des Salzkammerguts, deshalb eine Top-Sommeradresse. Allerdings: Wer hier Pilze sucht, hört manchmal auch in den Hohen Tauern die Wölfe heulen. Nirgendwo im Salzburger Land kommt aber der Berg-See-Kontrast optisch so vollendet zur Geltung wie am Dachsteinmassiv, auch ein Welterbe.

❶ Hotel Weismayr in Bad Gastein
Logieren wie der Preußenkönig

Kein Wunder, dass Preußens König Wilhelm I. seine Regierungsgeschäfte nicht mit der Sorgfalt betrieb, die ihnen zugestanden hätte. Der Mann war ja ständig unterwegs, und zwar ins ferne Bad Gastein im Salzburger Land. Zwanzig Kuren Seiner Königlichen Majestät sind historisch verbürgt. Und das war damals nicht ein Wellness-Wochenende, vier Wochen mussten es mindestens sein.

Der Arzt und Philosoph Paracelsus förderte die Karriere dieses Kurorts auf 1038 Höhenmetern, nachdem er im 15. Jahrhundert erkannt hatte, dass die Zusammensetzung des Wassers aus Bad Gasteiner Quellen heilende Kräfte besitzt. Seine Schriften verführten Adelsfamilien und illustre Gäste mehr als 200 Jahre lang zu weiten Fahrten ins Gasteiner Land, und die europäische Heilbäderkultur nahm dort ihren Anfang. Die Gästeliste der Kurer

Gasteiner Heilstollen

in Bad Gastein reicht von Schopenhauer über Grillparzer bis zu Bismarck und Kaiserin Sisi. Auch Franz Beckenbauer, Richard von Weizsäcker und Arabella Kiesbauer waren da. Standesgemäß wohnten sie in einem Belle-Epoque-Hotel mit Geschichte. Von diesen gibt es nur noch eines mit vollem Betrieb, das »Hotel Weismayr«. Preußens fahnenflüchtiger Wilhelm I. und sein Gefolge wurden dort ab 1885 beherbergt, der Berliner Kaiser verlieh Gustav Weismayr den Titel eines preußischen »Hofrateurs«. Obwohl das Hotel nach dem Zweiten Weltkrieg in andere Hände geriet, ist die imperiale Geschichte der Hautevolee, die sich auf der Beletage amüsierte, immer noch in diesem Haus konserviert. Selbst indische Maharadschas waren dabei.

Bad Gastein charakterisiert ein großartiges Hochgebirgspanorama und ein einzigartiges Heilklima, es hat Wanderwege in schönsten Lagen und die drei unterschiedlichen Skigebiete Schlossalm, Graukogel und Sportgastein. Zwar bröckeln die meisten Belle-Epoque-Hinterlassenschaften, aber das Gedenken an den einst feinsten Kurort Österreichs wird aufrechterhalten.

❷ Hotel Hubertus in Filzmoos
Die beste Köchin der Welt

»Träumen wir, oder sind wir wach?« grübelte der Restaurantkritiker des Gault Millau. »Hat es das wirklich gegeben, dieses Essen, so wunderbar leicht und präzise, so treffsicher in den Aromen und Einfällen?« Der Mann war inkognito zum Essen gekommen, bekannte sich aber schnell als Fan der einzigen österreichischen Spitzenköchin, der ersten und bislang einzigen Köchin, die vom Restaurantführer Gault Millau mit vier Hauben und vom Guide Michelin mit insgesamt 19 Sternen von 20 möglichen ausgezeichnet wurde – der derzeit besten Köchin der Welt. Johanna Maier, Jahrgang 1951, hat sich von ganz unten nach ganz oben gearbeitet. Sie war Au-pair in Paris, Koch- und Kellnerlehrling in Salzburg, Mutter von vier Kindern, aufmerksame Schwiegertochter bei der Mutter ihres Mannes Dietmar Maier, der sie über die Schulter und in die Töpfe schaute. Als 1984 die Schwiegermutter starb, übernahm sie die Regie am Herd – der kometenhafte Aufstieg begann. Heute schreibt sie Bücher, gibt ständig ausgebuchte Kochkurse im eigenen Hotel »Hubertus« in Filzmoos auf 1055 Meter Höhe und sagt bescheiden: »Ich bin Köchin – sonst nichts.« Überliefert ist aber auch ihr Ausspruch: »Der Gast soll von einem Gang zum anderen schweben – ein Zustand, in den mich Mozarts Klavierkonzerte versetzen.« Die hört sie manchmal bei der Arbeit, dann, sagen ihre Stammgäste, zaubere sie.

Johanna Maier beherrscht das gesamte Repertoire der österreichischen Küche, besonders gern bereitet sie aber Fisch zu. Um perfekte Produkte zum Einsatz zu bringen, haben die Maiers in der idyllischen Landschaft am Fuß des Dachsteins – mit Almseen und kristallklaren Gebirgsbächen – beste Voraussetzungen. Sie beziehen den Großteil des Fischs vor Ort, und was Johanna Maier daraus macht, ist eine Sinfonie des Genusses.

❸ Hotel Ebner's Waldhof am See in Fuschl am See
Alpine Wellness

Auf den Balkon des Hotels treten, die Augen schließen, langsam atmen. Die Sonne wärmt, ein sanfter Wind streichelt das Gesicht und da ist eine Kraft deutlich zu spüren, die erst fließt und dann einströmt, das vegetative Nervensystem beruhigt und für ein tiefes Durchatmen sorgt. Hausherr Herbert

Hotel Hubertus
Am Dorfplatz 1
5532 Filzmoos
✆ (064 53) 82 04
Fax (064 53) 82 04-6
www.hotelhubertus.at
Reservierung empf.

Ebner nennt das Alpine Wellness. Dieses Hotel war das erste von Best Health Austria zertifizierte Hotel für Alpine Wellness. Darunter versteht man die Möglichkeit, im Urlaub unter optimalen Bedingungen die Kraft der Berge, des Wassers und der Sonne zu erfahren. Die Institution befand die Hotelanlage im Salzkammergut als beispielhaft, um die natürliche Regenerationsenergie als Ganzheitserlebnis vermittelt zu bekommen. Das Hotel »Ebner's Waldhof am See« liegt in einer natürlichen Umgebung. Der See hat Trinkwasserqualität, keine Motorboote dürfen auf ihm verkehren, Wassersport ist nicht erlaubt. Nichts soll so nahe an den Bergen deren Urkraft beeinträchtigen.

Der Waldhof wird regiert vom Element Wasser. Man schwimmt im Pool, zieht sich zurück in die Meditationssole oder den Felsenwhirlpool. Oder nimmt ein Freibad mit Ischler Sole, betritt die Gradier Grotte und atmet tief im Sole Inhalationsbad. Hautporen öffnen sich, Atemwege werden frei, das Herz klopft. Vor dem Hotel breitet sich der naturgeschützte Fuschlsee aus, ein Bild, das der Psyche guttut. Die Behandlungen sind entspannend und regenerierend, ob mit Tiroler Steinöl, einem Honig-Peeling oder als Honig-Zirben-Bad. Eine eigene Produktlinie, Alpienne genannt, birgt die Kraft der Alpennatur, der Wildblumen und Gräser. Am Abend stehen drei Restaurants zur Verfügung. Wer sich zuvor über seine Nähr- und Fettwerte informieren will, um ohne Reue genießen zu können, erfährt diese diskret über seine Wellnesskarte.

REGION 5
Bundesland Salzburg

Hotel Ebner's Waldhof am See
Seestr. 30
5330 Fuschl am See
℡ (062 26) 82 64
Fax (062 26) 86 44
www.ebners-waldhof.at

Hotel Ebner's Waldhof am See in Fuschl am See

Der schönste Alpenplatz für Schlägerschwinger: die 18-Loch-Anlage des Golfclub Goldegg

ⓘ Tourismusverband Goldegg
Hofmark 18, 5622 Goldegg
✆ (064 15) 81 31
www.goldeggamsee.at

Golfclub Goldegg
Maierhof 5
5622 Goldegg
✆ (064 15) 85 85
www.golfclub-goldegg.com
18-Loch-Golfplatz mit überdachter Driving-Range.

Pongauer Heimatmuseum
Schloss Goldegg
Hofmark 1, 5622 Goldegg
✆ (064 15) 82 13
www.schlossgoldegg.at
15. Juni–15. Sept. Do–Di 10–12 und 15–17, So 15–17, Führungen um 14, 16. Sept.–14. Juni Do 14 Uhr

❹ Goldegg und Goldegger Schloss
Auf der Sonnenterrasse

Die Heimat des Schellhorns wird auch Salzburger Sonnenterrasse genannt und hat sich der Gourmet-Sport-Kultur verschrieben. Das klingt nach Anstrengung, aber rund um den heimeligen Moor- und Schilfsee von Goldegg, auf 850 Meter Höhe, geht es gemütlich zu. Kein Schau-Joggen, kaum lästige Mountainbiker, kein pseudo-trendiges Publikum. Hier findet man Ruhe und Beschaulichkeit. Im 1323 erbauten Goldegger Schloss besucht man das Heimatmuseum, das einige Säle nutzt, bewundert den Rittersaal mit seiner herrlichen Holzdecke und befasst sich mit bäuerlichem Brauchtum und Wohnkultur. Oder nimmt an einem der Kurse teil: Musik, Malerei, Theater, Entspannung, Gesundheit. Regelmäßige Konzerte, Kunstausstellungen und Lesungen erfreuen das kulturell interessierte Publikum. Thomas Bernhard, Österreichs großer schwieriger Dichter, war oft hier. Ihm zu Ehren wurde ein Thomas-Bernhard-Wanderweg eingerichtet.

Im Sommer kann man im Moorsee baden, das ist von ganz eigenem Reiz und von Moor ist so gut wie nichts zu sehen. Oberhalb des Sees gibt es, wunderbar in Grün eingebettet, einen 18-Loch-Golfplatz, das ist womöglich der schönste Alpenplatz für Schlägerschwinger. Im Winter lässt man sich in roten Kutschen von schwarzen Pferden durch den Schnee ziehen, wärmt sich in den urigen Wirtshäusern am Kachelofen und prüft die regionale Küche. Aktiven stehen 70 Kilometer lange Langlaufloipen vor der prachtvollen Kulisse des Hochkönigmassivs zur Verfügung. Höhepunkt ist die Umrundung des Goldegger Sees, auf dem junge Leute Schlittschuhlaufen und nicht mehr ganz so junge sich am Eisstockschießen vergnügen. Auf den beleuchteten Rodelbahnen kann man bis Mitternacht Schlitten fahren. Das hat was!

❺ Der Untersberg in Grödig-St. Leonhard
Wo Kaiser schlafen

Ein Ort für Mythen und Sagen. Eine erzählt von Karl dem Großen, der im Untersberg auf seine Auferstehung wartet. Alle hundert Jahre wacht er auf und wenn er Raben um den Berg fliegen sieht, ist er zufrieden und schläft ein weiteres Jahrhundert. Ein gemütlicher Kaiser. Eine andere Sage lässt auch Friedrich Barbarossa friedlich im Berg ruhen. Sein Bart wächst dabei um einen runden Tisch. Zweimal reicht er schon herum, ist das dritte Mal erreicht, beginnt das Ende der Welt. Warten wir's ab.

Der Untersberg erhebt sich am südwestlichen Rand des Salzburger Beckens, er besteht zum größten Teil aus Kalkstein. Der sogenannte Untersberger Marmor hat es zu einiger Berühmtheit gebracht, er ist beige bis rötlich gefärbt, witterungsbeständig und wird seit römischer Zeit europaweit als polierter Baustein und für Steinplastiken verwendet. Der Brunnen am Salzburger Residenzplatz oder die berühmte Walhalla bei Regensburg sind komplett aus diesem Stein gefertigt. Als nördlichster Ausläufer der Berchtesgadener Alpen reicht der Untersberg bis ins Berchtesgadener Gebiet, seinen Namen erhielt er 1306 vom Salzburger Erzbischof Konrad IV.

Der Salzburger Hausberg ist eine Herausforderung für geübte Bergwanderer, die trittsicher und schwindelfrei sind. Mit kleineren Kindern sollte man den Aufstieg nicht angehen, immerhin sind rund 1340 Höhenmeter in etwa fünf Stunden zu bewältigen. Die Tour geht über den Dopplersteig oder den Reitsteig recht steil los über den rot markierten Weg 460, führt durch schönen Laubwald und entlang am Rosittenbach, der durch Felseinschnitte rauscht. Es folgt der eindrucksvollste Teil der Wanderung über die steilen Stufen des Dopplersteiges, die einst Hauer aus dem Fels gemeißelt haben. Festhalten am Drahtseil, einige Kreuze erinnern an Vorgänger, die hier abgestürzt sind. Nach zweieinhalb Stunden ist das Zeppezauerhaus mit seinen urigen Holzstüberln erreicht, hier gönnt man sich ein Verschnaufpauserl. Dem Wanderer zu Füßen liegt die dächerglänzende Stadt Salzburg, das Tennengebirge und das Berchtesgadener Land. Auch abwärts sind viele Stufen zu absolvieren. Als Alternative bietet sich die Untersbergseilbahn an, aber eine Herausforderung ist sie nicht.

REGION 5
Bundesland Salzburg

ⓘ **Tourismusverband Grödig**
Gartenauer Str. 8
5083 Grödig-St. Leonhard
✆ (062 46) 735 70
www.groedig.net

Der Untersberg von der Festung Hohensalzburg aus gesehen

REGION 5
Bundesland Salzburg

Salzburger Freilichtmuseum
Hasenweg
5084 Grossmain
℡ (06 62) 85 00 11
Fax (06 62) 85 00 11-9
www.freilichtmuseum.com
April–Okt. Di–So 9–18,
Juli/Aug. tägl. 9–18 Uhr,
letzter Einlass 17 Uhr
Eintritt € 10, ermäßigt
€ 8, Familienkarte € 20

Keltenmuseum Hallein
Pflegerplatz 5
5400 Hallein
℡ (062 45) 807 83
Fax (062 45) 807 83-14
www.keltenmuseum.at
Tägl. 9–17 Uhr, Eintritt
€ 6, Kinder € 2,50

Zeitreise: offenes keltisches Grab mit Wagenbestattung und Beigaben vom Dürrnberg bei Hallein

❻ Salzburger Freilichtmuseum in Grossgmain
Faszinierende Einblicke in die bäuerliche Kultur

Heustadel, Mühlen, bäuerliche Katen, die Höfe reicher Bauern – im Freilichtmuseum Grossgmain bei Salzburg ist die bäuerliche Welt, die über Jahrhunderte das Salzburger Land bestimmte, perfekt konserviert. In Form eines imaginären Dorfs am Untersberg hat man 100 Originalbauten aus den Bezirken Flachgau, Tennengau, Pongau, Pinzgau und Lungau zusammengestellt und damit vor dem Verfall gerettet. Sie repräsentieren sechs Jahrhunderte ländlicher Bau-, Wohn- und Handwerkskultur. Selbst die unmittelbare Umgebung des jeweiligen Haus- und Hoftyps wurde entsprechend gestaltet. Das reicht bis zu Nachbauten von Zaunformen, Kapellen und Bildstöcken, im erweiterten Umfeld sogar bis zu Teichen und Weihern, Getreidefeldern und Obstgärten. Alle technischen Geräte sind voll funktionsfähig. Die Mühle klappert wie einst am rauschenden Bach, in der Schmiede könnte man am Amboss glühenden Stahl formen – was bei zahlreichen Handwerksvorführungen auch tatsächlich geschieht – und die Rute des Lehrers in der Dorfschule wäre noch einsatzbereit. In der Brauerei könnte man noch Bier herstellen, die Traktoren, Dampfmaschinen und andere Arbeitsgeräte sind alle noch leistungsfähig und die historische Kneippanlage kann tatsächlich benutzt werden.

Für Kinder ist das der Blick in eine versunkene Welt, Familien können etwas gemeinsam machen, alle anderen erfahren Wissenswertes in diesem in Österreich einmaligen Freilichtmuseum auf 50 Hektar Fläche. Zwar spaziert man durch ein Dorf, das so nie existierte, aber alle Häuser gab es in verschiedenen Dörfern. Man begegnet Klöpplerinnen im Dirndl, Korbflechtern und Seilern im Trachtenanzug bei der Arbeit. Für die Kinder gibt es zudem einen Platz zum Toben und für die schon etwas Älteren unter ihnen Kurse wie das Töpfern und das Erlernen anderer Handwerke. Außerdem finden Konzerte und andere Veranstaltungen unter freiem Himmel statt.

❼ Die keltische Salzstadt Hallein
Wo Österreichs Kelten wohnen

Die zweitgrößte Stadt im Salzburger Land, 15 Kilometer südlich von Salzburg, ist für immer mit dem Salz verbunden. Die Anfangssilbe im Stadtnamen verrät das: Hal, das war keltisch und hieß Salz. Im Mittelalter war Hallein eine wirtschaftliche Macht, der bedeutendste Salzabbauort in den Ostalpen. Die Bedeutung des weißen Golds war enorm: Es wurde zum Würzen, in erster Linie aber zum Konservieren von Lebensmitteln benötigt. Wer Salz besaß, war klar im Vorteil.

Und Hallein war klar im Vorteil mit seiner uralten Salinentradition sowie hochprofitablen Salzbergwerken und Sudhütten. Schon vor 2700

Jahren begannen die Kelten auf dem Dürrnberg mit der Salzgewinnung, das verhalf der Stadt zu frühem Wohlstand und einer hübschen Altstadt. Sie lädt noch heute zum Spazieren ein durch enge Straßen mit Torbögen und Statuen, farbigen Barock- und Rokokohäuschen. Über Jahrhunderte wurde das Salz in Fässer gepresst und auf hölzernen Flusskähnen die Salzach hinab nach Bayern transportiert. Das begehrte Tauschmittel war teuer, und mit diesen Einnahmen war es den Fürsterzbischöfen erst möglich, Salzburg zur Residenz auszuschmücken. Die von ihnen eingeforderten Abgaben wurden Salarium genannt, die Gehälter der hohen Herren hießen dementsprechend Salär. Das Salz war immer mit dabei. Das gefiel den Halleinern nicht sonderlich, weshalb sie bis heute auf einer eigenen Geschichte beharren, und die ist keltisch. Hallein ist Keltenstadt. Mit Keltendorf, Keltenbuchhandlung, Keltensommer, einem internationalen Folkfestival. Zu dem reisen Künstler und Fans aus Ländern mit ebenfalls beträchtlicher keltischer Geschichte an, wie Irland, Frankreich, Spanien, Italien und den USA. Zudem besitzt Hallein ein anschauliches Keltenmuseum mit Fundstücken aus prähistorischen Gräbern. Es gibt sie wohl, die Nachfahren der Kelten in Österreich.

REGION 5
Bundesland Salzburg

Keltische Bronzeschnabelkanne aus dem 5. Jahrhundert v. Chr. im Keltenmuseum Hallein

❽ Gnadenhof Gut Aiderbichl in Henndorf am Wallersee
Rettung für Tiere in Not

Kann Thomas Gottschalk auch mal die Klappe halten? Auf Gut Aiderbichl soll das möglich sein. Der Entertainer gehört zu den Paten der Tiere, die geschlachtet oder eingeschläfert worden wären, gäbe es nicht diesen Zufluchtsort. Auch Uschi Glas, Patrick Lindner und Ralf Schumacher sind Paten. Auf Gut Aiderbichl geht es nicht ums Reden, sondern ums Zuhören und Anschauen. Michael Aufhauser, Gründer und Betreiber des Projekts seit 2000, will eine Verständigung zwischen Mensch und Tier, streichelnde, flüsternde, zugewandte Nähe. Deshalb ging der frühere Schauspieler mit seinem Anliegen an die Medien.

2006 gab es in der ARD den bewegenden Film »Die Tierretter von Aiderbichl« – das Echo war gewaltig. Seitdem kommen Gäste, um die rund 650 Tiere – viele Pferde, aber auch Rinder, Schweine, Ziegen, Esel, Hasen, Truthähne, Füchse und Tauben – zu sehen. Durch Eintrittsgelder, Merchandising und Spenden finanziert der Hof sich selbst. Menschen können gut sein zu Tieren.

Aiderbichl ist ein Kunstwort: Das keltische Ayd bedeutet Feuer, Bichl ist der althochdeutsche Begriff für Hügel. Der Feuerhügel wurde mit Bedacht geplant, er liegt abseits aller Unruhe, inmitten unverbrauchter Natur im Flachgau, 20 Kilometer von Salzburg entfernt. 40 Mitarbeiter kümmern sich um Tiere und Besucher, zum Gut gehören 60 Hektar Weideland, bewirtschaftet von einem landwirtschaftlichen Betrieb. Für den Bau der Häuser und Ställe wurden ausschließlich natürliche Materialien verwendet: Lärchenholz, das in einer bestimmten Mondphase geschnitten wurde, natürlicher Holzschutz ohne chemische Imprägnierung. In diesem Umfeld kommt es zu heilsamen Begegnungen zwischen Menschen und Tieren. Verhaltensauffällige, psychisch kranke und behinderte Kinder kommunizieren unter Anleitung mit den Tieren. Doch auch andere Besucher kommen ihnen sehr nahe. Respekt voreinander wird geübt, Leben und leben lassen im positiven Sinn. Zu Ostern gibt es einen viel besuchten Markt, beliebt ist auch der Weihnachtsmarkt und auf der Agenda stehen diverse naturverbundene Aktivitäten wie Wander- und Nordic-Walking-Tage.

Gnadenhof Gut Aiderbichl
Berg 20
5302 Henndorf am Wallersee
✆ (06 62) 62 53 95
Fax (06 62) 62 53 95-120
www.gut-aiderbichl.com
Tägl. 9–18 Uhr

Zu Besuch auf Gut Aiderbichl in Henndorf

REGION 5
Bundesland Salzburg

Gämse im Nationalpark Hohe Tauern ▷

Nationalpark Hohe Tauern
Kirchplatz 2
9971 Matrei
℡ (048 75) 51 12-0
Fax (048 75) 51 12-21
www.hohetauern.at

Nationalpark Hohe Tauern/Salzburg
Gerlosstr. 18
5730 Mittersill
℡ (065 62) 409 39
Fax (065 62) 409 39-20
www.nationalparkzentrum.at

Nationalpark Hohe Tauern/Kärnten
Döllach 1
9843 Großkirchheim
℡ (048 25) 200 49
Fax (048 25) 200 49-4
www.nationalpark-hohetauern.at

Nationalpark Hohe Tauern/Tirol
Rauterplatz 1
9971 Matrei in Osttirol
℡ (048 75) 65 27-10
Fax (048 75) 65 27-40
www.hohetauern-osttirol.at

Panorama der Großvenediger-Gruppe von der Prager Hütte aus gesehen

❾ Nationalpark Hohe Tauern
Düstere Monumentalität und gleißende Sonne

Bei Döllach im Mölltal muss man starke Nerven haben. Dann kann man sich auf die Klamm (ein tiefes und enges Tal) der wilden Zirknitz begeben, Brust- und Sitzgurt anlegen lassen, über die Felskante lugen und mit einem Schrei aus 40 Meter Höhe in die Tiefe der Schlucht stürzen. Ein Urerlebnis für alle, die vom Fliegen träumen.

Der Nationalpark Hohe Tauern im Dreiländereck Salzburg, Kärnten und Tirol gehört zu den gewaltigsten Gebirgszügen der Alpen, er befindet sich zwischen dem Salzburger Land, Osttirol und Kärnten. Eine urwüchsige Landschaft, die sich noch einmal aufstemmt und ihre ganze Bergkraft darbietet, bevor sie in Richtung Osten mehr und mehr ausklingt. Weit sind die Firnflächen, zerrissen die zu Tal hängenden Gletscher, steil und schneeblendend die Gipfel und eisbedeckt die Felsgiebel. Zwischen Birnluckn – auf Hochdeutsch Birnlücke – im Westen und Murtörl im Osten verläuft der Hauptkamm der Hohen Tauern, der jedem Alpenbesucher Respekt abnötigt. So groß, so hoch, von so düsterer Monumentalität ist das kontinentale Zentralgebirge.

REGION 5
Bundesland Salzburg

Die Täler am Nordhang sind tief eingeschnitten und führen in Terrassen hinab ins Salzachtal. Zu bewundern sind laut gischtend Gletscherabflüsse, die Achen genannt werden und sich in schäumenden Wasserfällen – wie den Krimmler Fällen oder dem Gasteiner Fall – in Täler ergießen und in Jahrmillionen tiefe Klammen in die Felsen gefräst haben. Südwärts erstrecken sich vom Hauptkamm des Gebirges lang gestreckte Seitenkämme, die zum Drautal mit seinen hübschen Tälern hin abfallen. Diese sonnenverwöhnte Region ist bei Urlaubern am beliebtesten. Die westlichen Hohen Tauern dagegen erweisen sich in der großartigen Venedigergruppe als Berge mit der meisten Gletscherbedeckung in Österreich nach den Ötztaler Alpen. Populäres Ziel ist der Großvenediger (3674 Meter), der Hauptgipfel dieser Flanke der Hohen Tauern, weil er gut zu erwandern ist, Kletterern eine große Betätigungsfläche und Skifahrern optimale Abschwungpisten bietet. Prachtvoll ist seine stets eisummantelte Firnpyramide. Über den Kamm der Granatspitzgruppe wird die Glocknergruppe mit ihren 40 Gletschern und dem weit in Südrichtung vorgeschobenen Großen Muntanitz (3232 Meter) erreicht. Die rund neun Kilometer lange Pasterze ist der größte Gletscher der Ostalpen, der Großglockner (3798 Meter) der höchste Berg. Erst 1800 wurde er erstmals erstiegen.

REGION 5
Bundesland Salzburg

Im Gletscherskigebiet Kitzsteinhorn – Kaprun kommen Snowboarder bereits im Herbst auf ihre Kosten

ⓘ **Zell am See-Kaprun Tourismus GmbH**
Brucker Bundesstr. 1a
5700 Zell am See
✆ (65 42) 770, www.zell amsee-kaprun.com

❿ Bergweiler Kaprun
Mythos Kaprun

Sanfte Wiesenterrassen, lichte Lärchenwälder, die Huftritte flüchtender Gämsen. Das Kapruner Tal ist eine der hohen Regionen – es geht bis über 2500 Meter hinauf – in den Hohen Tauern, es hat sich selbst den Namen Europa Sportregion verpasst. Das ist gut gewählt, denn die Aufstiege und Abstiege verlangen ein gewisses Maß an Kondition, die Gegend ist nichts für Leute, die nur Spaziergänger-Ambitionen haben. In Österreich wird sie verklärt zum Mythos Kaprun, nach dem Zweiten Weltkrieg war die abgeschiedene Region zum Baustellen-Großkampfort des Landes geworden, zum nationalen Symbol für den Aufbauwillen. Zugleich läutete die mit Marshallplan-Geldern finanzierte Industrialisierung das Ende der Fixierung auf die Agrarwirtschaft ein. Und das Kapruntal wurde für den Tourismus erschlossen.

Vor allem für den winzigen Bergweiler Kaprun begann damit ein neues Zeitalter. Der Ort wurde zum Verwaltungssitz der Kraftwerksgruppe Glockner-Kaprun, am südlichen Ortsrand steht heute das moderne Kraftwerk Hauptstufe. Sein Informationszentrum erklärt Besuchern die Entwicklung und die Technik eines der größten österreichischen Energiebringer, das ist nicht nur für Technik-Fans interessant.

Geprägt wird der Ort aber von der trutzigen Burg Kaprun, die 1280 in einer Urkunde erwähnt wurde. Nach der Restaurierung dient sie allerlei kulturellen Veranstaltungen. In Vötter's Fahrzeugmuseum werden rund 150 Oldtimer gezeigt. Mit den Gondelbahnen Panoramabahn und Gletscherjet 1 gelangt man auf 1978 Meter Höhe, von dort mit Schleppliften und Sesselbahnen ins Gletschergebiet bis zur Glocknerterrasse (3029 Meter). Allein wegen des überwältigenden Panoramablicks auf den Zeller See lohnt sich die Auffahrt.

△ *Staumauer bei Kaprun*

Tosende Wassermassen: die Krimmler Wasserfälle im Nationalpark Hohe Tauern

⓫ Krimmler Wasserfälle
Aus grauen Steinen blinkt ein goldener Schimmer

Wasser kann denken, behaupten manche Wissenschaftler. Es kann fühlen, schmecken und verletzt werden. Und es schmeckt und tut nur wirklich gut, wenn es sich in einem spürbaren Schonraum befindet. All das lernt man in der Wasserwunderwelt in Krimml, einem hoch über dem Salzachtal gelegenen Kirchdorf. Hier wird sehr plastisch vermittelt, was passiert, wenn die wichtigste Naturreserve ausgebeutet wird, wofür man Wasser braucht und woraus ein Wassertropfen besteht. Das erweist sich als sehr lehrreich, nicht nur wegen der chemischen Formel. Womöglich handelt es sich hierbei um eines der besten Wasser-Informationshäuser überhaupt.

Die Krimmler Wasserfälle sind eine tosende Naturschönheit, in Mitteleuropa gibt es nichts Vergleichbares. Sie bilden eine der großen – und erstaunlich lauten – Attraktionen der östlichen Alpen und stehen unter Naturschutz. Um sie zu erreichen, wandert man vom Wasserfall-Parkplatz etwa eineinhalb Stunden durch ein schönes Hochtal auf einem vier Kilometer langen Weg, der an seinen Seiten reizvolle Aussichtskanzeln auf den Gerlos-Pass, das Zillertal in Tirol und das Salzachtal im Salzburger Land bereithält. Dann ist die oberste Fallstufe erreicht. Der Wasserfall stürzt über drei Stufen insgesamt 380 Meter in die Tiefe. Ein spektakuläres Getose, Brausen und Zischen. Ein bisschen lästig sind die Sprühnebel, aber der Besucher sollte sich klarmachen, dass sie gebraucht werden. Denn das pausenlose Sprühen an den Seiten der Wasserfälle sorgt dafür, dass dort Leuchtmoos wächst. Das ist eine überaus empfindliche Moosart mit der Fähigkeit, das Licht über reflektierende Zellen wieder abzugeben, solange es gewässert wird. Aus den Felsnischen der grauen Steine bricht ein goldener Schimmer, das ist ein bisschen wie im Märchen und lässt sich mitwandernden Kindern hervorragend als Goldfundsuche präsentieren.

ⓘ **Tourismusverband Krimml**
5743 Krimml
✆ (065 64) 72 39-0
Fax (065 64) 72 39-14
www.krimml.at

👁 **Krimmler Wasserfälle**
A-5743 Krimml
✆ (065 64) 72 12
www.wasserfaelle-krimml.at

🏛 **WasserWunderWelt**
Haus des Wassers
5743 Krimml
✆ (065 64) 201 13
Fax (065 64) 201 13-13
www.gerlosstrasse.at/de/wasserwunderwelt
30. April–31. Okt. tägl. 9.30–17 Uhr

REGION 5
Bundesland Salzburg

ⓘ Tourismusgemeinschaft St. Veit/Schwarzach
Markt 1
5620 Schwarzach
℡ (064 15) 75 20
Fax (064 15) 79 33
www.sonnenterrasse.at

Lama Trekking
Peter Reichholf
Markt 13
5612 St. Veit
℡ (064 15) 74 20
www.reichholf.com

Region Schwarzach im Pongau: Aussicht vom Fulseck zum Kreuzkogel

⑫ Schwarzach und St. Veit im Pongau
Tief durchatmen!

Die Boten des Teufels waren einfache Bauern. Schwarzach ist ein so lieblich anmutendes Postkarten-Dorf, dass man nicht glauben mag, was hier Ungeheuerliches geschah. Zwei Jahrhunderte nach der von Martin Luther in Wittenberg anzettelten Reformation, die das Gefüge der abendländischen Welt veränderte, galten dem Salzburger Erzbischof Protestanten als Erzfeinde. Am Salzleckertisch, dessen Platte heute im Schwarzacher Rathaus zu besichtigen ist, traf 1731 der hartgesottene Katholik mit den Führern der protestantischen Bauern zusammen und stellte ihnen ein Ultimatum: zurück in den Schoß der römischen Kirche oder Vertreibung aus dem Land. Die Männer mussten nicht lange beratschlagen, sie entschieden sich für die Emigration. Rund 30 000 Protestanten, Familien mit Kindern, wurden in deutsche Lande vertrieben, verloren den Großteil von Hab und Gut – ein Exodus. Das wildromantische Salzachtal im Pongau hat Weinen und Schreie dieser Menschen verschluckt. Heute ist Schwarzach ein wichtiger Bahnverkehrsknotenpunkt, und wer sich in der Region beim Skifahren verletzt, wird ins Spital des Orts eingeliefert, es ist auf Skiunfall-Patienten spezialisiert.

Der Nachbarort St. Veit besitzt ein besonderes Heilklima. Da heißt es: Tief durchatmen! Schon zu Kaisers Zeiten schickte man Hofmitglieder, die schwach auf der Brust waren, hierher – an diese Tradition knüpft der Ort mit neuen Formen der Entspannung und Regeneration an. Es wurden Oasen der Ruhe geschaffen, auf dem Barfußweg werden die Tastsinne der Fußsohlen massiert und wer lastlos wandern will, mietet sich Lama und Führer dazu und bepackt das Tier.

REGION 5
Bundesland Salzburg

Pistenspaß in Saalbach Hinterglemm

⓭ Saalbach Hinterglemm
Party ohne Murmeltiere

Im Zickzack steigt der Pfad an, erst sachte, dann deutlich. Man spürt es an der Wadenbelastung. Ein Legföhrenwald wird durchquert, dann geht es über Alpweiden mit wildem Rittersporn und die Gipfel rücken näher. Wer vom Zeller See hinaufkommt ins Glemmtal, das sich nach Westen hin öffnet, gelangt auf diesem Weg zu zwei populären Sportdestinationen, die im Sommer wie im Winter gleichermaßen viel zu bieten haben. Saalbach (1003 Meter) und Hinterglemm (1074 Meter) liegen in der sogenannten Mittleren Höhe, da ist die Luft noch nicht so dünn, die Anstrengung nicht so groß. Wandern in der warmen Jahreszeit ist ein Genuss, so lange es nicht regnet und die feuchte Erde in dicken Stollen an den Bergschuhen klebt. Kurze Schauer gibt es aber öfters im Gebirge, ein leichtes Regencape, schnell verpackt, sollte dabei sein. Man nehme sich ein Beispiel an den Murmeltieren, die auch über feuchte Wiesen trittsicher tollen.

Im Winter ist die Region ein riesiges Skigebiet mit 60 Liften und zahlreichen Hütten. Eine Skischaukel bringt Aktive mit Skiern und Skateboards von Saalbach nach Leogang im Norden. Dort beginnt der Pistenspaß, der obligatorisch im Après-Ski endet, denn der Körper braucht ja Flüssigkeit. Gratis dazu gibt es fantastische Blicke auf die umliegenden Gebirgszüge, weil die Gegend von keinen wesentlichen Höhenunterschieden gekennzeichnet ist. Einmal im Jahr steigt hier »Rave on Snow«, der von seinen Veranstaltern als größte Alpen-Technoparty bezeichnet wird. Dann allerdings ist kein Murmeltier mehr zu sehen.

> ⓘ **Tourismusverband Saalbach Hinterglemm**
> Glemmtaler Landstr. 550, 5753 Saalbach
> ✆ (065 41) 68 00-68
> Fax (065 41) 68 00-69
> www.saalbach.com

Winterliche Impression in Saalbach Hinterglemm

⓮ Alter Markt in Salzburg
Der Platz der Bürger

Dieser Platz fällt besonders auf, weil er intim und beschaulich ist, ganz anders als die großen, Ehrfurcht einflößenden Plätze der einstigen erzbischöflichen Fürstenstadt. Schlichte, aber erstaunlich hohe und gut gepflegte Häuser säumen den Alten Markt, die meisten stammen aus dem 17. bis 19. Jahrhundert. Er ist längst nicht mehr – wie über Jahrhunderte – der Hauptmarkt der Stadt, diese Funktion ist auf den Universitätsplatz vor der Kollegienkirche übergegangen. Das kleinste Haus Salzburgs ist das mit der Nummer 10a, hineingequetscht in einen Spalt zwischen zwei größeren Häu-

REGION 5
Bundesland Salzburg

Café Tomaselli
Alter Markt 9
5020 Salzburg
✆ (06 62) 84 44 88-0
Fax (06 62) 84 44 88-13
www.tomaselli.at

sern, aber mit Platz für ein Geschäft. Daneben erinnert eine Tafel am Torbogen an die Zeit, als Mozarts Witwe Constanze mit ihrem zweiten Mann, Georg Nikolaus von Nissen, hier wohnte. Nicht ganz in der Mitte, aber ein absoluter Blickfang: der Florianibrunnen (1687) mit seinem achtseitigen Marmorbecken und der Rokokofigur (1734) darauf, eines der beliebtesten Fotomotive in Salzburg.

Der Alte Markt wurde ab 1240 systematisch bebaut, er war stets der Platz der Bürger. Noch heute essen sie hier am Stand ihr Würstel mit Semmel oder nehmen im Café Tomaselli, dem ältesten Kaffeehaus Österreichs, einen Kleinen oder Großen Braunen. Der Platz erscheint heute übersichtlich und gemütlich, war aber im Mittelalter, als man in der bedrängend engen Altstadt keinen Raum zu verschenken hatte, ein großzügiger Platz. Die noch größeren Plätze dienten früher vor allem der Zurschaustellung erzbischöflicher Macht, die Bürger überließen sie der geistlichen Elite.

Auffällig am Alten Markt ist noch die Erzbischöfliche Apotheke mit ihrem Rokoko-Interieur (1760) und der »Konditorei Fürst« an der Ecke zur Brodgasse. In den Räumen dieses Geschäfts wurde die Mozartkugel erfunden, das beliebteste Salzburg-Souvenir. In der warmen Jahreszeit serviert das »Café Tomaselli« auch draußen im Gartenteil – der beste Platz, um das Geschehen auf dem Alten Markt zu beobachten.

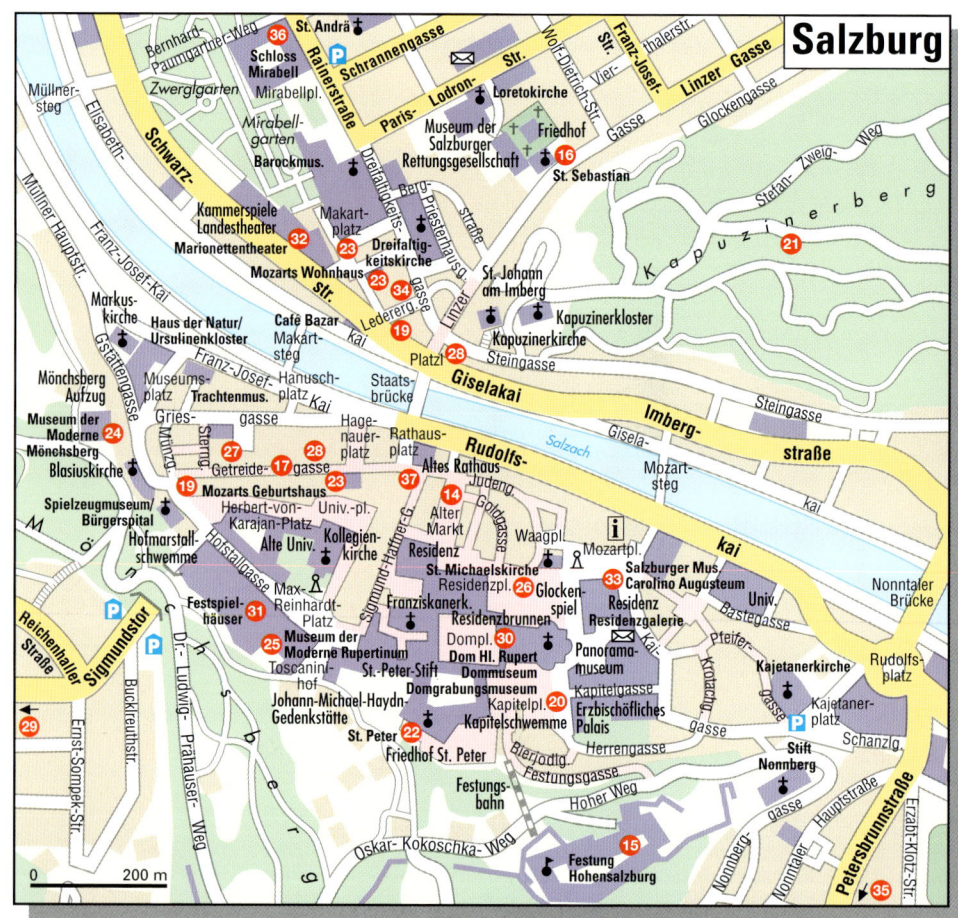

⓯ Festung Hohensalzburg in Salzburg
Die größte erhaltene Burganlage Mitteleuropas

Die Salzburger lieben den gewaltigen Baukomplex über ihrer Altstadt. Aber sie ärgern sich auch über ihn, denn die Festung erinnert an die Jahrhunderte, in denen herrschsüchtige fromme Männer als Erzbischöfe im Fürstenrang ein strenges Regiment führten, die Stadt aber auch ausbauten und mit Kunst bestückten.

In die Festung über der Stadt zogen sie sich zurück, berieten sich, urteilten über Straftäter und ließen es sich gut gehen, verwöhnt von Heerscharen an Bediensteten. Kompakte steinerne Geschichte, gewaltig in ihrer Baumasse, hochfahrend in der Baufigur – ein Symbol für die Macht der Kirche. Vermutlich wird noch in Hunderten von Jahren die Festung Hohensalzburg, die größte vollständig erhaltene Burganlage Mitteleuropas, Salzburgs Stadtbild prägen.

Der erste Burghof der Anlage imponiert mit drei Sperrbogen von stattlicher Breite. Zu sehen ist die Versorgungsbahn von 1504 und die 1539 gegrabene Zisterne. An der Außenwand der Georgskirche (1502) im Burghof zeigt ein Hochrelief aus rotem Marmor (1515) Leonhard von Keutschach, der Auftraggeber und Bauherr.

Die Geschichte der Burg, mittelalterliche Wohnverhältnisse und die Gerichtsbarkeit dokumentiert das Festungsmuseum im »Hohen Stock«. In den Fürstenkellern ist ein Marionettenmuseum untergebracht, es zeigt Figuren aus aller Welt. Der Besuch der Prunkräume der Salzburger Erzbischöfe ist nur im Rahmen einer Führung möglich, die Pracht der Innenräume ist überwältigend. So die einstige Gerichtsstube im Gerichtsturm, dessen Plattform 170 Meter über der Stadt liegt, die Aussicht von hier ist besonders gut.

Im Wehrgang geht es zum Salzburger Stier, einer Freiorgel mit 200 Pfeifen (1502), die jeden Tag um sieben, elf und 18 Uhr ertönen. Eine Wendeltreppe führt empor zu den spätgotischen Fürstenräumen. Die Goldene Stube prunkt mit Marmorportalen, die Türen sind mit schmiedeeisernen Ranken verziert. Der Kachelofen (1501) ist besonders gut gearbeitet und berühmt für seine Schönheit. Höhepunkt ist aber der Große oder Goldene Saal, seine Holzvertäfelung ist blau und rot bemalt, die Säulen sind aus rotem Marmor.

Das älteste Kaffeehaus Österreichs: Café Tomaselli am Alten Markt in Salzburg

Festung Hohensalzburg
Mönchsberg 34
5020 Salzburg
✆ (06 62) 84 24 30-11
Fax (06 62) 84 24 30-20
www.salzburg-burgen.at/de/hohensalzburg/
Jan.–April und Okt.–Dez. 9.30–17, Mai–Sept. 9–19 Uhr
Eintritt inkl. Festungsbahn € 10,50, Kinder € 6

Festungsbahn
www.festungsbahn.at
Betriebszeiten Jan.–April und Okt.–Dez. tägl. 9–17, Mai/Juni, Sept. bis 20, Aug. bis 22 Uhr

Blick vom Salzachufer auf die Salzburger Altstadt und die Festung Hohensalzburg

Friedhof St. Sebastian im Stil eines italienischen »Campo Santo«

⓰ Friedhof St. Sebastian in Salzburg
Salzburgs Campo Santo

Am pittoresken Friedhof St. Sebastian laufen viele Stadtbesucher vorbei. Das ist schade, liegen hier doch historische Salzburger Persönlichkeiten unter der Erde. Wer die Einkaufsstraße Linzer Gasse hinaufgeht, sieht nach einigen hundert Metern links die Sebastianskirche aus dem 16. Jahrhundert, später im Stil des Rokoko umgebaut. Im Durchgang befindet sich in der linken Wand das Grabmal des Arztes und Naturforschers Theophrastus Paracelsus, auch Dr. Eisenbart genannt, der 1541 in Salzburg verstarb. Dann folgt der Friedhof, den Erzfürstbischof Wolf Dietrich im Stil eines italienischen Santo Campo anlegen ließ und den bemerkenswerte Grabmalkunst aus dem 17. bis 19. Jahrhundert auszeichnet. Im Zentrum steht die Gabrielskapelle, das Mausoleum, das sich Wolf Dietrich bauen ließ, er starb 1617. Es ist mit farbigen Marmorfliesen verkleidet und wirkt hell und heiter – genau so hatte es sein Bauherr gewollt. Schlicht sollte sein Begräbnis sein, »mit seinen Alltagskleidern bekleidet; nur seine geringsten Diener, begleitet von vier Kerzenträgern und sechs Kapuzinern, sollten ihn zu nächtlicher Stunde der Erde übergeben«, hatte er verfügt. Sein Wille wurde missachtet, Wolf Dietrichs Nachfolger Markus Sittikus ließ ihn pompös bestatten. Außerdem liegen hier Mozarts Vater Leopold (1787 gestorben), Mozarts Frau Constanze, wiederverheiratete Nissen (1842 gestorben) und Genoveva von Weber (1798 gestorben), die Mutter des Komponisten Carl Maria von Weber, begraben.

⓱ Getreidegasse in Salzburg
Mittelalterliche Hochhäuser

Im Sommer, wenn die Getreidegasse von Menschenmassen erfüllt ist und Kolonnen an Touristen ihren Führern folgen, die gegen den Lärm ansprechen, kann sie sehr ungemütlich sein. Im Winter, wenn Schnee aus den Wolken rieselt und wenige Menschen durch die Straße laufen, kann sie etwas

Friedhof St. Sebastian
Linzer Gasse 41
5020 Salzburg
✆ (06 62) 87 52 08
Fax (06 62) 87 91 04
www.salzburg.info
Tägl. 9–16, im Sommer 9–18.30 Uhr, im Winter
Zugang zum Friedhof nur vom Bruderhof her

Verzauberndes haben. Auch nachts, wenn ihre Kulissen ausgeleuchtet sind. Sie ist eine der meistfotografierten Straßen der Welt.

Der Name Getreidegasse, einst als Trabgasse erwähnt, ist von *trabig* abgeleitet, was schnell, rührig heißt. Obwohl so stark frequentiert, bietet sie sehr viel Authentisches – eine Kompaktlektion an mittelalterlicher Baugeschichte. Das älteste Gemäuer besitzt das Haus Nummer 21 aus dem Jahr 1258. Die sogenannten Durchhäuser sind Vorläufer der modernen Passagen unserer Zeit. Am Schatz-Durchhaus (Nummer drei, erbaut 1363) steht auf einer Gedenktafel, dass Arbeiterführer August Bebel 1859 bis 1860 hier lebte und arbeitete. Der spätere Mitgründer der Sozialdemokratischen Arbeiterpartei war Drechslergeselle. Es gilt als das schönste Haus der Gasse, mit zwei besonders hübschen Innenhöfen sowie Arkaden und Laubengängen. Nummer fünf ist das Zezihaus, geschmückt mit einem filigranen Rokokoportal (1766) und einem kunstvollen Eisentor.

Am östlichen Ende der Getreidegasse steht das alte Rathaus (1618). Der barocke Bau besitzt eine auffällige Muschelverzierung aus der Epoche des Rokoko. Dieses und die Häuser ringsumher sind für spätmittelalterliche Stadtgebäude erstaunlich hoch gebaut, bis zu fünf Stockwerke. In den extrem beengten Verhältnissen damals konnten sich Bauherren nur noch in die Höhe ausdehnen. So hatte Salzburg schon früh so etwas wie Hochhäuser.

Die Getreidegasse ist eine ausgesprochen populäre Flanier- und Einkaufsstraße, aber in den Geschäften zahlt der Kunde stets auch für die Lage mit. Schuh- und Modeboutiquen offerieren ein gut sortiertes Angebot, auch für gastronomische Einkehr ist gesorgt. In Wahrheit aber ist diese Mittelachse zwischen dem Flussufer und dem Universitätsplatz ein Treffpunkt. Hier trafen sich schon vor Jahrhunderten die Leute, hielten einen Schwatz und tauschten Neuigkeiten aus. Das ist bis heute so.

REGION 5
Bundesland Salzburg

Mozarts Geburtshaus in der Getreidegasse Nr. 9

Fassaden und Zunftschilder in der Salzburger Getreidegasse

**REGION 5
Bundesland
Salzburg**

Hangar 7
Wolfgang-Amadeus-Airport
Wilhelm-Spazier-Str. 7a
5020 Salzburg
✆ (06 62) 21 97
www.hangar-7.com
Tägl. 9–22 Uhr

⓲ Hangar 7 in Salzburg
Wo Flugzeugfans das Herz höher schlägt

Planespotter sind besondere Zeitgenossen. Sie haben einen Tick, auch wenn sie völlig harmlos sind. Als Fans nostalgischer und seltener Flugzeuge nehmen sie riesige Entfernungen auf sich, um die bei ihnen hoch im Kurs stehenden Kostbarkeiten der Luftfahrt – meist Oldtimer-Flugzeuge – persönlich in Augenschein zu nehmen, sie zu fotografieren, zu zeichnen oder zu filmen und sich an ihnen zu erfreuen. Die globale Gemeinde der Planespotter ist Dietrich Mateschitz dankbar, dem Eigentümer des Powerdrink-Unternehmens Red Bull, dass er den Hangar 7 bauen ließ. Ein gläsernes, futuristisch anmutendes Gebäude, in dem der Milliardär auf einer riesigen Fläche seine einzigartige Sammlung an historischem Fluggerät, darunter seine Flying Bulls, ausstellt. Highlights sind eine Douglas DC-6B, eine B-25J Mitchell und ein Eurosopter AS 355 N.

Aber noch wichtiger ist für Planespotter die Landebahn vor dem Hangar, die Runway 16, die im Winter magnetische Anziehungskraft auf sie ausübt. Dann landen dort Maschinen, die man auf keinem anderen europäischen Flughafen so geballt antrifft. Eine russische Iljuschin neben einer Tupolew aus Weißrussland oder der Ukraine. Fluggeräte-Raritäten, bei denen Flugzeugfans das Herz höher schlägt. Ihnen kommt es vor allem auf die Symbole und Fluggeräte-Nummern an, die sie notierend und fotografierend sammeln wie andere Streichholzschachteln oder Gemälde. Für die Spotter wurde eigens ein größerer Hügel aufgeschüttet, an dem die Flugzeuge vorbeirollen und der ihnen bei Start und Landung optimale Sicht gewährt. Der Hangar 7 auf dem Wolfgang-Amadeus-Airport ist aber zugleich ein Ort der Kunst mit ständig wechselnden Kulturveranstaltungen und des Genusses mit Restaurant, mondäner Lounge und Bar.

Außenansicht des Hangar 7 bei Nacht

⑲ Kaffeehäuser in Salzburg
Die altösterreichische Kaffeehaus-Tradition

Das heimelige Café Bazar an der Salzach

Mozart las im »Café Tomaselli« die einzige Zeitung, die es gab, und trank dazu heiße Schokolade gegen Blutarmut. Der Kaffee, nach türkischer Art mit Bodensatz, schmeckte ihm nicht. Dem heutigen Publikum dagegen schmecken nicht nur die österreichischen Kaffee-Offerten, sondern auch Kuchen und Torten, die von Frauen im eng geschnürten Dirndl an die Tische gebracht werden. Und es gibt alle Zeitungen des Landes sowie die internationale Presse am Zeitungsbügel.

Im »Café Bazar« am anderen Ufer der Salzach, einem heimeligen Ort mit hübscher Flussterrasse, brüteten Hugo von Hofmannsthal und Max Reinhardt nach dem Trauma des Ersten Weltkriegs eine Kulturoffensive aus, bekannt als Salzburger Festspiele. Stefan Zweig nahm Mehlspeisen zu sich, während er an seinen Romanen schrieb. Die alten Holzvertäfelungen, Luster und Marmortische haben die Künstler überlebt.

Nahebei, im »Café Sacher«, hat die Wiener Familie Gürtler, der das berühmte Kaffeehaus Sacher in der Hauptstadt gehört, das Sagen. Vorher hieß das Café »Österreichischer Hof«, 1866 eröffnet. Spezialität ist der Pharisäer, ein Kaffee mit Rum. Einst musste der Alkohol versteckt werden, weil der Stadtpfarrer dagegen wetterte, für die Kaffee-Rum-Trinker war sein Verhalten pharisäisch. Auch die »Konditorei Schatz« mit nur einigen Stehtischen, aber duftenden Verführungen wie Himbeer-Soufflé und Schoko-Mohn-Torte, 1850 gegründet, und das »Café Wernbacher« aus den 1930er-Jahren mit besten Strudeln und altösterreichischen Mehlspeisen in nostalgischer Einrichtung gehören zu den traditionsreichen Kaffeehäusern der Stadt.

☕ Café Bazar
Schwarzstr. 3
5020 Salzburg
✆ (06 62) 87 42 78

☕ Hotel Sacher
Schwarzstr. 5–7
5020 Salzburg
✆ (06 62) 88 97 75 55

☕ Konditorei Schatz
Getreidegasse 3
5020 Salzburg

Salzburger Nockerln, eine süße regionale Spezialität

REGION 5
Bundesland Salzburg

⑳ Kapitelplatz in Salzburg
Kult ums Pferd

Wer den Dom an seiner kolossalen Rückseite umrundet, gelangt auf den eleganten, aber unregelmäßig geformten und nüchternen Kapitelplatz – und damit ins frühere innerste Machtzentrum des hohen Klerus. Denn die Machthaber residierten in den Palästen der anschließenden Gassen, das gemeine Volk war dort nicht gern gesehen und mied den Platz auch. Heute dagegen ist er ein populärer Treffpunkt und stellt einen Ruhepunkt im Herzen Salzburgs dar. Begrenzt ist er im Osten von der Dompropstei und dem Erzbischöflichen Palais, in dem seit 1864 die Salzburger Bischöfe ihren Sitz haben, im Westen vom Noviziatstrakt von St. Peter und im Süden vom ehemaligen Granarium und der Mühle des Domkapitels.

Hauptattraktion des Kapitelplatzes ist aber die Brunnenanlage der Kapitelschwemme, von zwei Weidenbäumen gesäumt. Das ist der Ort, an dem einst die Pferde gereinigt und gestriegelt wurden, darauf legten die geistlichen Herren großen Wert, gehörten sie doch zu den Insignien ihrer Macht. Schon im Mittelalter gab es hier einen Rosstümpel, im Zuge der Stadtverschönerung wurde daraus eine Schwemme mit fast übertrieben repräsentativ rahmender Architektur, geschaffen vom Bildhauer Joseph Anton Pfaffinger (1732). Die edlen Vierbeiner der hohen Herren wurden nach dem Ausritt von den Stallknechten in das Wasserbassin geführt, das von einer elegant geschwungenen steinernen Balustrade umfasst wird. Darüber baut sich die Skulpturengruppe auf: Neptun mit Dreizack und wehendem Mantel im Kampf gegen den Sturm auf einem sich wild aufbäumenden Meerross. Der Beherrscher des Wassers in der hellenischen Mythologie gilt auch als Gebieter über die Pferde. Auftraggeber des Kunstwerks war Fürsterzbischof Leopold Anton Firmian, der die Schwemme nach Fertigstellung dem auf

Pferdeschwemme am Kapitelplatz

Besuch in der Stadt weilenden Kaiser zeigte mit der Erklärung, »es stecket ja alle salzburgische Hoffart in diesen Pferten«. So vermerkt es das Protokoll. Dem Kult um das Pferd wurde ein Denkmal gesetzt.

㉑ Kapuzinerberg in Salzburg
Bergwandern und Meditieren

Der drittwichtigste Aussichtsberg der Stadt kann nur zu Fuß erstiegen werden, und das hat Vorteile. Nicht nur, dass beim Aufstieg das Herz pocht, das Blut schneller fließt und mehr Sauerstoff in den Körper gelangt, was ihm guttut. Mehr noch spielt das Meditative eine Rolle: Beim allmählichen Hinaufgehen kann man zurückblicken auf das Weichbild der Stadt und die Gebirgskulisse betrachten. Salzburg ist umzingelt von Bergen, wird aber nicht bedrängt von ihnen wie andere Alpenstädte. Der Kapuzinerberg gehört zu den höheren Bergen rund um die Stadt und ist Teil der nördlichen Randberge der Kalkalpen.

Von der Steingasse oder der Linzer Gasse aus führen Stufen nach oben, vorbei an spätbarocken Kreuzwegstationen und Passionskapellen bis zum Kapuzinerkloster (1602) mit seiner markanten Kreuzigungsgruppe. Einige

Meter des sogenannten Prügelwegs sind mühsam zu erklimmen, aber das Weiterstapfen lohnt sich. Die Eichentüren (1450) des Klosters, in der Gotik von den besten Schnitzern veredelt und ursprünglich im alten romanischen Dom beheimatet, wurden nach dessen Überbauung dem Kloster übergeben und dort als Portal einer schlichten Saalkirche mit bescheidener Ausstattung verwendet. Die Kapuziner kamen erst 1594 nach Salzburg, gerufen von Fürsterzbischof Wolf Dietrich. Er gab ihnen das Trompeterschlösschen, das sie zu ihrer Klosteranlage umbauten. Das Franziskischlösschen, zu dem ein von schattigen Bäumen gesäumter Weg führt, bietet Gastronomie. Auf 573 Meter Höhe liegt die Bayerische Aussicht, auf 608 Meter die Stadt-Aussicht – beide haben den Ausdruck grandios verdient. Der Gipfel des Kapuzinerbergs befindet sich auf 638 Metern.

Auf dem Rückweg lohnt sich noch ein Blick auf das Passingerschlössl, dessen Erdgeschoss in den Berg gerammt ist und in dem der in Wien geborene Dichter Stefan Zweig von 1918 bis 1938 gewohnt und geschrieben hat. Die Villa steht direkt am Kapuzinerberg und war Treffpunkt der internationalen Künstlerszene. Thomas Mann war hier, James Joyce, Herbert George Wells und Maurice Ravel. Zweig bezeichnete seine Salzburger Zeit als die glücklichsten Jahre seines Lebens.

REGION 5
Bundesland Salzburg

Kapuzinerkloster
Kapuzinerberg 6
5020 Salzburg
✆ (06 62) 87 35 63-0
Fax (06 62) 87 35 63-10
www.kapuziner.at/nordtirol/sbg/kloster_sbg.html
Mo–Sa 6–18, So 8–18, im Sommer tägl. bis 20 Uhr (keine Besichtigung während des Gottesdienstes)

wiazhaus im Franziskischlössl
Kapuzinerberg 9
5020 Salzburg
✆ (06 62) 87 25 95
www.franziskischloessl.com
Mi–So 11–17 Uhr
Reservierung empf.

Das Johanneskirchlein an der Imbergstiege auf den Kapuzinerberg

105

**REGION 5
Bundesland
Salzburg**

22 Klosterbezirk St. Peter in Salzburg
Im Reich der Mönche

Das Portal bleibt zu. Im weitläufigen Klosterbezirk an der Westseite des Kapitelplatzes herrschen strenge Sitten. Er umschließt drei Innenhöfe, und einer davon, der an die Kirche anschließt, ist für die Öffentlichkeit nicht zugänglich. Dort befindet sich die Klausur der Mönche. St. Petri wurde um 690 vom Heiligen Rupert gegründet, Benediktiner führen es bis heute. Bis 1110 war es Wohnsitz der Erzbischöfe. Die meisten der heutigen Gebäude stammen jedoch aus dem 18. und 19. Jahrhundert. Im Zentrum liegt der Äußere Stiftshof mit dem sechseckigen Petrusbrunnen (1673). Der westliche Durchgang führt in den dritten Hof mit dem Benediktinerkolleg und modernen Fassadenfresken, 1926 den Gottesmännern übergeben.

In den Räumen zwischen den begehbaren Höfen ist eine Gedenkstätte für Johann Michael Haydn, den Bruder von Joseph Haydn, untergebracht. Er lebte als Hoforganist und Nachfolger Mozarts ab 1763 in der Stadt. Der Friedhof St. Peter im Schatten einer steilen Felswand des Mönchsbergs versammelt Familiengräber angesehener Salzburger Clans und in den Felsen gehauene Katakomben, darunter die Gräber von Mozarts Schwester Maria Anna, Nannerl genannt, und Michael Haydn. Die Arkaden auf drei Seiten entstanden 1627, auch die Gertraudenkapelle und die Maximuskapelle stammen aus der Zeit. Die Grablegestätte soll aber frühchristlichen Ursprungs sein, ein genaues Datum ist noch nicht ermittelt. Der Friedhof hat eine ganz besondere Atmosphäre. Der Salzburger Dichter Georg Trakl beschrieb ihn treffend: »Ringsum ist Felseneinsamkeit,/ Des Todes bleiche Blumen schauern/ Auf Gräbern, die im Dunkel trauern/ Doch diese Trauer hat kein Leid./ Der Himmel lächelt still herab/ In diesem traumverschloss'nen Garten,/ Wo stille Pilger seiner warten.«

Die Stiftskirche St. Peter entstand von 1130 bis 1143, zu Beginn des 17. Jahrhunderts wurde sie erweitert, später im Rokokostil umgeformt und mit Turmhauben geschmückt. Besucher stoßen in der Turmvorhalle auf das romanische Westportal (1240) mit Skulpturen im Bogenfeld, aber auch auf eine erlesene Rokokotür (1768).

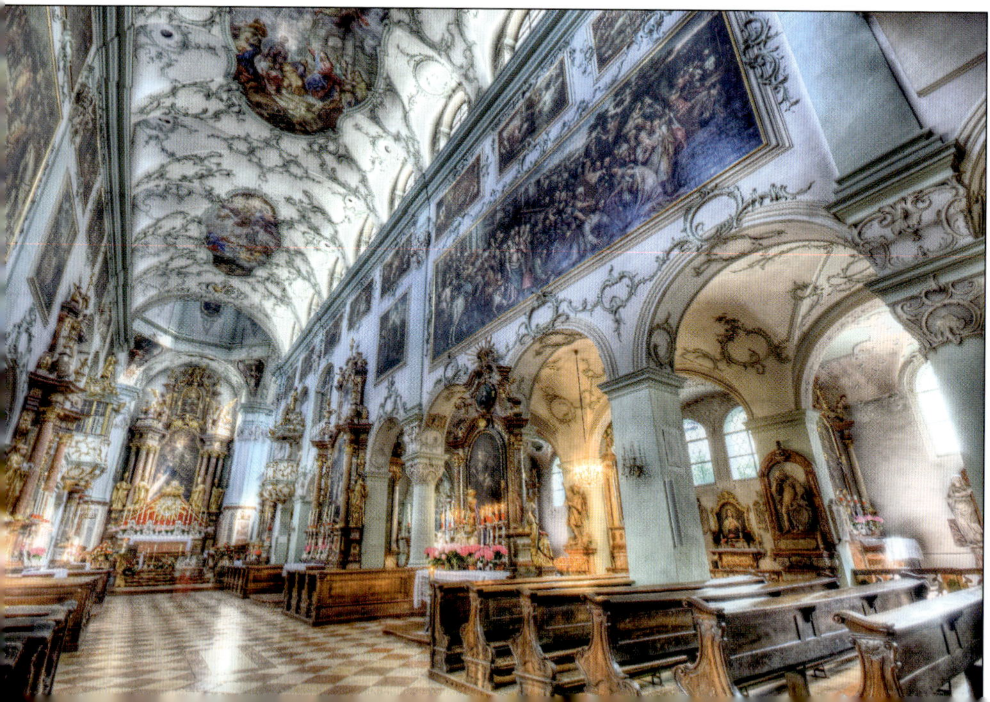

Die Grabmäler auf dem Friedhof St. Peter stammen aus dem 14. bis zum 19. Jahrhundert

👁 **St.-Peter-Bezirk**
5020 Salzburg
✆ (06 62) 84 45-760
Fax (06 62) 84 45
www.salzburg.info

Prachtvolle Rokoko-Stukkaturen schmücken die Stiftskirche St. Peter

REGION 5
Bundesland Salzburg

Tanzmeistersaal im Mozart-Wohnhaus am Makartplatz 8

㉓ Mozart-Stätten in Salzburg
Wo Mozart wirklich war

 Mozarts Geburtshaus
Getreidegasse 9
5020 Salzburg
✆ (06 62) 84 43 13
Fax (06 62) 84 06 93
www.mozarteum.at
Tägl. 9–18, Juli/Aug.
9–20 Uhr, Eintritt € 7,
ermäßigt € 6, Kinder
€ 2,50

Als Wolfgang Amadeus Mozart am 27. Januar 1756 in Salzburg das Licht der Welt erblickte, war er das letzte Kind des Hofmusikers Leopold Mozart und dessen Gemahlin Anna Maria. An seiner Kindergeige, seinem Clavichord und Hammerklavier im dritten Stock des Geburtshauses führt für Besucher kein Weg vorbei. Das Wunderkind konnte darauf bereits mit drei und vier Jahren spielen. Hier schuf das Genie achtjährig seine erste Sinfonie, mit neun die erste Oper. Alle Fremdenführer geleiten ihre Gäste ins Geburtshaus, aber andere Mozart-Stätten werden oft nicht gezeigt.

Als Jüngling ging Wolfgang oft zum Zirkelwirt am Papageno-Platz, dem Treffpunkt der Freimaurer. Über dem kleinen Brunnen schwebt heute eine Papageno-Figur, die an sein musikalisches Werk erinnert. Einige Schritte weiter, am heutigen Mozartplatz 4, wohnte die Familie Antretter, die Mozarts gingen dort ein und aus. Wolferl gab Kostproben seines Könnens, wurde gefördert und schnupperte ins großbürgerliche Leben hinein. Fassade, Portal und Hof sehen noch so aus wie zu seiner Zeit. Im »Wirtshaus zum Mohren«, Judengasse 9, saß er gern. Hier entstanden einige der 626 Werke aus seinem Verzeichnis. Der Halbwüchsige wagte sich auch in die Trinkstube am Waagplatz. Im zweiten Stock befand sich ein Tanzsaal, der junge Musiker hörte zu und komponierte selbst Tanzmusik. Für durchreisende italienische Opernleute verfasste er Einlegearien, die als Zwischenspiel in Opern eingeschoben wurden.

Mozarts Wohnhaus
Makartplatz 8
5020 Salzburg
✆ (06 62) 87 42 27 40
Fax (06 62) 87 29 24
www.mozarteum.at
Tägl. 9–18, Juli/Aug.
9–20 Uhr, Eintritt siehe
Geburtshaus, Kombiticket € 12, ermäßigt € 10,
Kinder € 3,50

Am Brunnen am Alten Markt, gleich um die Ecke vom Geburtshaus, holte Wolferl Wasser für die Familie. Dabei blickte er manchmal hinauf zu den Fenstern des Hauses Alter Markt 3, in dem Ignatz Anton Weiser residierte, Dichter und Förderer des kleinen Mozart.

Leopold, Wolfgang Amadeus und Nannerl Mozart auf einem Gemälde von 1850

1773 siedelten die Mozarts aufs andere Salzachufer über, in das Wohnhaus am Markartplatz 8. Die Familie entkam mit dem Umzug nicht nur einer bedrängten Raumsituation, sondern folgte auch einem Gesetz des Landesherrn. Das verbot Personen unterschiedlichen Geschlechts ab einem gewissen Alter das Schlafen im selben Zimmer, Geschwister nicht ausgenommen. Als Kind hatte Mozart im Zimmer seiner älteren Schwester Anna Maria, genannt Nannerl, gewohnt. Im einstigen Tanzmeisterhaus schrieb der inzwischen Erwachsene seine Violin- und ersten eigenständigen Klavierkonzerte, Serenaden, Sinfonien und Messen. Insgesamt 350 Kompositionen. Im Garten erheiterte er sich am Bölzlschießen mit Windbüchsen auf bemalte Holzscheiben. Das war die glücklichste Zeit seines Lebens. 1781 musste er Salzburg verlassen, nachdem er seine Arbeit als Hoforganist verloren hatte.

**REGION 5
Bundesland
Salzburg**

㉔ Museum der Moderne Mönchsberg in Salzburg
Vergangenheit für die Zukunft

Gekrönt ist Salzburgs populäre Aussichtsterrasse, der Mönchsberg, seit 2004 von einem kühnen Schachtelbau mit großer Freitreppe, dem Museum der Moderne über der Stadt. Der Entwurf stammt von den Münchner Architekten Friedrich, Hoff und Zwink und galt in den Diskussionen Einheimischer nicht nur als gewagt, weil drei Piefkes ihn gezeichnet hatten, sondern weil diese den Mut hatten, das Gebäude direkt an die Klippe zu stellen, wo der Berg 60 Meter abfällt. Sechs Jahre stritten die Salzburger, dann durften die jungen unbekannten Deutschen den Museumskubus für 21 Millionen Euro bauen. Die geschlossene Front öffnet ein Panoramafenster, das wie ein Flachbildschirm aus dem Baukörper ragt. Das dort untergebrachte Café-Restaurant mit dem altösterreichischen Namen »Jägerstüberl« ist der beliebteste Logenplatz über der Festspielstadt. Designt wurde es höchst zeitgemäß und elegant vom Südtiroler Stararchitekten und Inneneinrichter Matteo Thun. Der leistete sich den Gag einer Lichtinstallation aus 400 Hirschgeweihen, die auch den gastronomischen Ort zum Kunstplatz macht.

Jenseits der Salzach: das Museum der Moderne Mönchsberg (Salzburg)

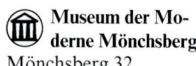 **Museum der Moderne Mönchsberg**
Mönchsberg 32
5020 Salzburg
✆ (06 62) 84 22 20-403
www.museumdermoderne.at
Di–So 10–18, Mi 10–20 Uhr, zur Festspielzeit auch Mo geöffnet
Eintritt € 8, ermäßigt € 6

Der flache, breit lagernde Bauriegel verbirgt hinter strahlend heller Haut aus heimischem Untersberger Marmor vier Ebenen mit insgesamt 2300 Quadratmetern Ausstellungsfläche, die unterschiedlich bespielt werden. Die Räume sind angelegt als gereihte Orte der Kommunikation, intim ausgeleuchtet und hochfunktional. Die Anlage in ihrer fast klösterlichen Strenge lädt ein zur Reflexion über vorrangig zeitgenössische Kunst, aber auch über den Ort inmitten der Berglandschaft. Zu sehen sind Grafiken, Malerei der Klassischen Moderne und eine hochwertige Fotosammlung. Dazu Plastiken, Leuchtinstallationen und Videos. Betonmauern, Stahltreppen und Glasbänder bestimmen das Raumgefüge. Ein zwölf Meter tiefer Canyon teilt das Gebäude in der Mitte in zwei Raumfluchten. Neben dem Museum steht der schlösschenartige Wasserturm mit Pickelhaube von 1890. Zwischen beiden Gebäuden wurde ein Skulpturengarten angelegt. So wird symbolisch gezeigt, wie Vergangenheit in die Zukunft mitgenommen wird.

㉕ Museum der Moderne Rupertinum in Salzburg
Ort mit besonderer Atmosphäre

Das Museum der Moderne hockt an der Klippe des Mönchsbergs, das Stammhaus aber befindet sich von jeher im ehemaligen Seminar für Priesterzöglinge und Beamtennachwuchs. Fürsterzbischof Paris Lodron hatte 1653 das Collegium Rupertinum gegründet, im 20. Jahrhundert wurde der Komplex mit seinem schönen Innenhof zum Museum für Moderne Kunst umgewidmet. Die hellblaue Fassadengestaltung mit Keramik stammt von Friedensreich Hundertwasser. Noch bevor man die Kunst zu sehen bekommt, kann man die besondere Atmosphäre dieses Orts genießen, die sich wohltuend auf die Psyche legt.

Der Salzburger Galerist Friedrich Welz legte den Grundstock der Sammlung mit den Schwerpunkten Kunst um 1900 und Expressionismus. Später kamen die Gebiete Neue Sachlichkeit, Kunst nach 1945 – hauptsächlich Plastik – und die Österreichische Fotogalerie hinzu, die das Leben und die Entwicklung im Alpenland dokumentiert. Besonders beachtenswert sind Zeichnungen und Druckgrafiken von Gustav Klimt, vor allem seine Landschaftsimpressionen, und Oskar Kokoschka, dessen druckgrafisches Werk in diesem Museum gesammelt wird. Dazu gibt es Wechselausstellungen der Klassischen Moderne.

㉖ Residenzplatz in Salzburg
Das einstige Zentrum erzbischöflicher Macht

Dieser Platz repräsentiert die altehrwürdige Fürstenstadt. In absolutistischer Zeit – vom 13. Jahrhundert bis 1803, als mit Auflösung des Erzstifts die Säkularisierung begann – war er zentraler Platz der Herrschenden und ihrer Zurschaustellung. Wenn Erzbischof Wolf Dietrich auf dem Pferd über den Residenzplatz ritt, umgeben von seinen Dienern, bückte das Volk sich untertänig. Der geistliche Fürst war ein radikaler Stadtumbauer, er ließ 55 Häuser abreißen, um Raum zu schaffen für diesen Platz. Hier nahmen er und seine Nachfolger im Amt die militärischen Defilees und höfischen Festumzüge ab, bei denen den Bürgern angesichts der Kleideleganz der Oberschicht die Augen übergingen. Diese Tradition hat sich – stark reduziert – erhalten: Einmal im Jahr, am Abend vor der Eröffnung der Salzburger Festspiele, schauen sich traditionell Österreichs Staatspräsident, Regierungsmitglieder und die Bevölkerung den von jungen Paaren vorgeführten feierlichen Fackeltanz an.

**REGION 5
Bundesland
Salzburg**

 Museum der Moderne Rupertinum
Wiener-Philharmoniker-Gasse 9
5020 Salzburg
✆ (06 62) 84 22 20-451
www.museumdermoderne.at
Di–So 10–18, Mi 10–20 Uhr, zur Festspielzeit auch Mo geöffnet
Eintritt € 6, ermäßigt € 4

Repräsentativ: der Residenzplatz in Salzburg bei Nacht

**REGION 5
Bundesland
Salzburg**

Der Residenzbrunnen (1561) ist 14 Meter hoch und besteht aus Untersberger Marmor. Die frühbarocke Fantasie vereint Rösser, Titanen, Delfine, zwei Wasserschalen und den Meeresgott Triton. Zur vollen Stunde ist seit 1701 das Salzburger Glockenspiel zu hören, es stammt aus Antwerpen und für seine Unterbringung wurde ein Turm auf 32 Meter Höhe erweitert. Begrenzt ist der Platz von der mächtigen Längsseite des Doms und der Michaelskirche. Auffälligste Gebäude sind aber die Alte Residenz, ein weitläufiger Komplex, und das Residenz-Neugebäude, Neue Residenz genannt. Die Residenz (der Vorgängerbau existierte bereits 1120) war die Palastanlage der Salzburger Erzbischöfe. Über Jahrhunderte wurde gebaut und umgebaut, 180 Säle und Räume sind um drei Höfe gruppiert. Die Neue Residenz (1602) ist ein Vier-Flügel-Bauwerk, das einen hübschen Hof einfasst. Seit 2007 ist darin das Salzburger Museum Carolino Augusteum untergebracht. Im Hof ist das Sattler-Panorama zu besichtigen, das 26 Meter lange und sechs Meter hohe Kolossalgemälde zeigt die detailgetreue Stadtansicht von 1825.

㉗ Restaurant Carpe Diem in Salzburg
Fingerfood vom Feinsten

Restaurant Carpe Diem
Getreidegasse 50
5020 Salzburg
✆ (06 62) 84 88 00
Fax (06 62) 84 88 00-88
www.carpediemfinest
fingerfood.com
Tägl. 8.30–24 Uhr
Reservierung empf.

Der in Salzburg lebende Dietrich Mateschitz, der Erfinder des Energy Drinks Red Bull, hat viele Ideen. Er erwarb den Fußballverein Austria Salzburg und führte ihn an die Spitze der österreichischen Bundesliga, er erweist sich als Event- und Kunstmäzen und hat mit dem Hangar 7 die Mozartstadt um eine spektakuläre Attraktion bereichert. Auch in der Gastronomie geht der Milliardär einen ganz eigenen Weg. Sein Spitzenrestaurant »Carpe Diem« an der Getreidegasse, schräg gegenüber vom Arthotel »Blaue Gans«, bietet Trendkulinarik für Trendsetter. Starkoch Jörg Wörther setzt auf leichte Gerichte in großer Vielfalt, originell zubereitet. Serviert werden sie in gefüllten Cones, die die Form einer Eistüte haben. Natürlich ist der Inhalt nur vom Allerfeinsten, weshalb die Cones auch auf Porzellangeschirr zu den Tischen gebracht werden. Neben feinen Fleischsorten und edlem Fisch gibt es auch vegetarische Mini-Gerichte, Obst und Desserts in der Tüte. Eine ausgefallene Idee, die von den Salzburgern sofort angenommen wurde. Wer beim Speisen auf traditionellen Konventionen besteht, kann sich Teile der Speisepalette im Reich des Red-Bull-Königs auch auf einem Teller anrichten lassen. Das zweistöckige Restaurant ist klassisch-modern eingerichtet und lichtdurchflutet, in der warmen Jahreszeit sitzt man auf der hübschen Terrasse und schaut den Beautiful People beim Vorbeiflanieren zu. Die Weinkarte verzeichnet eine hervorragende Auswahl an guten Tropfen.

㉘ Salzburger Altstadthotels
Wohnen in Tradition

Arthotel Blaue Gans
Getreidegasse 41–43
5020 Salzburg
✆ (06 62) 84 24 91-0
Fax (06 62) 84 24 91-9
www.blauegans.at

Das Arthotel »Blaue Gans« residiert im ältesten Gasthaus von Salzburg, seit mehr als 650 Jahren steht diese gut gefügte Steinesammlung an der Getreidegasse. Der Name geht auf einen Spott zurück: Ein Maler sollte einen Fasan an die Wand pinseln, aber der geriet ihm zu einem Wesen zwischen Ente und Gans, deshalb Blaue Gans. Die 40 Zimmer und Suiten haben jeweils verschiedene Grundrisse, und weil es sich um eines der Durchgangshäuser handelt, besitzt das Restaurant – im Innern mit Kreuzgewölbe – auch einen Gartenteil. Dort hockte einst der junge Mozart und warb um die Köchin Dresel, die ihm gefiel. 18 Briefe hat er an sie geschrieben,

Bar mit Dachterrasse im »Hotel Stein« (Salzburg)

aber er wurde nicht erhört. Die heutigen Eigentümer des Hotels ließen dem Traditionsbau eine fast schrille Pop-Art und kühne Farbraster verpassen. Alle Wände bestehen aus uralten Natursteinen, behängt mit heutiger Kunst. Historie mit Moderne gekreuzt, das hat was!

Im »Goldenen Hirsch« verkehrt traditionell die Festspielgesellschaft und die High Society, labt sich an Degustationsmenüs und genießt edle Weine. Angeblich werden die Salzburger Nockerln nirgendwo besser zubereitet als in der Küche dieses Gasthofs, und das Kaiserschnitzel hat es mit eben diesen Nudeln im Film »Sound of Music« sogar zu Hollywoodehren gebracht.

Das »Hotel Stein« hat eine unvergleichliche Lage. Die Aussicht von der Dachterrasse direkt über der Staatsbrücke, auf der 150 Gäste sitzen können, ist sensationell. Man blickt genau hinein in den Kern der Mozart- und Festspielstadt. Schon für 1399 ist an dieser Stelle in Chroniken ein Gasthof verbürgt, aber das Flair der 1950er-Jahre prägt das Hotel, auch nach einer kompletten Renovierung 2003. Die Mischung aus Fifties-Atmosphäre und Designtrends von heute ist raffiniert in Szene gesetzt. Das Haus bietet entspannte Atmosphäre und eine Verbindung von Komfort und Hightech.

Hotel Goldener Hirsch
Getreidegasse 37
5020 Salzburg
✆ (06 62) 808 40
www.goldenerhirsch.com

Hotel Stein
Giselakai 3–5
5020 Salzburg
✆ (06 62) 87 43 46-0
Fax (06 62) 87 43 46-9
www.hotelstein.at

㉙ Salzburger Brauereien
Weizen-Gold im »Pfiff«

Diese Stadt ist Österreichs Biermetropole. Sie besitzt das älteste Gasthaus Europas, den Stiftskeller »St. Peter«, in dem schon Karl der Große im Jahr 803 zum Bierkrug griff, und mit Stiegl-Brauwelt das größte Biermuseum des Kontinents. Aber Österreichs Bierkultur ist speziell: Es geht nicht um Masse im Humpen, sondern um Klasse im richtigen Glas. Das ist der große Unterschied zwischen Bayern und Salzburgern. Schlank und zierlich ist die Flöte (0,3 Liter) und erst recht das Pfiff-Glas (0,2 Liter). Für nahezu jede Biersorte und jede Biermarke gibt es ein eigenes Glas. In rund 420 Salzburger Lokalen wird tagtäglich Bier ausgeschenkt – in Geschmacksnoten von karamellfarben-ölig bis hefig-süß –, und das bei nur 147 000 Einwohnern. Trotz ihrer Minigläser sind die Österreicher aber mit ihrem Pro-Kopf-

Die Weisse
Rupertgasse 10
5020 Salzburg
✆ (06 62) 87 22 46-0
Fax (06 62) 87 22 46-4
www.dieweisse.at
Mo–Sa 10.30–24 Uhr

REGION 5
Bundesland Salzburg

Stiegl-Brauwelt
Bräuhausstr. 9
5020 Salzburg
✆ (06 62) 83 87 14 92
Fax (06 62) 83 87 14 44
www.brauwelt.at
Museum Mo–So 10–17 Uhr

Augustiner Bräu
Lindhofstr. 7
5020 Salzburg
✆ (06 62) 43 12 46
www.augustinerbier.at
Mo–Fr 15–23, Sa/So/Fei 14.30–23 Uhr

Verbrauch pro Jahr von 109 Litern auf Platz drei im globalen Ranking, hinter Tschechen und Iren.

Zu den traditionsreichsten Bierlokalen gehört »Die Weisse«, dort werden fruchtige obergärige Biere, ausgeschenkt. Die größte Privatbrauerei Österreichs ist Stiegl-Brauwelt mit einem Jahresausstoß von 900 000 Hektolitern. Ein Teil des sandgelben Brauerei-Komplexes im Stadtteil Riedenburg-Maxglan ist Museum. In der einstigen Mälzerei kann man den größten Zapfhahn der Welt und einen aus Bierflaschen aufgebauten Turm bewundern. In der Schaubrauerei im Keller wird auf 3500 Quadratmetern das Biermachen mit Hefe, Malz und Hopfen vorgeführt. Einmaischen, Würzekochen, Läutern, Gärung und Reifung – der Weg zu »a world full of beer and fun« ist lang und eine Wissenschaft, die selbst Bio-Paracelsus-Naturtrüb hervorbringt.

Die dritte Institution ist »Augustiner-Bräu« im Stadtbezirk Mülln. Der Chef ist Abt, das Bierbrauen höhere Berufung. 9000 Hektoliter werden im Jahr hergestellt, seit 1621. Im Augustinersaal mit seinen 1400 Plätzen kann man wie eh und je zum Biertrinken seine mitgebrachte Jause auspacken, es werden aber auch Schweinshaxen angeboten. Man genießt unter Wänden voller Sinnsprüche. »Wer zählt die Völker, kennt die Namen,/ die gastlich hier zusammenkamen.«

㉚ Salzburger Dom und Domplatz
Der erste barocke Kirchenbau nördlich der Alpen

Achtmal brannte der Salzburger Dom in seiner Geschichte. Errichtet worden war er 767 bis 774 in Form einer fünfschiffigen Kreuzbasilika. Im Dezember 1598 kam es wieder zum Brand, der allerdings nicht gefährlich

Tambourkuppel des Salzburger Doms

erschien. Der herbeigerufene Erzbischof Wolf Dietrich von Raitenau erteilte jedoch einen irritierenden Befehl: »Brennet es, so lasset es brennen!« Der Geistliche erkannte darin eine große Chance. Er profilierte sich als Erbauer des neuen Salzburg, der mittelalterliche Kirchenbau störte ihn, auch wenn er seinerzeit der größte nördlich der Alpen war. Die ursprüngliche, nicht sehr repräsentative Ausstattung ließ er zertrümmern und in die Salzach werfen. Selbst auf die Hinterlassenschaften des Heiligen Rupert, nach dem der Dom benannt ist und der darin begraben lag, nahm der Gottesmann keine Rücksicht. Er ließ die Grabplatten mehrerer Bischöfe zerschlagen.

Wolf Dietrich hatte Größeres vor: Er wollte die erste barocke Kirche auf der Nordseite der Alpen, der Petersdom in Rom war sein Vorbild. In dessen gigantischen Maßen konnte in Salzburg nicht gebaut werden, doch immerhin ist der Dom 99 Meter lang. Sein Entwurf stammt von Santino Solari, gebaut wurde zwischen 1614 und 1628, das Material ist dunkelgrauer Nagelfluh vom Mönchsberg, einem Geröllkonglomerat aus Kalkstein, Quarz, Gneis und Glimmerschiefer. 10 500 Menschen finden darin Platz.

Im Dom imponiert die gigantische achteckige, Licht spendende Vierungskuppel. Chor und Querhausarme schließen jeweils mit einer halbrunden Apsis, sie bilden die Grundrissform eines Kleeblatts. Drei Hauptaltäre und die Grabmäler der Bauherren sind zu bestaunen. Unter dem nördlichen Dombogen am Residenzplatz befindet sich der Eingang ins unterirdische Domgrabungsmuseum mit Resten der Vorgängerkirchen. Der Eingang ins Dommuseum ist in der Domvorhalle, dort sind verbliebene Bestände des Domschatzes und der erzbischöflichen Kunst- und Wunderkammer zu sehen.

Den Domplatz kennzeichnet architektonische Geschlossenheit und Schönheit. Nach Norden und Westen hin bilden Trakte der einstigen erzbischöflichen Residenz den Abschluss des Platzes. Seit 1920 findet auf dem Platz die »Jedermann«-Aufführung statt, mit der im Sommer die Salzburger Festspiele eröffnet werden.

REGION 5
Bundesland
Salzburg

Figurenschmuck des Doms zu Salzburg: die Heiligen Rupert und Peter

◉ **Salzburger Dom**
Dompfarramt,
Domplatz, 5020 Salzburg
✆ (06 62) 80 47 79-50
Fax (06 62) 80 47 79-59
Tägl. 8–17, So/Fei 13–17,
im Sommer tägl. bis 19 Uhr (keine Besichtigung während der Gottesdienste)

㉛ Salzburger Festspiele
Eine Erfolgsgeschichte mit Niederlagen

Der Erste Weltkrieg lag noch nicht lange zurück, die europäischen Zivilisationen waren schockiert über seine ungeahnten Grausamkeiten. Europa befand sich in einem Vakuum. Es musste etwas kommen, das dieses Vakuum positiv füllen konnte – eine neue Kulturoffensive. Der Komponist Max Reinhardt, der Schriftsteller Hugo von Hofmannsthal, der Komponist Richard Strauss, der Wiener Hofoperndirektor Franz Schalk und der Bühnenbildner Alfred Roller brüteten gemeinsam die Idee der Salzburger Festspiele aus, die ein internationales Publikum im Kunstgenuss vereinen sollten. Eine grandiose Idee in dieser Zeit der Verwirrung.

1920 fanden die ersten Festspiele statt, unter der Regie von Reinhardt wurde auf dem Domplatz Hofmannsthals Schauspiel »Jedermann« aufgeführt, das seit dieser Zeit allsommerlich das Festival einleitet. Die Festspielpalette erweiterte man beinah von Jahr zu Jahr. 1921 gab es neben dem Schauspiel Kammer- und Orchesterkonzerte, 1922 wurden vier Opern von Mozart aufgeführt, 1925 einigte man sich auf ein inhaltliches Konzept.

Zunächst wurde die Hofstallkaserne als provisorisches Festspielhaus in Beschlag genommen, das Programm in einem Festspielalmanach präsentiert und es gab erste Rundfunkübertragungen. 1924 mussten die Festspiele ausfallen, weil sich keine Sponsoren fanden. 1926 kam als zweite Spielstätte die Felsenreitschule dazu, und Architekt Clemens Holzmeister begann das Festspielhaus umzubauen und modernen Bedingungen anzu-

Salzburger Festspiele: »Jedermann mit dem Tod« △

Großes Festspielhaus in der Salzburger Altstadt

 **Salzburger Festspiele**
Veranstaltungen an verschiedenen Orten in Salzburg
www.salzburgfestival.at

Szene aus der Mozart-Oper »Die Entführung aus dem Serail«, aufgeführt vom Salzburger Marionettentheater

passen. Zur bedrohlichsten Krise der Veranstaltung kam es 1938 nach dem »Anschluss« Österreichs ans Deutsche Reich. Die Nazis erteilten viele Auftrittsverbote, Künstler boykottierten die Festspiele, viele gingen ins Exil. 1944 konnten sie nicht durchgeführt werden. Doch bereits 1945 fanden sie wieder statt, und von da an begann ihre Erfolgsgeschichte. Nahezu alle großen Künstler der Welt sind in Salzburg aufgetreten, geprägt wurden die Festspiele aber vor allem durch Herbert von Karajans musikalisches Engagement. Heute öffnet man sich in Salzburg neuen künstlerischen Strömungen und wieder verstärkt dem Sprechtheater, von den Bühnen der Stadt gehen nach wie vor viele Impulse aus. Wohl kein europäisches Festival ist populärer als die Salzburger Festspiele.

㉜ Salzburger Marionettentheater
Salzburg für Kinder

Die Stadt definiert sich zwar als Ort, an dem die Hochkunst zu Hause ist und Hof hält, aber der Nachwuchs wird auch angesprochen. Salzburg bringt Kindern und Jugendlichen Kunst auf ausgefallene Art nahe. Besonders mit dem Marionettentheater, einer weltbekannten Puppenspielbühne, die mit großem Aufwand an Personal, Bühnen- und Beleuchtungstechnik betrieben wird. Das Theater, in dem an Fäden agierende Holzfiguren die Bühne bevölkern, wurde 1913 von Anton Aicher gegründet. Seine Nachfahren leiten das Haus mittlerweile in der dritten Generation. Auf dem Programm stehen komplette Mozartopern, aber auch Ballette, die so abwechslungsreich inszeniert werden, dass Kinder und deren erwachsene Begleiter gleichermaßen begeistert sind. Selbst coole Heranwachsende lachen und klatschen. Im Gebäude des einstigen Bürgerspitals hält das Spielzeug Museum (Neueröffnung Okt. 2011) für jüngere Kinder alles bereit, was deren Herzen höher schlagen lässt. Von historischen Schnitz- und Zinnfiguren über Papierbühnen, Puppenhäuser und Baukästen, Teddys und andere Plüschtiere, Modelleisenbahnen und Spielzeug aus Übersee. Die Zeitreise in die Kindheit ihrer Groß- und Urgroßeltern fasziniert auch die Gameboy-Generation. Zweimal im Monat hat der Museumskasperl seinen viel beachteten Auftritt »Seid ihr alle da?«. Die Sammlung ist unterhaltsam, aber auch lehrreich.

Auch Miracle's Wax Museum entführt in die Welt von gestern. Das Erlebnismuseum gleich neben Mozarts Geburtshaus nimmt seine Besucher mit auf eine Zeitreise durch Salzburg am Ende des 17. und im 18. Jahrhundert. Das geschieht mittels Video- und Medieninstallationen, aber auch mit Wachsfiguren im Kleidungsstil der Mozart-Epoche, mit Perücke und gepudert. Fasziniert verfolgt man sie durch das Gassengewirr, wie sie in Wirtshäusern speisen, in Läden und bei Tischgesellschaften miteinander sprechen und Krägen zurechtrücken.

33 Salzburger Museum Carolino Augusteum
Der Mythos Salzburg

Ein mehr als 400 Jahre alter, topsanierter Palazzo, eine großzügige imperiale Fassade, die in frischen Farben leuchtet, das Innere mit prunkvoller Ausstattung. Das Carolino Augusteum, 1834 als Provinzialmuseum gegründet und fortlaufend erweitert, besitzt neben mehreren Institutionen mit den Sammelbereichen Geschichte, Kunst und Kultur – von der Steinzeit bis in die jüngste Vergangenheit – nun auch das Salzburg Museum, das größte Museumsprojekt der letzten Jahre in Österreich. Auf mehr als 3000 Quadratmetern gehen die Macher der Dauerausstellung dem Mythos Salzburg nach, wie ihn die Maler der Romantik im 19. Jahrhundert prägten und wie er sich bis heute entwickelt. Im Mittelpunkt stehen Tourismus und Salzburger Festspiele, die beiden Umsatzmotoren der Stadt.

Außerdem ist das absolutistische Zeitalter der Erzbischöfe im Rom des Nordens dargestellt, wird die Zeit der Judenverfolgung – die ihren Höhepunkt 1498 in der »Verbannung der Juden aus dem Erzstift Salzburg für immer und ewige Zeiten« fand – und der Gegenreformation beleuchtet.

REGION 5
Bundesland
Salzburg

Salzburger Marionettentheater
Schwarzstr. 24
5020 Salzburg
✆ (06 62) 87 24 06
Fax (06 62) 88 21 41
www.marionetten.at

Spielzeug Museum
Bürgerspitalgasse 2
5020 Salzburg
✆ (06 62) 62 08 08-300
Fax (06 62) 62 08 08-320
www.smca.at
Di–So 9–17 Uhr
Eintritt € 3, Kinder € 1
Wegen Renov. geschl.

Miracle's Wax Museum
Getreidegasse 7
5020 Salzburg
✆ (06 62) 842 25 80
www.miracleswaxmuseum.com
Tägl. 9–19 Uhr, Eintritt € 12, ermäßigt € 6

Instrumentenvitrine »Viva! Mozart« im Museum Carolino Augusteum

Salzburger Museum Carolino Augusteum
Neue Residenz
Mozartplatz 1
5010 Salzburg
✆ (06 62) 62 08 08-700
Fax (06 62) 62 08 08-720
www.smca.at
Di–So 9–17 Uhr
Eintritt € 7, ermäßigt € 6

**REGION 5
Bundesland
Salzburg**

Salzburger Persönlichkeiten werden in bunter Reihung vorgestellt, Künstler, Wissenschaftler, Mediziner. In der Kunsthalle unter dem Innenhof der Neuen Residenz gibt es Sonderausstellungen. Im unterirdischen Durchgang zum Panorama Museum sind interessante Funde aus archäologischen Grabungen zu sehen, darunter eine über eineinhalb Meter hohe bemalte Mauer aus römischer Zeit um 100 n. Chr. Zu den größten Kostbarkeiten gehört die keltische Schnabelkanne vom Dürrnberg aus dem Jahr 44 v. Chr.

34 Salzburger Neustadt
Keine Großstadt, aber großstädtisch

Der moderne Makartsteg, nur fußläufig zu überqueren, und die breite Staatsbrücke führen zum Platzl auf der gegenüberliegenden Seite vom Altstadtbezirk. Den Platzl gab es schon im zwölften Jahrhundert, aus ihm erwuchs die Vorstadt. Die Lederergasse und das enge Königsgässchen markieren den Verlauf der ersten Stadtmauer im 13. Jahrhundert. An der Steingasse gräbt sich eine geschlossene Häuserzeile in den Felsen, mit gut erhaltenen Beispielen aus Mittelalter und Barock. Die Dreifaltigkeitsgasse führt zum Makartplatz – der zu der Zeit, als die Mozarts dort wohnten, noch Hannibalplatz hieß – und ist nach dem Salzburger Maler Hans Makart (1840–84) benannt. Der gesamte Stadtteil ist weitgehend bestimmt vom Architekturstil des 19. Jahrhunderts, in dem gern prächtig gebaut wurde. Bürger, die es sich leisten konnten – und das waren nicht wenige, denn Salzburg war eine vermögende Stadt –, siedelten sich in dem systematisch entwickelten Wohngebiet an. Es galt als schick, außerhalb der beengten Altstadt in einem Stadtbezirk mit mehr Grün und breiteren Straßen zu wohnen. Ein Gang durchs Stadtviertel führt vorbei an Jugendstil, Klassizismus und neuer Sachlichkeit, dazwischen gestreut einige barocke Bauten. Banken, Versicherungen und Hauptbahnhof markierten den Aufschwung des Viertels. Hinzugekommen sind in den letzten Jahrzehnten noch Congress Center, Hoteltürme und einzelne Hochhäuser. In einigen Straßenzügen, wie der Schwarzstraße und Rainerstraße, wirkt Salzburg großstädtisch, ohne Großstadt zu sein. Es gibt Promenaden und der Rosenhügel ist künstlich angelegt worden als grüne Insel im Häusermeer. Die Schwarzstraße zeigt opulenten bayerischen Jugendstil, das auffällige Heizwerk Mitte am Elisabethkai steht für das moderne Bauen im letzten Drittel des 20. Jahrhunderts. Weil es in der Zeit der Betonliebe auch in Salzburg zu Bausünden kam, wurde in den 80er-Jahren des vergangenen Jahrhunderts ein sogenannter Gestaltungsbeirat berufen, der bei sämtlichen Bauprojekten auf ein hohes Niveau achtete. Der an die Neustadt südostwärts anschließende Stadtteil Aigen ist eine beliebte Wohnadresse mit eindrucksvoller Villendichte und ambitionierten Wohnanlagen, darunter eine Siedlung im Bungalowstil mit Flachdächern. Das gesamte Gebiet ist naturbelassen, mit kleinen Hügeln, weitläufigen Spazierwegen, üppigem Baumbestand und einem fast unverbauten Flussufer.

Gasse mit Patina: die Steingasse auf der Salzburger Neustadtseite

③⑤ Schloss Hellbrunn in Salzburg
Der Erzbischof ließ Wasser spritzen

Lustschloss im Süden Salzburgs: Schloss Hellbrunn

Zu Fuß läuft man eine Stunde aus dem Zentrum Salzburgs über die schnurgerade Hellbrunner Allee mit ihren uralten Bäumen zum Lustschloss der Erzbischöfe in Hellbrunn. Eine entzückende Parkanlage, die auf dem Höhepunkt der kirchlichen Macht unter Markus Sittikus entstand (1613–19), erbaut von Santiago Solari. Sein Stil wird als manieristisch-frühbarock charakterisiert, eine aus Italien importierte Mischung aus Renaissance und Barock. Sie zielte auf die Verfremdung der Realität mit Mitteln der Kunst. Die Erzbischöfe wollten ihren Alltag hinter sich lassen, sie durchschritten amüsiert das Innere des Schlosses mit Wänden voller Fantasie- und Fabelwesen, illusionistischer Architekturmalerei, Fresken und prächtigen Kachelöfen im Festsaal, Fürsten- und Musikzimmer und handgefertigten chinesischen Tapeten in den Schlafzimmern. Heute findet im Dezember vor der eindrucksvollen Schlosskulisse der Adventsmarkt statt, einer der europäischen Weihnachtsmärkte mit zauberhaftem Ambiente.

Potenzierter Manierismus im Lustgarten mit den Wasserspielen. Was sich die Erbauer alles einfallen ließen, um sich Spaß zu verschaffen! Neben Brunnen, Grotten und Statuen gibt es unberechenbare Wasserstrahlen, die bis heute – zur kreischenden Freude der Kinder – Besucher nass spritzen. Am Steinernen Tisch trieb der Erzbischof gern etwas Schabernack und ließ seine Geliebten und andere Gäste aus versteckten Leitungen mit Wasser attackieren. Das mechanische Theater ist eine Miniaturstadt mit 256 Figuren, die Berufe und Stände darstellen, ihre Bewegungen werden mittels Wasserkraft bewirkt. Dazu erklingt Musik von Leopold Mozart. Auf dem Hellbrunner Berg hockt das Monatsschlössl, am östlichen Abhang wurde ein Steinernes Theater aus dem Fels gemeißelt. 1617 kam es dort zur Aufführung der ersten deutschen Oper. Der Hellbrunner Schlosspark ist aber auch ein naturbelassenes Biotop, 60 Hektar groß, mit Spielwiese, Sportparcours und im Winter gespurten Loipen. Die verschwenderisch anmutende Naturpracht von Menschenhand geht sanft in die Bergwelt der Alpen über.

Schloss Hellbrunn
Schlossverwaltung Hellbrunn
Fürstenweg 37
5020 Salzburg
✆ (06 62) 82 03 72-0
Fax (06 62) 82 03 72-49 31
www.hellbrunn.at
April–1. Nov. tägl. 9–16.30, Mai/Juni, Sept. 9–17.30, Juli/Aug. 9–21 Uhr (ab 18 Uhr nur Wasserspiele)
Eintritt € 9,50, ermäßigt € 6,50, Kinder € 3,50

Schloss Mirabell und Mirabellgarten in Salzburg

Schloss Mirabell
Mirabellplatz
5020 Salzburg
☏ (06 62) 80 72 23 34
Fax (06 62) 80 72 29 29
www.salzburg.info
Marmorsaal (Trauungssaal) Mo, Mi/Do 8–16, Di, Fr 13–16, Engelsstiege tägl. ca. 8–18 Uhr

36 Schloss Mirabell in Salzburg
Ort für die Liebe

Es muss wahre Liebe gewesen sein. Fürsterzbischof Wolf Dietrich paukte im 17. Jahrhundert sein Projekt des Umbaus der mittelalterlichen Stadt zur ersten Barockstadt heiterer italienischer Prägung nördlich der Alpen generalstabsmäßig durch, weil er Salome Alt gefallen wollte. Als Geistlicher konnte er die Kaufmannstochter nicht heiraten, aber alle Salzburger wussten, dass sie seine Geliebte war. Er schuf ein urbanes Gesamtkunstwerk, auf dem ihre Augen wohlgefällig ruhen sollten. 15 Kinder hatten sie zusammen, zehn überlebten und für seine Familie ließ Wolf Dietrich 1606 Schloss Mirabell (Schöner Blick) bauen, umgeben von einem wunderschönen Park.

1612 stürzte der Fürst, seine Konkubine musste samt Anhang das Schloss verlassen, es diente fortan als erzbischöfliche Sommerresidenz und wurde zum spätbarocken Palast umgebaut, 1818 dann – nach einem Stadtbrand – noch einmal, diesmal im klassizistischen Stil. Seit 1947 ist das Schloss Amtssitz von Bürgermeister und Stadtverwaltung. Eine prunkvolle Treppe mit Marmorbalustrade führt in den Marmorsaal im ersten Stock, in dem Paare getraut und Veranstaltungen abgehalten werden.

Der Mirabellgarten beeindruckt mit Terrassen, Springbrunnen und Marmorstatuen (1690). Das Ensemble umfasst neben einer Fontäne, einem Irrgarten und dem Großen und Kleinen Parterre vier allegorienreiche Figurengruppen. Sechs grüne Wände umgeben ein Heckentheater (1717), das älteste im deutschsprachigen Raum. Ein Unikum ist der Zwerggarten (1715), der aus 28 koboldhaften Figuren eines nicht mehr bekannten Künstlers besteht. Sie sind bis zu 1,40 Meter hoch, aus Untersberger Marmor gefertigt und versinnbildlichen Volkstypen wie Bäuerin, Gärtner, Ballspieler, Lahmer, Harlekin, Türke oder Stotterer. Als Salzburg 1811 zu Bayern geriet, ließ Kronprinz Ludwig die grotesken Gestalten versteigern. Knapp zwei Drittel konnten zurückerworben werden.

△ *Skurril: barocke Figur im Zwerglgarten von Schloss Mirabell*

㊲ Traditionsgeschäfte in Salzburg
Alteingesessene Geschäfte mit besonderem Ambiente

Die Einheimischen lieben ihre Traditionsgeschäfte mehr als Shopping Malls, obwohl sie meist klein und verwinkelt sind. Doch die mitunter seit Jahrhunderten angestammten Geschäfte bieten das Besondere. Wie Kirchtag, die letzte Salzburger Schirmmacherei, 1903 gegründet. Die hier gefertigten Regenschirme sind edel, die Griffe aus Kastanie, Ahorn, Weißbuche oder Rosenholz. Kirchtag beschäftigt eine eigene Schneidermeisterin, die Stoffe stammen aus einer norditalienischen Weberei. Selbst auf der Bühne im Festspielhaus agieren Schauspieler mit Kirchtag-Schirmen. Ob Mozart sich in der Alten f.e. Hofapotheke (f.e. = fürsterzbischöflich) etwas gegen seinen Kater besorgte, wenn er zu tief ins Glas geschaut hatte, ist nicht bekannt. Aber über Jahrhunderte war das die einzige Salzburger Apotheke, 1591 eröffnet. Ihr Rokoko-Interieur ist komplett erhalten und im hauseigenen Labor wird Spanischer Kräutertee hergestellt, der gut ist gegen alles, was schlecht ist. 1890 kreierte Norbert Fürst die Mozartkugel. Nur seine Kugel mit dem Kern aus Pistazienmarzipan, umhüllt von feinem Nugat, ist die echte. Deshalb steht auf Packungen Original Mozartkugeln, sie wird mehr als eine Million Mal pro Jahr verkauft. Eine andere Mozart-Spezialität ist das Venusbrüstchen. Das gibt es nur bei Scio's Specereyen. In Milos Formans Mozart-Film »Amadeus«, der acht Oscars erhielt, spielen die Pralinen aus verführerischer Maroni-Nougatmasse eine delikate Rolle. Das Kaslöchl ist Salzburgs winzigster Laden, sieben Quadratmeter groß. Neben der Käsetheke bleibt nur Platz für vier Kunden. 1892 eröffnet, gab es mehr als ein Jahrhundert nur die Wahl zwischen drei Käsesorten. Heute ist die Auswahl im Mini-Laden trotz Raumnot gigantisch, und die Kunden warten gern vor der Tür, bis sie Einlass finden.

REGION 5
Bundesland Salzburg

Kirchtag Schirmmacherei
Getreidegasse 22
5020 Salzburg
✆ (06 62) 84 13 10

Alte f.e. Hofapotheke
Alter Markt 6
5020 Salzburg
✆ (06 62) 84 36 23

Norbert Fürst
Brodgasse 13
5020 Salzburg
✆ (06 62) 843 75 90

Scio's Specereyen
Sigmund-Haffner-Gasse 16, 5020 Salzburg
✆ (06 62) 84 16 38

Kaslöchl
Hagenauerplatz 2
5020 Salzburg
✆/Fax (06 62) 84 41 00
www.kasloechl.at

㊳ Eisriesenwelt bei Werfen
Die größte Eishöhle der Welt

Lieber warm anziehen, auch im Hochsommer. Die Durchschnittstemperatur in der Eisriesenwelt beträgt beim Rundgang null Grad. 30 000 Quadratmeter Eisfläche sind am Westrand des Tennengebirges unterirdisch zu begehen, weltweit ist keine größere Eishöhle bekannt. Der britische Naturfilmer David Attenborough vertritt die Ansicht, sie gehört zu den größten Naturwundern der Erde. Die Höhle entstand in der Tertiärzeit durch die Millionen Jahre währende Fräsarbeit eines unterirdischen Flusses. 1879 entdeckte sie der Salzburger Naturforscher Anton von Posselt-Czorich, ab 1912 wurde sie systematisch erschlossen. Im Innern des Höhleneingangs befindet sich, markiert, die Urne von Alexander von Mörk, der die Erschließungsarbeiten leitete, er fiel im Ersten Weltkrieg. In der Höhle begraben zu werden, war sein letzter Wunsch. Zu besichtigen ist der erste Kilometer, komplett mit bis zu 20 Meter dicken Eisplatten bedeckt. Das Eis wächst ständig nach, dafür sorgt der Kamineffekt in der Höhle, der kalte Luftmassen ins Innere transportiert. Bis ins Frühjahr speichert das Gestein die

Größte Eishöhle unseres Planeten: die Eisriesenwelt bei Werfen

Festung Hohenwerfen südlich von Salzburg

 Tourismusverband Werfen
Markt 24, 5450 Werfen
✆ (064 68) 53 88
Fax (064 68) 75 62
www.werfen.at

 Eisriesenwelt
Getreidegasse 21
5020 Salzburg
✆ (064 68) 52 48
www.eisriesenwelt.at
Mai–Okt. tägl. 9–15.30 Uhr, Eintritt € 8,50, Kinder € 4,50

Erlebnisburg Hohenwerfen
5450 Werfen
✆ (064 68) 76 03
Fax (064 68) 76 03-4
www.salzburg-burgen.at/de/werfen/
April, Okt. tägl. 9.30–16, Mai–Sept. tägl. 9–17, Juli/Aug. 9–18 Uhr
Eintritt € 10,50, Kinder € 5,80

Burgschenke
Burgstr. 2
5450 Werfen
✆ (064 68) 52 03
Fax (064 68) 52 04
www.ritterschmaus.at
April–Nov. tägl. 9–18 Uhr, Reservierung empf.

Kälte, und in der warmen Jahreszeit nach der Schneeschmelze schmilzt zwar bis zu zehn Zentimeter der Bodeneisdecke, doch Wasser dringt durch Spalten und Risse im Fels, sickert in die Höhle ein und gefriert dort. Ein immerwährender Verwandlungsprozess, der ewiges Eis schafft. Die restlichen 42 Kilometer des unterirdischen Raums sind Besuchern nicht zugänglich. Sie gelangen per Seilbahn oder einer fünf Kilometer langen Wanderung von Werfen aus zum Eingangsportal auf 1664 Meter Höhe. Die Führung dauert etwa eine Stunde, erhellt wird das Dunkel nur durch mitgeführte Karbidlampen und Magnesiumlicht, festes Schuhwerk ist dringend erforderlich. Die Führungen finden bereits seit 1920 statt, die Führer verstehen es, bizarre Eisfiguren mit ihren Lampen in Szene zu setzen. Im Winter ist der Höhleneingang wegen Lawinengefahr geschlossen.

㊴ Festung Hohenwerfen in Werfen
Visite im Verlies

Wer sich vornehm ziert, kommt nicht ins Mittelalter. Das aber soll beim Ritteressen in der Burgschenke Hohenwerfen geschehen. »Tratet ein«, lautet der alte Burgspruch, »wuschet die Hände bis zum Ellebogen, schürzet Euer Gewand und nahmet Platz an der Tafel. Es ist reichlich gesorgt für alle. Langet zu mit den Fingern und zieret Euch nicht!« Die nördlich über Werfen auf einem bewaldeten Felsen herrschaftlich thronende Burg Hohenwerfen (680 Meter) präsentiert sich mit Mauern und Türmen als abweisender Wehrbau. Erzbischof Gebhard ließ ihn 1077 erbauen, eingebettet zwischen Hochkönig, Hagen- und Tennengebirge, im Transitraum der Durchgangsstraße von Salzburg in Richtung Süden, nach Osttirol und Kärnten. Die Burg wurde aber über Jahrhunderte hauptsächlich als Gefängnis benutzt, die Einsitzenden erhielten keine Einladung in die Burgschenke. Von fern sieht der Bau wie eine Märchenburg aus, doch je näher man kommt, umso furchterregender wirkt er. Übeltäter, die ins Verlies geworfen wurden, siechten dort bis zu ihrem Tod dahin. An Freiheit war nicht mehr zu denken.

Diese schreckliche Zeit ist vorbei. 1931 wurde das monumentale Gebäude gründlich saniert, das Gefängnis geschlossen und 1938 gelangte die Anlage in den Besitz des Landes Salzburg. Seither ist sie im Rahmen einer Führung zu besichtigen. Das Verlies, die Burgkapelle und eine Waffensammlung sind zu sehen. Dem Schaudern folgt das Staunen. Das Österreichische Falkereimuseum hat in der Burg sein Domizil, die Falkner mit ihren Handschuhen aus Leder und Stahl lassen ihre gefiederten Schützlinge ihre eleganten Flugkünste vorführen. Unwillkürlich denkt man an die Gefangenen, die gern an den Krallen eines Adlers das Weite gesucht hätten.

REGION 5
Bundesland Salzburg

⓿ Operettenlandschaft Weisses Rössl in St. Wolfgang am Wolfgangsee
Nach den Pilgern kamen die Schönheitssucher

Das ist die Operettenlandschaft, als solche bekannt geworden durch Ralph Benatzkys Walzerseligkeit »Im Weißen Rössl«. Die Orte am zehn Kilometer langen und zwei Kilometer breiten Wolfgangsee sind so niedlich an die Ufer getupft, der 873 vom Stapel gelassene Raddampfer »Franz Joseph I.« schippert immer noch durch die Wellen und im Hotel »Im Weissen Rössl« in St. Wolfgang, das sich seit 1712 in Familienbesitz befindet, hat man vom Restaurant aus den besten Blick auf die von Bergen gerahmte Seeidylle. Davon abgesehen wurde das Haus modernisiert mit Wellness-Bereich und einem eingefassten großen Pool mit Seewasser, der nach dem Saunieren auch im Winter benutzt werden kann. Das eiskalte Wildwasser prickelt erregt am erhitzten Körper.

St. Gilgen am Westende des Sees ist ein traditionsreicher Ort der Sommerfrische, es gibt noch viele Villen aus dem späten 19. Jahrhundert. Mozarts Mutter wurde hier geboren, eine Gedenktafel am Geburtshaus erinnert an die Gebärerin des Genies. Wer von St. Gilgen aus im Sommer mit der Seilbahn zum Zwölferhorn (1522 Meter) hinauffährt, hat ein großes Wandergebiet vor sich, im Winter ein anspruchsvolles Skigelände. In St. Wolfgang ist die spätgotische Wallfahrtskirche (1429–77) von Bedeutung. Wegen ihr, nicht wegen der schönen Landschaft, kamen über Jahrhunderte viele Pilger in den Ort. Sie knieten am Hochaltar nieder, einem Kunstwerk von höchstem Rang. Ebenso wertvoll ist der barocke Doppelaltar mit der gotischen Wolfgangsstatue. Der bronzene Wallfahrtsbrunnen im Brunnenhaus neben der Kirche war das erste Werk im Renaissancestil in Österreich. Beliebt ist die Wanderung im Gelände des Schafbergs, der – zusammen mit dem Zwölferhorn – als steile Falkensteinwand die Seeregion optisch dominiert. Vom Schafberggipfel aus kann man bei günstigen Wetterbedingungen sieben Seen im Salzkammergut und die Ostalpen sehen. Der Aufstieg von St. Wolfgang aus dauert rund vier Stunden.

Operettenhaftes Hauszeichen des Hotels »Im Weissen Rössl« in St. Wolfgang

 **Romantikhotel Im Weissen Rössl**
Markt 74
5360 St. Wolfgang
℡ (061 38) 23 06-0
Fax (061 38) 23 06-99 41
www.weissesroessl.at

St. Wolfgang am Wolfgangsee

REGION 6
Steiermark

Steiermark
Das grüne Herz
Österreichs

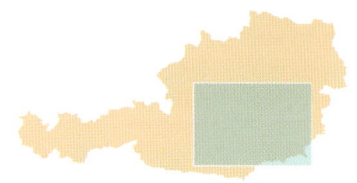

Der Herbst gilt als die schönste Zeit in der Steiermark, Österreichs zweitgrößtem Bundesland und seiner Italianità, einem nördlichen Vorposten der romanischen Welt. Da leuchtet der Wein durchs Blattgold, prangen Obstgärten in lieblich geschwungener Landschaft vor Überreife und die Kürbisernte beginnt. Mehr als 150 Kürbissorten gedeihen im milden Klima, die Fülle an Farben und Formen betört die Augen. Durch eine Mutation ist der steirische Kürbis Kern um Kern wertvoll, weil sehr ölhaltig. Ganze Familien pulen an Feldrändern die Kerne aus der Frucht. Für einen Liter Kürbiskernöl, das besonders gesund sein soll und der Zellerneuerung dient, werden Kerne von bis zu 40 Kürbissen gebraucht. Gleichzeit heizt man in den Gasthöfen die Kachelöfen an und aus der Küche kommen Selchspeck und Schinken, Rindsuppe mit Leberknödel und Frittaten, Zander und Vogerlsalat mit Kernöl auf den Tisch. Viele Speisen sind mit Essigfrüchten oder Kürbis-Pesto angemacht, es gibt Kuchen mit Marillenkonfitüre nach alten Familienrezepten und steirische Weine und Obstler sind weltbe-

Sanfte Hügellandschaft in der Südsteiermark

rühmt. Die Steiermark-Tour ist stets auch eine kulinarische Reise. »Der gedeckte Tisch – das ist die schönste Gegend«, erklärte einst der Wiener Dichter Nestroy.

REGION 6
Steiermark

Rebenhänge an Bergen, die sich ganz oben auch zum Gletscher ausweiten – das gibt es nur in der Steiermark. Auch die Fensterkörbe, Statussymbole der Bäuerinnen, die darin eine bunte Blumenpracht zum Wuchern bringen. Kargheit und Ehrlichkeit, aber auch Schönheit und Fülle bilden ein harmonisches Ganzes. Der steirische Wohlstand ist ganz und gar der Natur abgerungen, aber man schätzt und schützt sie, weil man gut von ihr lebt. Selbst die *Marteln* auf Feldwegen, die geschnitzten Christusfiguren, sind dazu da, die fruchtbare Erde zu segnen. Man sieht sie oft bei einer Kutschfahrt etwa durchs Mariazeller Land. Wo Wein getrunken wird, wird auch getanzt und gesungen und erklingt die steirische Knopfharmonika. Kulturell gesehen ist die Steiermark eine ganz eigene Region, Grenzland, ein Verschiebeort von Mentalitäten, eine Mischung aus Österreich, Ungarn und Slowenien mit einem kräftigen Schuss Italien.

Geschnitzter Wurzelgeist aus der Dachstein-Tauern-Region (Steiermark)

Graz, Landeshauptstadt und zweitgrößte Stadt Österreichs, war lange eine glanzvolle Residenz der Habsburger, ihre Altstadt gehört zu den besterhaltenen geschlossenen historischen Quartieren in Europa und besitzt den Weltkulturerbe-Status. Doch die Vergangen-

REGION 6
Steiermark

Ein Kaisermantel am Riesachsee im Herzen der Schladminger Tauern

Mit der Pferdekutsche durchs Mariazeller Land

heit ist das eine, die Zukunft das andere: die Gegenwart bereitet sie vor. Ein neues Kunsthaus im avantgardistischen Architekturkleid entstand, man versucht mit stadtplanerischem Geschick am Bewährten festzuhalten, kreuzt aber auch Tradition mit Moderne. Das macht den Reiz dieser Stadt aus. Dem bodenständigen Trachtenbürgertum stehen 50 000 Studenten gegenüber, Graz war immer schon belagert. Zwischen dem 15. und 17. Jahrhundert rannten die Türken an, aber nicht einmal konnten sie das zur Festung ausgebaute Graz einnehmen. Der Stadtname stammt vom slawischen »Gradec«, kleine Burg. Mit dem Schlossberg mitten in der Stadt, den altehrwürdigen Mauern und Dächern, bereits im 19. Jahrhundert eine Industriestadt, hätte sogar Graz Österreichs Hauptstadt werden können. Aber Ferdinand II., 1619 zum deutschen Kaiser gewählt, verlegte seinen Hof nach Wien. Damit zog der habsburgische Glanz ab, aber die Bürger putzen bis heute ihre Stadt heraus.

Die Riegersburg in der südlichen Steiermark galt in der Zeit osmanischen Größenwahns, als türkische Heere nach Mitteleuropa vorstoßen wollten, als »stärkste Festung der Christenheit«. Sie steht wuchtig seit dem 12. Jahrhundert auf einem Berg, über Jahrhunderte systematisch verstärkt durch Wehrbauten. Der Besucher passiert sieben imposante Tore, um in den Renaissance-Innenhof zu gelangen, in die Rittersäle voller Kassettendecken, Intarsien, Stuckaturen und Wandgemälde. Ein nationales Symbol. Das Steirische Thermenland dagegen ist etwas für Genießer. Nirgendwo in Österreich gibt es auf so engem Raum so viele Thermalbäder.

REGION 6
Steiermark

Narzissenfest in Bad Aussee

🔴 Narzissenfest am Altausseer See in Bad Aussee
Natur in der Sackgasse

Alljährlich Ende Mai ist der Altausseer See voller bunt geschmückter Schiffe. Es ist die Blütezeit der Narzissen auf den sanften, feuchten Bergwiesen, Grund genug, ein Fest der Lebensfreude zu feiern. Dann schwimmen Boote, geschmückt mit einer farbigen duftenden Blütenpracht, und ganze Bauwerke aus Blumen – Tiere, Sagengestalten, Autos – im See. Ein wunderschöner Anblick vor dem Panorama des nördlich gelegenen Toten Gebirges. Seit langer Zeit wird der Beginn der warmen Jahreszeit auf diese Weise gefeiert, was von großer Lebensfreude zeugt. Ein schöneres Kompliment kann man einer Region nicht machen. Manche halten dieses Fest gar für das schönste Österreichs. Es zieht jedes Jahr mehr als 25 000 begeisterte Besucher an.

Bad Aussee ist hübsch und hat eine besondere kunsthistorische Attraktion. Bevor es Kurort wurde, lebte der Siedlungsflecken über Jahrhunderte gut vom Salzamt. Heute wird das Gebäude am Chlumeckyplatz Kammerhof genannt und an seiner Fassade vereinen sich Spätgotik und Renaissance. Von hier aus wurden lange Zeit die Salinen verwaltet und Steuern aus dem Handel eingezogen. Heute ist im ältesten Gebäude der Steiermark das Museum für Geschichte und Völkerkultur des Ausseerlandes untergebracht.

Der Altausseer See lässt sich in zwei Stunden umrunden, man kann mit dem Rad an seinem Ufer entlangfahren oder einfach gemütlich mit dem Ruderboot durchs schwarzblaue Wasser gleiten. Seit dem Frühjahr 2011 verkehrt zudem Österreichs erster solarbetriebener Katamaran in aller Stille auf dem See. Im Sommer lädt er zum Baden, Fischen und zu anderen Wassersportarten ein. Der zwölf Kilometer lange Rundweg »Via Artis« führt an historischen und heutigen Künstlerhäusern vorbei. Im »Künstlerwinkel« des Kurzentrums werden die Schöpfer, die am See lebten und arbeiteten, in einer Sammelausstellung porträtiert. Die schreibende Zunft hat den See zum »Tintenfassl Österreichs« erkoren, Altaussee gilt als Dichterdorf. Einer von ihnen, Friedrich Torberg, schrieb: »Anders als die übrigen Perlen des Salzkammerguts ist Altaussee keine Durchgangsstation. Hier bildet die Natur gewissermaßen eine Sackgasse. Altaussee ist ein krönender Abschluss. Die Berge liegen nicht einfach am See, sie umfassen und umhegen ihn ...«

ⓘ Tourismusverband Ausseerland-Salzkammergut
Bahnhofstr. 132
8990 Bad Aussee
✆ (036 22) 540 40-0
Fax (036 22) 540 40-7
www.ausseerland.at

🎭 Narzissenfest
Narzissenfestverein Bad Aussee
Bahnhofstr. 132
8990 Bad Aussee
✆ (036 22) 522 73
Fax (036 22) 545 28
www.narzissenfest.at
Reisezeit: Ende Mai/ Anfang Juni.

**REGION 6
Steiermark**

Der Mathematiker und Optiker Johannes Kepler unterrichtete im 16. Jahrhundert an der Grazer Stiftsschule

ⓘ Graz Tourismus
Herrengasse 16
8010 Graz
✆ (03 16) 80 75-0
Fax (03 16) 80 75-15
www.graztourismus.at

Grazer Renaissance: der Arkadenhof im Landhaus, dem ehemaligen Sitz der Landstände

❷ Alt-Graz
Schöne Fassaden und Hinterhöfe

Gefühlt hat diese Stadt mehr Hinterhöfe als alle anderen österreichischen Städte. Man merkt das beim Flanieren, wenn man ein Lokal sucht – in Grazer Hinterhöfen gibt es die besten Cafés und Biergärten – oder vom Schlossberg auf das rote Ziegeldächermeer schaut. Die Altstadt, eine Mischung aus Renaissance und Barock, ist ein städtebauliches Ensemble, das unter Denkmalschutz und seit 1999 unter dem Schutz der UNESCO steht, die es zum Welterbe ernannte. Die Grazer nahmen das gelassen hin, sie wussten immer schon, dass sie in einer der schönsten, nein: der schönsten Stadt Österreichs leben. Nur ein tollkühner Beamter leistete sich 2003, als Graz Europas Kulturhauptstadt war, einen Affront, als er vor dem Wiener Flughafen ein freches Plakat an der Autobahn genehmigte: »Willkommen in Wien, dem schönsten Vorort von Graz«. Die Metropolenbewohner nahmen es mit Schmunzeln hin.

Die Stadt lebt vom leisen, unaufgeregten Charme. Sie hat ein hypermodernes Kunsthaus, einige Designhotels und -restaurants und das bedeutendste Designfestival Österreichs, macht aber nicht so einen Rummel darum wie sonst überall in Österreich. Der Lyriker Alfred Kolleritsch, Initiator des »Steirischen Herbstes« und eine Institution in der Stadt, stellte die These auf, dass Graz umso provinzieller werde, je mehr es versuche, international zu sein. Das stimmt grundsätzlich, aber nicht in jeder Hinsicht. Kulinarisch zum Beispiel ist die steirische Landeshauptstadt ein heißes Pflaster, im »Iohan«, »Maroni« oder »Centraal« sind Spitzenköche am Experimentieren, die nicht nur Klachelsuppe, Wurzelfleisch oder Schwammerlsuppe mit Sterz offerieren. Die neo-steirische Küche ist aber eine Ausnahme, der gemeine Steirer ist eher hausbacken, mag die Trachtenkostümierung und labt sich auf dem Bankerl am Klima; nicht umsonst wird die Stadt »Pensionopolis« genannt.

Alt-Graz wird beherrscht von farbenfrohen Fassaden und verwunschenen Hinterhöfen. Nirgendwo in Mitteleuropa gibt es mehr geballte Renaissance. Zu den eindrucksvollsten Gebäuden gehören das Landhaus, das zu den bedeutendsten österreichischen Renaissance-Denkmälern zählt, das Landeszeughaus, heute Geschichtsmuseum, und das Universalmuseum Joanneum. Dom und Mausoleum im oberen Teil der Altstadt sind ambi-

tionierte Baukunst, fast schon manieriert, und der Uhrturm auf halber Höhe des Schlossbergs ist seit Jahrhunderten das Wahrzeichen von Graz. Auch die Herrengasse, eine Fußgängerzone, weist Repräsentationsbauten auf, bis zurück ins 18. Jahrhundert. Die Sporgasse schmücken zwei wunderschöne Palais.

REGION 6
Steiermark

❸ Augartenhotel art & design in Graz
Wohnen im Schauraum der Kunst

Was macht ein ehemaliger Formel-1-Pilot, der verletzungsbedingt aus der Bahn geriet? Er gibt seine Kenntnisse an den Nachwuchs weiter. Deshalb ist der Grazer Helmut Marko Manager von Juan Pablo Montoya und anderen Rennfahrern im Grand-Prix-Zirkus. Und er baut ein Haus für seine gesammelten Kunstwerke. Weil er sie anderen zeigen will, wird das Haus ein Hotel, nach einem Entwurf des österreichischen Stararchitekten Günther Domenig. Schon in seiner äußeren Hülle ist es auffällig: Mit seinen nach innen geneigten Flächen fügt es sich zwar harmonisch, aber deutlich auffällig wie ein formschöner Fremdkörper in das Straßenensemble der Altstadt ein. Das ist Helmut Markos Schauraum seiner privaten Sammlung, in dem Menschen auch wohnen dürfen.

Fahren Sie in die Tiefgarage und Sie werden Ihren Augen nicht trauen: An den rohen Betonwänden hängen farbkräftige Bilder der Grazer Künstlerin Matta Wagnest. Im Treppenhaus befinden sich Großformate, in der Lobby schwebt eine Skulptur aus gebogenen Metallschienen von der Decke – ein Objekt des New Yorker Künstler-Architekten Frank Stella. Aber auch Möbel und Lampen mit höherem Anspruch sowie Designklassiker faszinieren den Besucher in diesem Schauhaus. Etwa das grellrote Gartenmobiliar des israelischen Industriedesigners Ron Arad auf der Dachterrasse. In jedem der 56 Zimmer hängt ein Bild von Rang und Namen, vorwiegend aus der zeitgenössischen österreichischen Kunstszene. Selbst vor dem Schwimmbad machte der Hausherr, der einmal erworbene Kunst nie mehr verkaufen würde, nicht halt. Dort hängt ein Monumentalbild von Gunter Damisch hinter Glas, und im Barbereich gibt es eine Lichtskulptur. Beinahe jedes Detail im Augartenhotel art & design ist Werk eines Künstlers oder Designers, laufend kommen Neuerwerbungen hinzu.

Spektakulär: die künstliche Insel in der Mur (Graz)

🛏 **Augartenhotel art & design**
Schönaugasse 53
8010 Graz
✆ (03 16) 208 00
Fax (03 16) 208 00-80
www.augartenhotel.at

❹ Murinsel in Graz
Blickerweiterung

Der Fluss Mur versammelt zwar die ganze Stadt an seinen Ufern, aber wer in Graz über die Jahrhunderte etwas auf sich hielt, blieb dem heftig treibenden Strom fern, der ohnehin zu nichts zu gebrauchen war, nicht einmal zum Wildwassersport. Bis vor Kurzem war das Wasser zudem oft braun, belastet von einer Papierfabrik, dem größten Arbeitgeber der Stadt. Wenn dort während der Betriebsferien die Produktion ruhte, stauten sich die Grazer auf den vier Brücken im Stadtgebiet und staunten, wie grün ihr Fluss sein konnte.

ⓘ **Murinsel**
www.graztourismus.at

**REGION 6
Steiermark**

Barocke Statue vor Schloss Eggenberg

Dem Escorial bei Madrid nachempfunden: Schloss Eggenberg westlich von Graz

Seit 2003 ist jedoch alles anders. Die Papierfabrik entsorgt seitdem ihren Schmutz umweltgerecht, die Mur erhielt eine neue Brücke, den 55 Meter langen, frei gespannten Mursteg, und sogar eine Insel. Ein künstlicher Erholungsplatz mit einem Amphitheater, einem Kinderspielplatz mit einem dreidimensionalen Labyrinth aus Tauen und einer Rutsche und das Café »Insel«. Zudem wurde dem Fluss eine »Terminator-Welle« verpasst – Namensgeber ist der aus Graz stammende »Terminator« Arnold Schwarzenegger – und die Kajak-Rodeo-Weltmeisterschaft fand auf seinen hüpfenden Wellen statt. Es ist die zeitgenössische Architektur, die das frühere »Pensionopolis« aus seinem provinziellen Dämmerschlaf aufweckte, eine neu entdeckte Urbanität auslöste und in Liebe zum eigenen Fluss entbrennen ließ. Auf einmal ist es obligatorisch, sich auf einen Kaffee auf der Murinsel zu treffen, dort im Sommer an Performances teilzunehmen und bei Lesungen zuzuhören. Graz hat mit dem »Steirischen Herbst« eine sehr lebendige Literaturszene. Oder einfach nur auf dem halbmuschelförmigen schwimmenden, mit den Murpromenaden durch zwei geschwungene Stegbrücken verbundenen Eiland unter dem gewölbten, mit Wasser gekühlten Dach zu sitzen und die Stadt von dort aus zu betrachten. Viel Stahl und Chrom hat der New Yorker Architekt und Designer Vito Acconci verbaut, nachts strahlt sie aus sich heraus. In Wahrheit ist die Insel ein Schiff, verankert und zusätzlich stabilisiert.

Schön ist von dort aus auch der Blick auf das hypermoderne, im spannungsreichen Kontrast zur Kulisse der 900 Jahre alten Stadt stehende Kunsthaus am linken Ufer der Mur. Die englischen Architekten Fournier und Cook bezeichnen ihr Gebäude als einen »friendly alien«. Etwas Außerirdisches haftet dem Bau in Form einer Blase aus Acrylplatten in der Tat an. Das war einige Zeit gewöhnungsbedürftig, doch jetzt dient die Insel der Blickerweiterung.

❺ Schloss Eggenberg in Graz
Durch Raum und Zeit

Spanien in der Steiermark. Rund drei Kilometer westlich von Graz thront die bedeutendste Schlossanlage des südöstlichen Bundeslandes unübersehbar auf einer Anhöhe. Schloss Eggenberg (1625–35) ist dem Escorial bei Madrid nachempfunden, die mächtige quadratische Anlage wurde von dem italienischen Baumeister Pietro de Pomis entworfen. Das Schloss unterscheidet sich von allen anderen ähnlichen Bauwerken in Österreich dadurch, dass es als Bau eine Allegorie der Zeit und des Universums darstellt. Es hat so viele Fenster wie das Jahr Tage hat (365), so viele Prunksäle wie der Tag Stunden (24) und darin so viele Fenster wie das Jahr Wochen hat (52). Jeder der vier Ecktürme steht für eine Himmelsrichtung. Im Zentrum der herrschaftlichen Räume befindet sich der frühbarocke Planetensaal, in dem Gemälde des Hofmalers Hans Adam Weissenkircher die Blicke auf sich ziehen. Im Schloss sind zugleich weitere Historien- und Kunstsammlungen des Grazer Landesmuseums Joanneum untergebracht. Umgeben ist die Schlossanlage von einem weitläufigen Landschaftsgarten, in dem ebenfalls die Planeten eine Rolle spielen. Sie sind die Grundlage der poetischen Gartenräume des neu gestalteten Planetengartens. Hier kann man wunderbar spazieren gehen, picknicken und einige Stunden verbringen.

2010 wurde die bestehende UNESCO-Welterbestätte »Graz – Historisches Zentrum« um Schloss Eggenberg erweitert.

❻ Schlossberg und Uhrturm in Graz
Einst Festung, jetzt sattes Grün

Die Grazer liegen auf der Lauer, wenn die Touristenbusse anrollen. Der Schlossberg ist gekrönt von mehr als 600 Jahre alten Uhrturm, der mehr über die Bewohner dieser Stadt sagt als alles andere: Der große Zeiger zeigt die Stunden, der kleine die Minuten an. Immer neu formiert sich touristische Erregung angesichts dieser Umkehrung des Gewohnten. Die Grazer nehmen es befriedigt zur Kenntnis: Ja, hier erlebt ihr was!

Der Schlossberg war in den blutigen Zeiten vergangener Jahrhunderte die Rettung für Graz. Das wird verständlich, wenn man den vielstufigen Aufstieg über die felsige Westseite angeht, anstatt bequem mit der Standseilbahn nach oben zu gelangen. Was sich heute als friedliche Erholungslandschaft präsentiert, war früher von abweisender Wucht. Die Türken holten sich blutige Nasen, die magyarischen Reiterheere belagerten den Berg und mussten unverrichteter Dinge wieder abziehen. Nicht einmal dem Führer der Grande Nation gelang es, die Stadt einzunehmen. Napoleons Heer scheiterte 1809 am grimmig befestigten Schlossberg. Die Schmach hat der französische Kaiser nicht auf sich sitzen lassen. Im Vertrag von Schönbrunn verlangte er, die Burgfeste zu schleifen – die Grazer mussten nachgeben und Napoleon den Uhrturm sogar abkaufen, weil er ihn mitsamt der Festung sprengen lassen wollte.

Dem Zorn des kleinwüchsigen Franzosenführers verdankt die Stadt ihren heute grünen Schlossberg. Der Abriss der trotzigen Stadtmauern, deren Rudimente noch zu sehen sind, war ein Glück für Graz und beschleunigte seine Entwicklung enorm. Die hygienischen Zustände hinter den Festungsmauern müssen jeder Beschreibung gespottet haben, Seuchen waren an der Tagesordnung. Die Pest wütete fast 200 Jahre mit nur kurzen Unterbrechungen. Jetzt wurde das Gebiet zwischen Schlossberg, dem Fluss Mur und Glacis – dem Stadtpark – zum städtischen Zentrum. Eingebettet in sattes Grün, mit einem Baumbestand, den man kaum in einer ähnlich großen

---

REGION 6
Steiermark

👁 **Schloss Eggenberg**
Eggenberger
Allee 90, 8020 Graz
✆ (03 16) 80 17-95 32
Fax (03 16) 80 17-95 55
www.museumjoanneum.at
Kunstsammlungen: 1. April–31. Okt. Di–So 10–18, 1. Nov.–31. März Di–So 10–17 Uhr
Führungen in den Prunkräumen: Palmsamstag–31. Okt. Di–So 10, 11, 12, 14, 15 und 16 Uhr und nach Voranmeldung, Eintritt € 7, ermäßigt € 5,50

Uhrturm auf dem Grazer Schlossberg

REGION 6
Steiermark

Lipizzaner-Bundesgestüt Piber
Spanische Hofreitschule
Piber 1, 8580 Köflach
✆ (031 44) 33 23
www.lipizzanerwelt.at
Mo–So 9.30–17 Uhr
Eintritt € 12, ermäßigt
€ 7,50, Kinder € 3

europäischen Stadt – Graz ist mit 257 000 Einwohnern Österreichs zweitgrößte Stadt – finden wird. Selbst exotische Solitäre wurden angepflanzt, die in dem von der Sonne gehätschelten Graz prächtig gedeihen.

❼ Lipizzaner-Gestüt Piber in Köflach
Vierbeinige Exportartikel

Die Lipizzaner sind die edelsten Pferde der Welt. In der Spanischen Hofreitschule in der Wiener Hofburg drehen sie Pirouetten, stehen auf den Hinterbeinen, springen und tänzeln, bis den Zuschauern fast schwindlig wird. Ihre Fähigkeit, durch Dressur ein bestimmtes Verhalten zu erlangen, ist beinah phänomenal. Doch es geschieht nicht von selbst, dahinter steckt harte Arbeit und Ausdauertraining. Die Pferde und ihre Bereiter müssen sich gut verstehen, das Gefühl muss stimmen, sonst bockt das Pferd.

Im Gestüt Piber in der Nähe von Graz werden pro Jahr 40 bis 50 Tiere geboren, grasen auf sattem steirischen Bio-Weideland und werden von ausgesuchten Betreuern aufgezogen. Eine Mutterstutenherde umfasst etwa 55 Tiere, jede Stute bringt im Laufe ihres Lebens zwölf bis 14 Fohlen zur Welt. Hinsichtlich Körperbau, Charakter, Intelligenz und Abstammung unterliegt die Zucht strengsten fachlichen Kriterien. Die Fohlen kommen nicht mit der charakteristischen weißen Färbung des Fells auf die Welt, sondern sind jahrelang grau oder braun. Erst zwischen dem siebten und zehnten Lebensjahr ändert sich ihr Äußeres und bis dahin sind sie auch ausgebildet für ihren Beruf als Dressurpferd. Lipizzaner sind ein Exportartikel Österreichs, sie bereisen ganz Europa und Übersee, um ihre Künste zu zeigen, und überall lösen sie Begeisterung aus.

Ursprünglich kam diese gelehrige Pferderasse aus Spanien. Seit 1580 wurden die Vierbeiner in der Nähe des slowenischen Ortes Lipica gezüchtet, von ihm ist ihr Name abgeleitet. Weil Slowenien zu den Kronländern der Habsburger Monarchie gehörte, wurde der Wiener Hof auf die fast ausnahmslos edlen Pferde aufmerksam. Dann wurde die Spanische Hofreitschule gegründet. Im Gestüt Piber, westlich von Bärnbach, können Besucher die Tiere in ihrer natürlichen Umgebung beobachten, fotografieren und filmen. Auch beim Pferdetraining dürfen sie zuschauen, haben sich aber ruhig zu verhalten, die Tiere sind sensibel. Sie dürfen sie allerdings nicht füttern, das ist ausschließlich den Stallburschen vorbehalten.

Nachwuchs für die Spanische Hofreitschule in Wien: Fohlenstallung auf dem Lipizzaner-Gestüt Piber in Köflach

⑧ Wallfahrtskirche Basilika Mariazell
Maria, die »Liebe Frau zu Zell«

In Rom schaut der Papst jeden Morgen in seiner Hauskapelle auf das zarte Lächeln der Madonna von Mariazell. Sein Vorgänger, Papst Johannes Paul II., hatte das Gemälde vor Jahren aus dem nordsteirischen Ort, rund 100 Kilometer südlich von Wien, in den Vatikan gebracht. 2007 reiste Benedikt XVI. zum 850-jährigen Jubiläum des Pilgerorts nach Mariazell, um der Magna Mater Austriae und der Regina Hungarorum et Slavorum zu huldigen. Der Ort der »Gnadenmutter« sei für ihn »die Herzmitte Europas«, erklärte der Papst. Von hier ging die christliche Mission Osteuropas aus.

Der Überlieferung nach wurde Mariazell 1157 gegründet. Ein Benediktinermönch namens Magnus gelangte in diese Gegend, im Gepäck führte er eine aus Lindenholz geschnitzte Madonna mit. Ein Felsblock versperrte ihm den Weg, Hilfe suchend wandte er sich an die Muttergottes – da spaltete sich der mächtige Stein. Seit 1330 ist durch eine Ablassurkunde belegt, dass die Kirche »Unserer Lieben Frau zu Zell« ein Wallfahrtsort ist. Der Pilgerstrom hält seit über 600 Jahren ununterbrochen bis heute an, die frommen Menschen aus Österreich und Ungarn, Bayern, Böhmen, Polen, Kroatien, Frankreich und der Schweiz rufen die Hilfe der Gnadenmutter wegen Krankheit und anderer Nöte an. Die Herrscher des Hauses Habsburg waren fast alle da. Als Otto von Habsburg, ältester Sohn des letzten Kaiserpaars, wieder nach Österreich einreisen durfte, führte ihn sein Weg nach Mariazell. Als sein Sohn Karl Baroness von Thyssen-Bornemisza heiratete, wurde die Zeremonie in Mariazell abgehalten. Dort ruhte seit 1975 der Leichnam des legendären Primas von Ungarn, József Mindszenty in der Ladislauskapelle, bis er nach dem Abzug der Sowjets nach Ungarn überführt werden konnte. Mehr als eine Million Pilger und Besucher kommen pro Jahr.

Die leicht erhöhte Wallfahrtskirche mit ihren drei Türmen ist weithin sichtbar. Der silberne Gnadenaltar ist ein Werk Augsburger Meister, die Kapelle schmückt ein Silbergitter von Maria Theresia, und zwei Schatzkammern sind mit Werken sakraler Kunst gefüllt. All das macht sie zum bedeutendsten Pilgerort des Katholizismus in Österreich.

Eingebettet in die sanften steirischen Hügel: die Wallfahrtskirche Basilika Mariazell

Wallfahrtskirche Basilika Mariazell
8630 Mariazell
✆ (038 82) 25 95
Fax (038 82) 25 95-20
www.basilika-mariazell.at
1. Mai–31. Okt. 7–20,
Sa 7–21.30, 1. Nov.–30. April 7–19.30 Uhr

Gnadenbild »Magna Mater Austriae« in der Basilika Mariazell

REGION 6
Steiermark

Wahrzeichen des steirischen Weinlandes – ein Klapotetz mit Welle und Klöppeln zum Vertreiben hungriger Vögel

Eine Bastion in der Steiermark: die Riegersburg

🟠 Burg Riegersburg
Das Bollwerk der Christenheit

Schon die Anfahrt ist ein Ereignis. Ein breit hingestrecktes, 482 Meter hohes Basaltmassiv schiebt sich ins Bild. Darauf hockt die Riegersburg, ein konstanter Anblick für Vorüberziehende seit bald tausend Jahren. Im 11. Jahrhundert erbaut, besteht sie heute aus den Burgen Lichteneck und Kronegg. Im 16. Jahrhundert, einer Zeit militärischer Innovationen, wurde sie mit elf Basteien mit Schießscharten und sechs Toranlagen ausgestattet und von einer drei Kilometer langen Wehrmauer umschlossen. Sie war der Schrecken erst der wilden Reiterhorden der Magyaren, dann das Trauma der Türken. Kein kriegerischer Gegner hat je die bedeutendste Grenzburg der Steiermark einnehmen können, deshalb wird sie auch als »stärkste Burg der Christenheit« bezeichnet. Sie ist der optische Höhepunkt einer Reihe von Befestigungsanlagen entlang der östlichen Grenze des einstigen Reichs der Habsburger.

Die Burganlage gehört seit 1822 den Fürsten Liechtenstein. Die Fürstin selbst fährt ihre Gäste manchmal im allradgetriebenen Jeep nach oben – sehr charmant, immer freundlich und klar in ihrem Traditionsbewusstsein. Wer überlegt, wie sie anzusprechen wäre, dem sagt sie im Schmeichelton: »Einfach Durchlaucht!« Dann führt sie mit Sachkenntnis durch die Dauerausstellung und erläutert die Rettung des christlichen Abendlands durch die mutigen Verteidiger. Aber auch die dunklen Seiten der früheren Regentschaft und der Kirche lässt sie nicht aus: Das Hexenmuseum ist ein großer Erfolg der Aufklärung, weil sie den unschuldigen Opfern, oft Frauen in ihren Blütejahren und voller Lebenslust, Gerechtigkeit widerfahren lässt. Allein zwischen 1546 und 1746 wurden auf der Burg 300 der Hexerei beschuldigte Personen gequält und hingerichtet.

Die meisten Besucher der Riegersburg müssen einen steilen 15-minütigen Aufstieg hinter sich bringen, der über einen steinigen Felsenpfad durch sieben Tore und mehrere Bastionen führt, über eine Vorburg mit Graben und Zugbrücke, Magazin und Pulverturm. Über einen schmalen, aus dem Fels gehauenen Eselsteig wurde die Burg während Belagerungen mit Lebensmitteln versorgt. Im inneren Kern besitzt sie zwei schöne, von Laubengängen umschlossene Höfe und ansehnliche Portale. Im Rittersaal hängen Gemälde und die Holzdecke ist sehenswert, ebenso das Fürstenzimmer und der barocke Weiße Saal. Eindrucksvoll sind die Ausblicke in die weite Landschaft.

REGION 6
Steiermark

ⓘ **Tourismusverband Riegersburg**
8333 Riegersburg 26
✆ (031 53) 86 70
Fax (031 53) 200 70
www.riegersburg.com
Tägl. April, Okt. 10–17,
Mai–Sept. 9–17 Uhr
Eintritt € 9,90, ermäßigt
€ 8,90

🚠 **Schrägseilbahn Burg Riegersburg**
Berg-/Talfahrt je € 2,
Kinder je € 1, letzte Talfahrt 18 Uhr

🔟 Almwanderung durch die Dachstein-Tauern-Region bei Schladming
Der Rausch der Wildblumen

Ein rollender Stein, den eine querende Gemse losgetreten hat. Der Schrei einer Dohle. Das Bähen eines Bergschafes am Steilhang. Und dazwischen und darüber das majestätische Schweigen der Gebirgswelt, diese tiefe Stille, die sich nahezu therapeutisch über gehetzte, verwirrte, abgelenkte und oberflächliche Menschen breitet. Auf einmal sind sie bereit, in sich hineinzuhören. Eine Almwanderung ist ein Urerlebnis. Gerade auch für Kinder, denen Fernsehen, Gameboy und Computer diese Sphäre vorenthalten.

ⓘ **Tourismusverband Schladming-Rohrmoos**
Rohrmoosstr. 234
8970 Schladming
✆ (036 87) 227 77
Fax (036 87) 227 77-52
www.schladming.at

Beim Wandern durch die Berge werden Dinge bedacht, die im Alltag keine Rolle spielen. Der Bach, an dem wir vorbeigehen, hat seine Schlucht in Jahrmillionen gegraben. Der Stein, über den wir stolpern, hat Eiszeiten und Kreidemeere gesehen. Die Wand, die über uns aufragt, ist sehr viel älter als die Menschheit. Wir gehen, schauen und kehren automatisch zur natürlichen Tiefenatmung zurück. Dazu der Rausch der Wildblumen auf der Alm, die Farben überall, das Leuchten der Wiesen in der Sonne. Ja, die Natur ist groß, das Leben ist schön – es ist ein Geschenk.

In der Region Dachstein-Tauern, dessen Zentrum Schladming ist, denkt man an die Zukunft. Deshalb fühlt man sich besonders dem Urlaubernachwuchs in elterlicher Begleitung verpflichtet. Angeboten werden allerlei »Aktivitäten und Programmvielfalt für Familienurlauber« sowie »Kinder-Events«. Es gibt einen speziellen Kinderklettersteig, Räuberschatzsuchen, Indianercamps, Sommerschlittenfahrten, Altsteirer Traktorfahrten, Skateparks und vieles mehr. Ein Höhepunkt sind aber die Almwanderungen, bei denen Kinder »geerdet« werden: Manche spüren zum ersten Mal, dass die Gebirgswelt abenteuerlich, aber auch begehbar ist. Sie sehen dunkle Höhlen und Wasserfälle, raue Bergzacken und hohe Gipfel, Bergkristalle und die Weite des Universums. Sie lernen, ohne belehrt zu werden. Almwanderungen sind eine Schule des Lebens. Man kann sie auch barfuß absolvieren und die Erde spüren. Das ist keine Esoterik, sondern Realität. Von Schladming aus lässt sich die Region Dachstein-Tauern in jeder Richtung erkunden.

Der Rausch der Wildblumen auf der Alm: Küchenschellen in der Dachstein-Tauern-Region

133

Hiking in der Region Schladming-Dachstein

REGION 6
Steiermark

ⓘ Steirisches Thermenland
Radersdorf 75
8263 Großwilfersdorf
✆ (033 85) 660 40
Fax (033 85) 660 40-20
www.thermenland.at

🏃 Rogner Bad Blumau
8283 Bad Blumau 100
✆ (033 83) 51 00-0
Fax (033 83) 51 00-808
www.blumau.com
Tägl. 9–23 Uhr

🏃 Bad Waltersdorf Heiltherme
Thermenstr. 111
8271 Bad Waltersdorf
✆ (033 33) 50 00-0
www.heiltherme.at
Tägl. 8.30–22, Fr bis 8.30–23, So bis 21 Uhr

🏃 Bad Radkersburg Parktherme
Alfred-Merlini-Allee 7
8490 Bad Radkersburg
✆ (034 76) 26 77-0
Fax (034 76) 26 77-503
www.parktherme.at
Mo–Do 9–21.30, Fr/Sa 9–23, So 9–20 Uhr

⓫ Steirisches Thermenland
Fließende Linien und Aroma-Licht

Ins badewannenwarme Wasser steigen, Arme und Beine ausbreiten, sich auf dem Rücken treiben lassen, entspannen. Eingebettet in die weite Hügellandschaft des Steirischen Thermenlands, von Touristikern als »Steirische Toskana« apostrophiert, liegen vier attraktive Thermalbäder. Sie sind aus warmen Quellen gespeist und bieten zahlreiche Wellness- und Sportangebote. Das Wasser wirkt gegen Hautleiden, Rückenschmerzen und andere Beschwerden und ist zugleich eine optimale Gesundheitsvorsorge.

Die Therme in Bad Blumau hat Friedensreich Hundertwasser gestaltet, mit ihrem Hotel gilt sie als das größte bewohnbare Gesamtkunstwerk Österreichs. Freie Formen, fließende Linien – es gibt kein Fenster, keine Tür im rechten Winkel. Bemalt ist die Anlage in den Farben des Regenbogens. Das 36 Grad warme Wasser in Loipersdorf ist hoch mineralisiert, kommt aus einem See in 1200 Meter Tiefe und soll besonders gut bei Erschöpfung aufhelfen. Dazu eine Multi-Media-Wasserrutsche, ein Baby-Beach mit Muscheln aus Florida, Unterwassermusik und Burn-out-Therapie. Bad Waltersdorf hat nachweislich Heilwasser in seinen Becken, das bei Verletzungen des Bewegungsapparats und Atemwegsbeschwerden hilft. In Bad Radkersburg an der slowenischen Grenze setzt man neben dem Wasser auf Kräuterbehandlungen und Aroma-Licht-Therapien.

⓬ Österreichisches Freilichtmuseum Stübing
Gebäude mit Geschichte

Das mit Schilf gedeckte Gebäude aus dem Burgenland steht nur einige Meter neben einem Dreikanthof mit Rundtorbogen aus dem Waldviertel, Alphütten aus dem Bregenzer Wald und einem typischen Tiroler Wirtshaus. Dazu die Einrichtungen, Arbeitsgeräte und Transportfahrzeuge. Österreich ist ein fast 700 Kilometer lang gestrecktes, deshalb vielfältiges Kulturland. Aber in Stübing, einem Ortsteil von Deutschfeistritz, kann man die Architektur aller österreichischen Bundesländer kompakt studieren. Aus jeder Region wurden Bauernhöfe, alte Mühlen, Dörr-, Selch- und Köhlerhütten,

eine alte Schule oder Waldarbeiterhütten abgebaut, in das Österreichische Freilichtmuseum verbracht und dort wieder maßstabsgerecht aufgebaut. 100 originale Gebäude sind es, darunter auch Gehöfte, Ställe und Speicher von enormer Größe. Jedes davon hat eine Geschichte, hält Freude und Trauer, Hoffnung und Angst in seinen Mauern eingeschlossen. Auf einem 60 Hektar großen bergigen Gelände am rechten Ufer des Wildwasserflusses Mur und 15 Kilometer von Graz entfernt, wurde das Museumsgelände 1970 eröffnet.

Tausende Schulklassen sind durchgeschleust worden und Zehntausende Touristen haben hier begriffen, dass Österreich, heute eine Nation von sieben Millionen Bürgern, ein Land großer regionaler Unterschiede ist. Wer kennt schon allein den Unterschied zwischen Pfosten-, Ständer- und Blockbauten? Diese museale Anlage ist ein nationales Vermächtnis. Sie verschafft einen ausgezeichneten Überblick über die vielfältigen Erscheinungsformen bäuerlichen und handwerklichen Wohnens und Arbeitens. Das geht so weit, dass Besucher spezielle handwerkliche Fertigkeiten vorgeführt bekommen, etwa das Sieden von Salbe oder das Schnitzen eines Haussegens. Manche können sogar mit anfassen und sich in den Praktiken ihrer Vorfahren vor der industriellen Epoche erproben. Und im Herbst gibt es Krippenbaukurse, damit das gute Stück rechtzeitig fertig ist und Heiligabend unterm Weihnachtsbaum steht.

⓭ Kernölproduktion in der Südsteiermark
Kernspaltung auf Steirisch

Wenn die Farben des Herbstes verlöschen, beginnt im südöstlichen Zipfel der Steiermark die Erntezeit. Die Luft ist erfüllt vom Duft reifer Äpfel, Birnen und Zwetschgen, es riecht nach Weinmost – und Kürbiskernöl.

Auf den Äckern sitzen Frauen, die sich Decken über ihre Beine gelegt haben und darin Kürbiskerne sammeln. Sie »putzen« die Kürbisse, hacken, sägen, schneiden die Früchte auf und pulen mit bloßen Händen die Kerne heraus. »Dös is a harte Arbeit«, sagt Bäuerin Margarete Schuster. »Aber 's geht nun mal nicht anders.«

Das Gold der Steiermark wird in mühsamer Handarbeit geborgen. Kürbiskernöl kann nur durch Schroten, Kneten, Rösten und Pressen der Ker-

REGION 6
Steiermark

Federvieh im Österreichischen Freilichtmuseum Stübing

🏛 **Österreichisches Freilichtmuseum Stübing**
8114 Stübing
✆ (031 24) 537 00
Fax (031 24) 537 00-18
www.freilichtmuseum.at
1. April–31. Okt. tägl. 9–17 Uhr, Eintritt € 8,50, Kinder € 4,50

Hundertwasser-Architektur: die Therme Rogner Bad Blumau

REGION 6
Steiermark

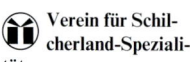 Verein für Schilcherland-Spezialitäten
Schulgasse 28
8530 Deutschlandsberg
✆ (034 62) 22 64 42-62
Fax (034 62) 22 64 42-63
www.schilcherland.at

ne gewonnen werden. Es gehört zu den gesündesten aller Öle, sein Anteil an ungesättigten Fettsäuren ist noch höher als beim Olivenöl. Es ist reich an Vitaminen, senkt das schlechte Cholesterin und ist die beste natürliche Medizin – ohne chemische Rückstände. Auf Salatblättern sieht Kürbiskernöl aus wie Schmieröl, es ist eine dickflüssige Rarität. Die Kerne des steirischen Kürbisses – und nur sie – haben keine Schalen und sind nur von einer dünnen, sattgrünen Haut überzogen. Das geschah infolge einer genetischen Mutation und macht es leichter, aus ihnen Öl zu schlagen.

Zwischen Deutschlandsberg, Kapfenstein und Bad Radkersburg rumpeln Maschinen aus der Habsburger Zeit, denn es gibt keine moderne Technik bei der Kernölproduktion. Alte Handwerkstechniken wurden reaktiviert, seitdem immer mehr naturbelassenes Öl gewünscht wird. Noch vor drei Jahrzehnten wollte niemand etwas vom Kürbis wissen. Heute kommen Kunden aus Norddeutschland, um frisch gepresstes Öl direkt am Hof abzuholen. Starköche kreieren Menüs auf Kernölbasis: pochierter Saibling, Risotto, Styria Beef, steirisches Gemüse – alles mit Kernölsauce. Der nussige Geschmack hat sich durchgesetzt, wohl deshalb wird der fruchtbare Südosten Österreichs Himmelreich genannt. Original steirisches Kürbiskernöl ist von der EU mit dem Markenschutz »g.g.A.« auf dem Etikett versehen – »geschützte geografische Angabe«.

⑭ Weinanbaugebiet Südsteiermark
Die höchste Wertschöpfung aus den Früchten

»Anno 1635 den 6. April hat sich das sauffen angehebt und ale Tag ein Rausch geben bis auff den 26. detto.« 20 Tage durchtrinken – selbst in der konsumierfreudigen Steiermark eine reife Leistung. Ins nördliche Fenster des Rittersaals der Riegersburg ist dieses Saufbekenntnis in den Stein

△ *Kürbisernte in der Steiermark*

REGION 6
Steiermark

Kapelle in den Weinbergen der Südsteiermark

🍷 **Weinhof Kappel**
Steinriegel 25
8442 Kitzeck
✆ (034 56) 23 47
Fax (034 56) 23 47-30
www.wein-wellness-hotel.at

🍷 **Weingut Wohlmuth**
8441 Fresing 24
✆ (034 56) 23 03
Fax (034 56) 21 21
www.wohlmuth.at

🍷 **Weingut Tement**
Zieregg 13
8461 Berghausen
✆ (034 53) 41 01-0
Fax (034 53) 41 01-30
www.tement.at

🍷 **Weinhof Platzer**
Pichla 25
8355 Tieschen
✆ (034 75) 23 31
Fax (034 75) 23 31-4
www.weinhof-platzer.at

Blauer Spätburgunder: Rebstöcke an der südsteirischen Weinstraße

geritzt. Um den Wein dreht sich viel, letztlich alles im Süden der Steiermark, einem Land, das sich schwingt, so weit der Blick reicht. Seit Jahrhunderten ist es Weinanbaugebiet, seit den 80er-Jahren des vergangenen Jahrhunderts mit Spitzenweinen. Die Weine sind fruchtig, aber auch duftig-elegant-weich. Meist werden sie in Kombination mit gutem Essen in Weingasthöfen angeboten, und das zu Preisen, die (noch) absolut fair sind – kein Vergleich etwa zur Touristenabzocke in manchen Tiroler Restaurants.

Nach Kitzeck geht es hoch hinauf, 564 Meter. Dort wird Wein seit mindestens 1000 Jahren gekeltert. Aus den Trauben von den steilen Hängen werden noble Rheinrieslinge, trockene Welschrieslinge, feine Weißburgunder, zartherbe Muskateller, Traminer, Ruländer und Schilcher gemacht. Der Weinhof Kappel ist die beste Anlaufstelle. Viele Wirte kredenzen hauseigene Weine. Besonders hervorzuheben sind Schloss Kapfenstein und die Weingüter Wohlmuth, Tement und Platzer.

In der sanften Hügellandschaft der Südsteiermark reift gutes Obst. Das hat die Spezies der Schnapsbrenner hervorgebracht, ihre Obstbrände gehören zu den besten der Welt. Zu den Stars der Zunft gehört eine Frau, die sämtliche Brenntricks kennt. Waltraud Jöbstl, Mutter von sechs Kindern und vielfache Großmutter, war Vizeweltmeisterin im Schnapsbrennen. Ihre pragmatische Einstellung: »Mit Schnaps holt man die höchste Wertschöpfung aus den Früchten.« Ihre Weinbrände reifen im Akazien- und Kastanienfass. Der Gault Millau zählt sie zu den besten österreichischen Edelbrandherstellern.

REGION 7
Tirol

Tirol
Mythen, Freiheit und Heimatwandel

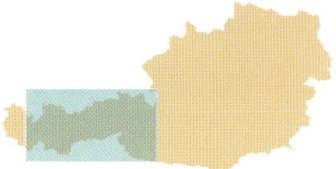

Andreas Hofer war immer ein Volksheld im Bundesland mit den höchsten Bergen, aber 200 Jahre nach seinem Kampf gegen Napoleon und die Bayern ist er ein Mythos. Hofer und sein Tiroler Landsturm haben die weit überlegenen Feinde in Guerilla-Taktik in die Verzweiflung getrieben, eine Zeitlang galten sie als unbesiegbar. Mit Mistgabeln, Dreschflegeln, Hacken, Beilen, Büchsen und vorsätzlich ausgelöstem Steinschlag haben sie die Anrennenden am Bergisel dreimal gedemütigt. Dass Tirol dann doch an Bayern fiel, war ein großer Rückschlag für die autonomiewilligen Tiroler. Andreas Hofer musste fliehen, 1809/10 verschanzte er sich auf der Pfandleralm, 1300 Meter hoch über dem Südtiroler Passeiertal, und zwar in den eiskalten Wintermonaten, mit seiner Frau und dem kleinen Sohn. Monatelang entdeckten die Häscher ihn nicht, erst als ihn ein Bauer, der Geld brauchte, für ein Kopfgeld verpfiff, griffen sie den Anführer der Tiroler Freiheitskämpfer, verschleppten ihn in das damals französisch beherrschte Mantua und erschossen ihn dort. Das erschüttert die Tiroler bis heute, zur 200. Wiederkehr seiner Tötung gab es in Innsbruck eine Hommage in Museen.

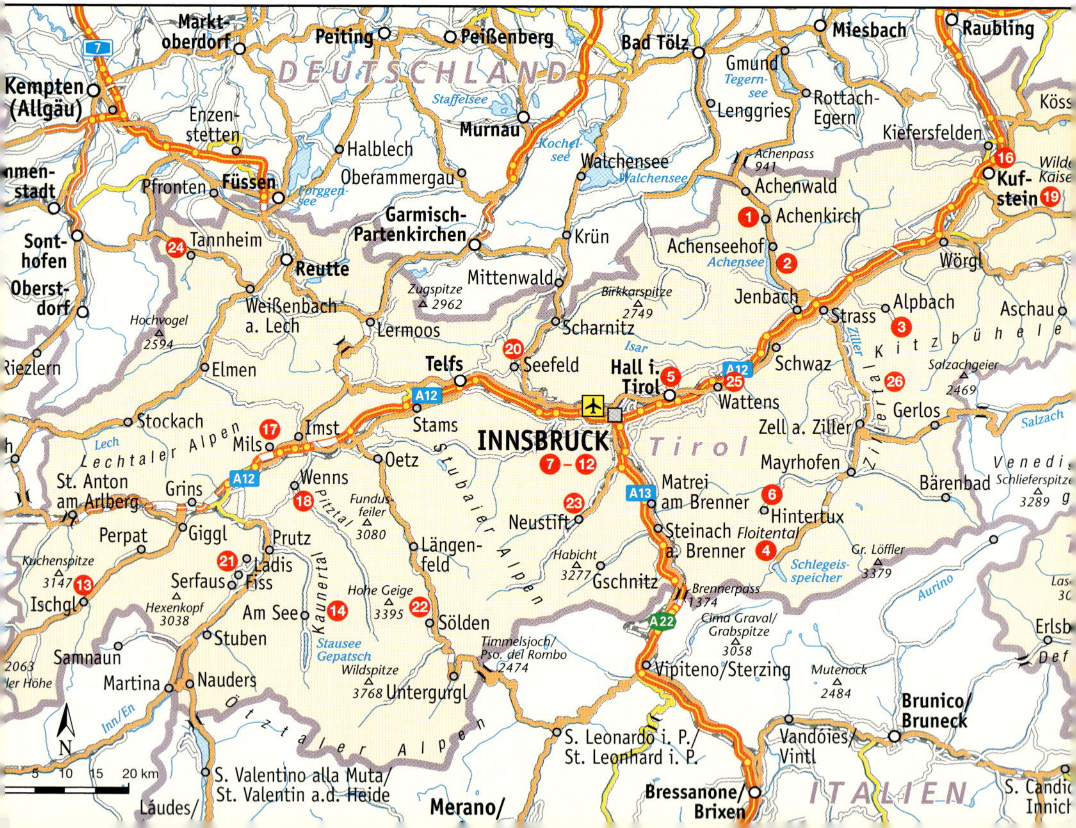

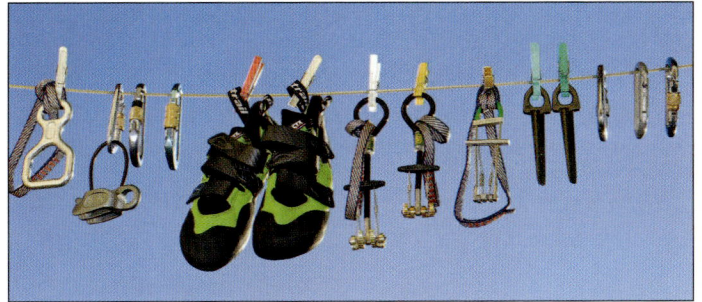

REGION 7
Tirol

Bergsteiger-Utensilien

Tirol nennt sich das Herz der Alpen, und das ist nicht nur ein Slogan. Historisch gesehen hatte es als Verkehrsverbindung zwischen Italien und dem mittleren Europa eine enorme Bedeutung, auch wenn der Durchgangsverkehr nur über schmale Wege verlief, die Hochtäler zu erreichen war Jahrhunderte lang schwierig. Heute sind sie die Trumpfkarte Tirols, die gewaltigen Berge und Gletscher, die sich weithin erstreckenden Höhentäler und die grünen Almen. Wer jemals am Seefelder Joch über eine Bergwand gestiegen ist, hat diese Schönheit gesehen.

Von der Schweizer Grenze im Südwesten bis zur deutschen Grenze im Nordosten hat die Natur vor Jahrmillionen mit dem Inntal einen Graben quer durch das Land geschnitten, von dem aus beiderseits Straßen in die Seitentäler abzweigen und von diesen in die noch klei-

Alpines Bergerlebnis in Tirol: unterwegs vom Seefelder Jöchl (2064 m) zur Seefelder Spitze (2220 m)

REGION 7
Tirol

Baumpilze

Vom Schwarzsee in den Kitzbüheler Alpen hat man einen sensationellen Blick auf das Gebirge des Wilden Kaisers

neren Nebentäler des Hochgebirges. Alles hat hier mit Steinen zu tun, mit Felsen und grandiosen Bergpanoramen. Beeindruckend sind auch markante Pässe, Arlberg, Brennerpass, Timmelsjoch und andere. Es gibt nur einen einzigen Zugang in das Bergland Tirol, der ohne einen Pass auskommt: bei Kufstein, wo der Inn aus dem Gebirge austritt in das Alpenvorland. Dort befinden sich die zentralen Straßen- und Eisenbahnverbindungen.

Namensgeber des Landes war der Graf von Tirol, das Stammschloss befindet sich seit 1919 bei Meran in Südtirol, auf italienischem Staatsgebiet. Das empfinden viele Tiroler als schmerzhaft, aber die Südtiroler, die sich den Nordtirolern zugehörig fühlen, haben sich arrangiert. Der Fremdenverkehr dort läuft ausgezeichnet. Die Bergregion hat einen besonderen Menschenschlag hervorgebracht mit Schuhplattlern und Jodlern, Männern in krachledernen Hosen und Frauen in puppigen Dirndlkleidern mit Dekolletés, die oft tief blicken lassen. Das Leben in der Höhe hat seine eigenen Rituale, dazu gehört deftiges Essen, Obstler zum Nachtisch, Geranienbehänge an Fassaden von ganzen Dörfern und Kleinstädten, aber auch das Wandern, das Bergsteigen und der Wintersport. Mit Innsbruck besitzt Tirol eine gut sanierte Hauptstadt mit der berühmten Maria-Theresien-Straße, dem Goldenen Dachl, viel folkloristischer Gastronomie, aber auch einer der besten Universitäten Österreichs und erstaunlich moderner Architektur. Unter anderem gestaltete Star-Architektin Zaha Hadid die U-Bahn-Stationen.

❶ Posthotel Achenkirch in Achenkirch
Die Tiroler Tradition des »Gastens«

Steil schraubt sich die Achenseestraße den Berg hinauf, eine eindrucksvolle Serpentine mit Tunnels und Durchblicken zum See hin. Im lang gestreckten Dorf Achenkirch ist das Posthotel die Unterkunftsattraktion, ein rustikaler Bau aus dem 19. Jahrhundert. »Ihr Wohlfühlhotel in den Tiroler Bergen«, so der Slogan. Wohlfühlen heißt für die Betreiber des Hauses zuallererst »Mindness«, und darunter verstehen sie alles, was ihren Besuchern positive Gedanken beschert. Das beginnt bei dem, was Herz und Seele zusammenhält, dem Essen und Trinken. Im Urlaub sollen die Mahlzeiten anders eingenommen werden als im Alltag: ein wenig festlich zelebriert, in genussvollen Stunden. Acht individuelle Restaurants weist das Hotel auf, heimelige Stuben mit gemütlicher, intimer Atmosphäre, in denen die alte Tiroler Tradition des »Gastens« gepflegt wird. Die kulinarischen Köstlichkeiten kommen aus der Haubenküche, dort werden sie, eng mit der Natur verbunden, zubereitet. Das bedeutet: alte, aber modern zugeschnittene Rezepte, Fleisch, Milch, Eier und Gemüse aus der hoteleigenen Bio-Landwirtschaft und von benachbarten Bergbauern, Fischschmankerl von Fischern aus der Region. Dazu beste österreichische Weine aus dem Gewölbekeller. Auch Sport wird im Posthotel großgeschrieben. Das Gebiet rund ums Karwendelgebirge mobilisiert den Bewegungshunger. Bergwandern, Nordic Walking, Klettern, Raften, Mountainbiken, Segeln und Surfen auf dem Achensee. Im »Zöhrerhaus«, einem zum Hotel gehörenden Bauernhäuschen aus dem 17. Jahrhundert, wird ein exklusives Bewegungs- und Entspannungstraining angeboten. Neben einem Fitnessstudio gibt es einen Meditationsraum im Dachgeschoss. Dazu Tennis- und Squashplätze, ein 9-Loch-Golfplatz und eine Lipizzaner-Zucht von 44 Pferden, mit denen Ausreiten möglich ist. Das Atrium Spa hat mehr als 6000 Quadratmeter, führend im gesamten Alpenraum. Hier sollen zuerst die Wellness-Paarbehandlungen praktiziert worden sein.

Wohlfühlhotel in den Tiroler Bergen: Wellness- und Beauty-Bereich des Posthotels Achenkirch

Posthotel Achenkirch
6215 Achenkirch/Tirol 382, ✆ (052 46) 65 22
Fax (052 46) 65 22-468
www.posthotel.at

Winterliches Solebad im Posthotel Achenkirch

REGION 7
Tirol

Kaiser Maximilian I. ließ sich in Pertisau am Achensee ein Jagdschloss bauen

ⓘ Tourismusverband Achensee
Rathaus 387
6215 Achensee
✆ (052 46) 53 00
Fax (052 46) 53 33
www.achensee.com

Almabtrieb am Achensee

❷ Achensee
Das Tiroler Meer

Der »letzte Ritter« hatte sich noch den schönsten Ausblick erobert. Im Flecken Pertisau ließ sich Kaiser Maximilian I. ein Jagdschloss bauen. Als seine Knochen für die Jagd zu müde waren, konnte er sich ausruhen und seine Blicke über den See schweifen lassen. Der Achensee gehörte Maximilian aber nicht, um 1120 hatten die Herren von Schlitters das Gewässer mit dem Achental dem Kloster St. Georgenberg geschenkt.

Von bestimmten Beobachtungsposten aus zeigt sich der See als Smaragd. Er funkelt und schillert smaragdgrün wie ein Schatz. 680 Hektar groß ist der neun Kilometer lange und ein Kilometer breite, fjordartig in die Berglandschaft eingepasste Achensee, und beeindruckende 133 Meter tief. Tirolkenner halten den größten See des Landes auch für seinen schönsten, das Karwendelgebirge im Südwesten und das Rofan oder Sonnwendgebirge im Osten in Sichtweite – ein guter Ort, aus dem Alltag auszusteigen. Naturliebhaber und Wassersportler sind an diesem traumverlorenen Flecken Erde genau richtig, aber auch Menschen, die Ruhe und kreative Einsamkeit suchen.

Der See nördlich von Jenbach markiert mit dem Achental die Grenze von Karwendelgebirge und Brandenberger Alpen. Kalt ist das Gebirgsgewässer auch im Sommer, nur selten erreicht es eine Temperatur von 20 Grad. Sein Wasser besitzt Trinkwasserqualität, die unterseeischen Sichtweiten reichen bis zu zehn Meter. Von jeher wird es gelegentlich das Tiroler Meer genannt. Seit 1919 gehört es der Stadt Innsbruck, seit 1927 wird es von der Tiroler Wasserkraft AG mit einem Wasserkraftwerk bewirtschaftet. Bereits 1887 verkehrte das erste Dampfschiff »St. Josef« auf dem See, 1889 kam die Achenseebahn, eine Schmalspur-Zahnradbahn zwischen Jenbach und Seespitz, hinzu. Die älteste dampfradbetriebene Zahnradbahn Europas ist nach wie vor in Betrieb und überwindet schnaufend auf 6,7 Kilometern einen Höhenunterschied von 440 Metern. In der barocken Wallfahrtskir-

Geschmückt mit den herrlichsten Geranien: Häuser im Alpbachtal

REGION 7
Tirol

che zur heiligen Notburga (15. Jahrhundert) in Maurach wird der einzigen weiblichen Heiligen Tirols gehuldigt. Notburga (1265–1313) ist die Schutzherrin der Dienstmägde. In Achenkirch gibt es eine beliebte Sommerrodelbahn.

❸ Alpbachtal
Klamm, aber nicht klammheimlich

Wer gerade noch in Kramsach im Gasthof saß, sieht, nur wenige Gehminuten vom Dorfzentrum entfernt, eine ganz andere Landschaft. Die Geröllmassen der Eiszeiten haben dort kleine runde Hügel hinterlassen, die an Eierköpfe erinnern. Zwischen den Buckeln gibt es fünf Gewässer. Die Kramsacher Badewanne, wie die Einheimischen sagen, kann sich im Sommer ganz schön aufheizen – mit bis zu 25 Grad auf Mittelmeertemperatur! Die wärmsten Badeseen Tirols sind Schwimmern und Ruderern vorbehalten. Segeln, Surfen und andere Wassersportarten sind nicht erlaubt.

Der Wasserreichtum ist eine Facette des Alpbachtals. Während es in der Reintaler Seenplatte (der Badewanne) beschaulich zugeht, ist im Tal der sportliche Wasserzugang üblich. In der Brandenberger Ache mit ihren Klammen, einer rauen Schluchtenlandschaft, versammeln sich Wasserratten zum Rafting. Im reißenden Wasser der Ache wurden einst die gefällten Holzstämme Tal auswärts »getriftet«. Aus dieser Zeit stammen die gesicherten Partien der Tiefenbach- und Kaiserklamm, ein Naturschauspiel für Wanderer und eine Herausforderung für Kajakfahrer und Wildwasser-Fans. Schon Kaiser Franz Joseph bestaunte das tosende Wasser, das um und über steile Felsen peitscht. Heute werden mutige Kinder an Klettergurten mit Sicherheitsleinen von ihren stolzen Eltern bis über die reißende Flut herabgelassen, und mancher Sprössling angelt eine Forelle. Klammheimlich geht in der Klamm nichts mehr.

Bergwanderer stapfen durch eine grandiose Gebirgskulisse zwischen den Kitzbühler und Zillertaler Alpen. Insgesamt gibt es 900 Kilometer Wanderwege, darunter eine ausgezeichnete Nordic-Walking-Strecke. Ausgezeichnet wurde auch der Hauptort Alpach südlich des Inns. Der Ort mit seinen Holzhäusern, ausschließlich im bäuerlichen Tiroler Stil errichtet, ist »das schönste Dorf Österreichs«. Eine Kuriosität ist der »Schmunzelfriedhof« von Kramsach: Ein Kunstschmied zeigt etwa 50 zusammengetragene

ⓘ **Alpbachtal Seenland Tourismus**
Zentrum 1
6233 Kramsach
✆ (053 36) 60 06 00
Fax (053 36) 60 06 99
www.alpbachtal.at

REGION 7
Tirol

Tristenbachalm
6295 Ginzling 290
✆ (052 86) 200 32
www.tristenbachalm.at
Nur nach Anmeldung

Berliner Hütte
✆ (052 86) 52 23
Fax (052 86) 52 23-4
www.berlinerhuet
te.at, 15. Juni–30. Sept.

Alm im hinteren Zillertal

Kreuze mit Grabsprüchen. Ein Witwer reimte: »Hier liegt mein Weib, Gott sei's gedankt. Oft hat sie mit mir gezankt. Oh lieber Wanderer, geh gleich fort von hier, sonst steht sie auf und zankt mit dir.«

❹ Wandern im Floitental
Wo Einkehren Kult ist

Was ist das Wichtigste an einer Bergwanderung? Stramme Wadln? Der letzte Schnaufer am Gipfel? Nein, die Einkehr zu einer ordentlichen Jause ist das Wichtigste, jedenfalls beim Genusswandern. Der Mensch muss sich schließlich stärken. Im Floitental, einem Seitental des hinteren Zillertals, auf rund 1000 Meter gelegen und sacht ansteigend, war das Einkehren immer schon Kult. Acht sogenannte Schutzhütten gibt es in der Region, und sie sind alle wegmäßig miteinander verbunden. 2001 wurde der Hochgebirgslandschaft das Prädikat »Naturpark« verliehen, eine international bekannte Schutzkategorie. Den erhielt das Ziller- und somit das Floitental – der unberührteste Teil des Gesamttals – aufgrund seiner einzigartigen Fauna und Flora und weil es bis heute weder durch Straßen noch durch Seilbahnen erschlossen ist. Es bietet Platz für Steinböcke, Adler und Gämsen, die viele Tirolbesucher nur noch aus Büchern kennen, Edelweiß und Enzian säumen die Wanderwege. Ein Stück urtümliche Natur, die der Mensch nur

zu Fuß betreten darf. Schön und gut, aber der Mensch ist auf Geselligkeit angelegt. Deshalb wurde schon 1857 auf der Tristenbachalm im Floitental auf 1200 Meter Höhe eine Hütte eröffnet, in der Bauersleute ihre Produkte an Sommerfrischler verkauften. Bis heute ist sie in Betrieb, inzwischen mehrfach modernisiert und modernen Komfortbedürfnissen angepasst. Die Hüttenabende dort oben, mit Akkordeon- und Waschbrettmusik, Tanz und zünftiger Kost, sind legendär.

Es waren die Deutschen, die nach ihrer Entdeckung der Alpen das Hüttenwesen pflegten. Die Berliner bauten ihre Berliner Hütte (2042 Meter) – die einzige, die europaweit unter Denkmalschutz steht –, andere die Maxhütte im einsamen Gunggltal (1445 Meter) und die Alpenrose (1875 Meter). Von der Sonnenterrasse des Furtschaglhauses (2295 Meter) hat man einen einzigartigen Blick auf zwei Alpenriesen, den Möseler (3478 Meter) und den Hochfeiler (3510 Meter), den höchsten Berg der Zillertaler Alpen. In den Hütten gibt es ganztägig warme Küche, auch Übernachten in Mehrbettzimmern ist möglich. Und man redet über das Wandern, die Natur und natürlich über die Schönheit der Berge.

❺ Historisches Stadtbild von Hall
Barbara und die Knappen

Dieses Städtchen am Fluss Inn, nur zehn Kilometer östlich von Innsbruck, ist so schön, dass kein Tirolreisender daran vorbeifahren sollte. Es besitzt einen komplett erhaltenen mittelalterlichen Kern mit hübschen Stadtplätzen, verwinkelten Ecken und einem idyllisch anmutenden Gassennetz, flankiert von mehr als 300 Altstadthäusern. Wohin man auch blickt, überall sind eindrucksvolle Hinterlassenschaften aus Gotik und Barock zu sehen. Der zentrale Obere Stadtplatz, etwas erhöht, wird seit dem Mittelalter ununterbrochen von Menschen gequert. Mit jedem Schritt betritt man Geschichte. Hall, gedrängt an die steil aufragende Bettelwurfkette, die sich bis 2725 Meter hinauf stemmt, war eine reiche und deshalb einflussreiche Stadt. Vom 13. bis Mitte des 20. Jahrhunderts wurde Salz abgebaut. Nur noch das Solbad, das einstige Kurhaus, erinnert an die Salzepoche.

Halls Wahrzeichen ist die Burg Hasegg mit dem zwölfeckigen Münzerturm nahe dem Münzertor. Seit 1280 prägt diese Festung die Stadt. Auch symbolisch, wurden doch in der Burg seit 1486 Münzen geprägt und in den Geldkreislauf eingebracht. Im selben Jahr wurde die üppig mit Reliefs geschmückte Barbara-Säule errichtet, gespendet von der Bruderschaft der Knappen, die Barbara bei ihrer schweren Arbeit unter Tage als Schutzpatronin verehrten. Wie mühsam sie war, zeigt das Bergbaumuseum in einem nachmodellierten Bergwerk aus dem Halltal. Im mittelalterlichen Rathaus ist im Ratssaal das Gebälk zu bewundern, das 1451 angebracht wurde, die getäfelte Bürgermeisterstube kam 1660 hinzu. Die Rokoko-Pfarrkirche St. Nikolaus steht auf einer Terrasse, in der dazugehörenden Waldlaufkapelle wird eine Reliquiensammlung gehortet, die einst Ritter Florian von Waldlauf zusammenraffte. Damals glaubte man, sich mit frommen Materialien den Weg in den Himmel sichern zu können. Beachtenswert ist auch der schönste barocke Innenhof Tirols, der zwischen Jesuitenkirche und Jesuitenkolleg, heute Bezirksgericht, am Stiftsplatz liegt. Da geht auch hartgesottenen Zeitgenossen das Herz auf.

REGION 7
Tirol

Im Floitental säumt Edelweiß die Wanderwege

 **Maxhütte**
6295 Ginzling/Zillertal
Mob.-✆ 06 76-905 50 02
www.maxhuette.at
Ab 1. Mai geöffnet

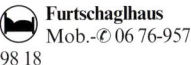 **Furtschaglhaus**
Mob.-✆ 06 76-957 98 18
www.furtschaglhaus.at

ⓘ **Tourismusverband Hall-Wattens**
Wallpachgasse 5
6060 Hall in Tirol
✆ (052 23) 455 44-0
Fax (052 23) 455 44-20
www.regionhall.at

**REGION 7
Tirol**

**Hotel Vier
Jahreszeiten**
Tux 784
6294 Hintertux/Zillertal
✆ (052 87) 85 25
Fax (052 87) 85 25-50
www.vierjahreszeiten.at

Wandern im Tuxertal

❻ Hotel Vier Jahreszeiten in Hintertux
Unvergessliche hochalpine Momente

Das von seinen Besitzern Fankhauser familiär geführte, gemütliche Vier-Sterne-Hotel bietet in der schönsten Region des Zillertals einen anspruchsvollen alpinen Höhenurlaub. Geeignet auch für Allergiker, denn die Gegend ist pollenfrei. Das Haus hat eine optimale Lage, nur zwei Minuten von der Talstation in der Ortsmitte entfernt, die Gondeln der modernen Seilbahnen schweben an den Hotelzimmern vorbei. In den Höhenlagen bis 3200 Meter gibt es eine optimale Fernsicht. Von diesem Hotel aus kann man in jeder Jahreszeit Aktivitäten starten, ein dementsprechendes Angebot wird unterbreitet.

In der warmen Jahreszeit schenkt das Hotel jenen, die per pedes unterwegs sein wollen, einen Wanderrucksack mit Wanderkarte. Auf über 350 Kilometern Wanderwegen muss man sich schließlich orientieren. Es geht von Hütte zu Hütte, von Bergsee zu Bergsee, von Wasserfall zu Wasserfall. Angeboten werden geführte Wanderungen zu den schönsten Plätzen, dort ist Kneippen, Qi Gong, Pilates, Gymnastik oder einfach nur Ausruhen möglich. Es ist ratsam, die Gletscherwanderung mit dem staatlich geprüften Bergführer Toni Toman von der Bergsportschule Tux zu unternehmen. Imposant wacht der Olperer über den Gletscher. Am schönsten aber sind die Wege durch saftige Almwiesen, aus denen Alpenblumen herausleuchten, und angrenzende duftende Bergwälder. Man hört das Plätschern kleiner Bergbäche und trinkt aus der Hand sprudelndes Quellwasser von absoluter Reinheit und voller wertvoller Mineralien. Der Führer kennt die besten Orte für unvergessliche hochalpine Momente und Sonnenuntergänge.

Im Winter gibt es geführte Skitage, Ski-Gletscher-Wanderungen und Entspannungs- und Mentalübungen in freier Landschaft. Danach warten im Vitalbereich des Hotels verschiedene Saunen, Whirlpool und Solarium, auch Kosmetikanwendungen und Massagen. Die Zimmer haben Balkone, einige sogar Kachelöfen. Bedenklich: Am Abend werden sechsgängige Menüs serviert. Die Zillertaler Gastfreundschaft lässt aber auch das Auslassen des einen oder anderen Gangs zu.

❼ Bergiselschanze in Innsbruck
Der Leuchtturm von Innsbruck

Der Bergisel ist freiheitshistorisch kontaminierter, für Tiroler heiliger Boden. Hier führte Nationalheld Andreas Hofer (1767–1810) seine Mannen in die dritte Schlacht gegen Napoleon und dessen bayerische Verbündete. Der Freiheitskrieg 1809 ging siegreich aus, die Tiroler befreiten sich von Fremdherrschaft, schrecklichen Steuerlasten und der Tatsache, dass Napoleon »Tirol« von der Landkarte tilgen wollte. An der Bergstation zur Hungerburg hinauf kann man das »Innsbrucker Riesengemälde« auf 1000 Quadratmetern Leinwand auf sich wirken lassen. Die Kriegsereignisse sind so realistisch festgehalten, dass man das Klirren der Waffen zu hören glaubt.

Die Tiroler Landeshauptstadt richtete zwei Mal die Olympischen Winterspiele aus (1964, 1976). Um weitere attraktive Veranstaltungen wie die Vierschanzentournee nach Innsbruck zu holen, entschloss sich die Stadtregierung 2001 zu einem spektakulären Schritt: Stadion und Sprungschanze sollten innerhalb kurzer Zeit erneuert werden. Ausschlaggebend war der von einer kühnen Designidee bestimmte Entwurf der irakischen, in London lebenden Architektin Zaha Hadid, ein ingenieurstechnisches Meisterwerk. Die verwegen auskragende Sportarchitektur auf dem Berg erinnert an die Kabine einer Schwebebahn, ein rundum gläsernes Aussichtsrestaurant. Es wird vom kantigen Erschließungsschaft und der geschwungenen Sprungschanze regelrecht in den Himmel gestemmt. Die 50 Meter hohe skulpturale Konstruktion ist als »Leuchtturm von Innsbruck« neues Wahrzeichen. Sie gilt als technisch vollkommenste Sprunganlage der Welt.

1927 fand das erste Skispringen auf der Naturschanze statt. Ihr höchster Punkt liegt 250 Meter über der Stadt. Die Anlaufstrecke der Springer, die in Richtung Innenstadt fliegen, ist 128 Meter lang, die weitesten Sprünge gehen über 130 Meter hinaus. 28 000 Zuschauer finden im Stadion Platz. Sportskanonen absolvieren die 455 Stufen vom östlichen Stadioneingang bis zum Schanzenturm zu Fuß. Andere benutzen den modernen Schrägaufzug, der 350 Personen befördern kann. Eine massive Platte trägt den Turmschaft, der Stahlhut ist dreigeschossig und auf ihm befinden sich Restaurant, Aussichtsplattform und eine Technik-/Rettungsebene. Der Blick über das Inntal umfasst auch Patscherkofel, Nordkette, Hoher Munde und Serles – atemraubend!

**REGION 7
Tirol**

Vorbereitung zum Absprung von der Bergiselschanze in Innsbruck

Skisprungschanze Bergisel
✆ (05 12) 58 92 59-0
Fax (05 12) 58 92 59-36
www.bergisel.info
Juni–Okt. tägl. 9–18,
Nov.–Mai tägl. 10–17 Uhr, letzte Talfahrt Schrägaufzug 17 Uhr
Eintritt € 8,50, Kinder € 4

Restaurant Café im Turm
✆ (05 12) 58 92 59 30
Juni–Okt. tägl. 9–18, Nov.–Mai tägl. 10–17 Uhr

Freiheitskämpfer und Landesheld der Tiroler: Andreas Hofer (1767–1810)

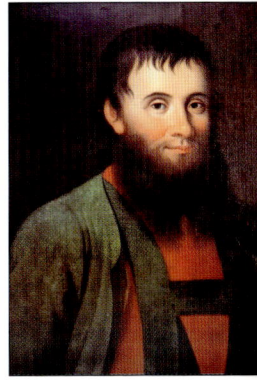

Blick über Innsbruck mit dem Karwendelgebirge im Norden

❽ Goldenes Dachl in Innsbruck
Das bedeutendste Profandenkmal der Innsbrucker Gotik

ⓘ Tourismusverband Innsbruck
Burggraben 3
6010 Innsbruck
✆ (05 12) 598 50
Fax (05 12) 598 50-107
www.innsbruck.info

Goldenes Dachl in Innsbruck

Die Tiroler sind lustig. Das Klischee entspricht der Wahrheit. In der warmen Jahreszeit vergeht kaum ein Tag, an dem sich nicht einige Traditionalisten mit wallenden Bärten, dekorativen Uniformen, rauchenden Stutzen, flatternden Fahnen und viel Blasmusik-Tschingderassa-Bumm inszenieren. Der männlich-nationalbewusste Teil der Bevölkerung tut das seit Napoleonischer Zeit, als die wackeren Mannen um Andreas Hofer den Franzos das Fürchten lehrten. So martialisch, wie sie ihren Feind damals besiegten, zeigen sie sich auch heute noch, am liebsten vor dem Goldenen Dachl an der Herzog-Friedrich-Straße.

Das feuervergoldete Dach über dem kunstvoll geschnitzten Balkon in der Altstadt wurde 1494 zu Ehren der Hochzeit Kaiser Maximilians I. mit der Mailänder Fürstentochter Bianca Maria Sforza errichtet. Die Bedeckung besteht aus 2738 vergoldeten Kupferschindeln, vom spätgotischen Erker schauten Angehörige des Hofs bei Volksfesten belustigt auf den Stadtplatz. Die untere Brüstung des Erkers, dem das berühmte Dach schräg aufsitzt, schmücken Wappenreliefs, das obere Geschoss mit seiner offenen Plattform zieren figürliche Reliefs. Das Goldene Dachl passte als Symbol exakt zum Visionär Maximilian I., der das Reich in seiner Regentschaft in ein »goldenes Zeitalter« führen wollte. Im Haus befindet sich seit 1996 das Maximilianeum, eine Gedenkstätte für den populären Kaiser.

Das bedeutendste Profandenkmal der Innsbrucker Gotik ist, wie Untersuchungen der Dachbalken ergeben haben, wohl bereits 1498 vollendet worden. Historiker verweisen gern auf die strategische Bedeutung des Goldenen Dachls: Von der erhöhten Loge aus ist der trichterförmige Marktplatz mit seinen beidseits durchlaufenden Laubenhäusern und die Herzog-Friedrich-Straße in ihrem breiten Teil perfekt einzusehen. Im Fall eines Angriffs – es war die Zeit zwischen ausgehendem Mittelalter und früher Neuzeit, das Bürgertum wuchs gegen den Adel zur bedeutenden Schicht heran – hätte man sich zu wehren gewusst. 1996 wurden die Kupferschindeln für eine stattliche Summe komplett erneuert, sie sind das beliebteste Fotomotiv der Stadt.

⑨ Hotel The Penz in Innsbruck
Haus mit Bar-Saxofonist

Manchmal ist es in Tirol zuviel mit der alpenländischen Folklore, dann braucht man einen Fluchtpunkt. Da bietet sich Innsbrucks erstes Designhotel an, »The Penz« wurde vom Stararchitekten Dominique Perrault gekonnt in den Rathauskomplex integriert. Ein imposantes Glashaus in zentraler Lage, in dem sich das altehrwürdige Innsbruck spiegelt. Klare Linien statt Geranienbehang, modernes Design statt wuchtig-dunklen Mobiliars, zeitlose Eleganz anstelle Vergangenheitsverklärung. Man betritt die Lobby und ist sofort beruhigt: viel warmes Holz, dezente, aber ausreichende Beleuchtung und Freundlichkeit am Tresen. Eine echte Aufwärmstation, vor allem im Winter.

Das Haus präsentiert Modernität, aber im Innern wird der Gast auf traditionelle Art verwöhnt. Die 94 Zimmer sind klassisch-elegant eingerichtet, mit Internetzugang, guten Matratzen (selbst oft in hochpreisigen Hotels eine Schwachstelle), und die Fenster lassen sich öffnen. Der Gast wird nicht weggesperrt, sondern vernimmt die Geräusche der Stadt. Restaurant und American Bar im fünften Stock waren dem Gault Millau eine lobende Beschreibung wert. Es ist ein Genuss, beim Sonnenaufgang sein Frühstück einzunehmen, mit Blick auf das Bergpanorama, das Innsbruck einfasst. Zwei windgeschützte Terrassen lassen das zu jeder Jahreszeit zu.

Die Bar ist das Juwel des Hauses, jede Nacht bis zwei Uhr geöffnet und nicht nur Treffpunkt von Hotelbewohnern, sondern auch von City-Flaneuren und Innsbrucker Nachteulen. Auch hier ist es das Interieur, das anspricht: gedimmtes Licht, eine lange Theke, hübsches Gestühl. Der Blick auf die nächtlich erleuchtete Stadt ist einzigartig. Die Drinks werden nach den Regeln der Bar-Kunst zubereitet, und weil es eine American Bar ist, spielt zweimal pro Woche ein Saxofonist. Das schafft eine Atmosphäre, in der sich Paare wohlfühlen, und das ist das Beste, was einem Platz wie diesem nachgesagt werden kann.

⑩ Kaiserliche Hofburg in Innsbruck
Maximilians Pharaonengrab

Die Führerin im grünen Lodenmantel ist ein fesches Madl, das sich auch mit gestandenen Mannsbildern anlegt, wenn es sein muss. Es muss meistens sein, wenn die Besucherkolonne am Denkmal Rudolfs I. vorbeispaziert. Golden, aber abgegriffen schimmert der mächtig gewölbte Penisschutz des Habsburgers unter seinem kurzen Mantel hervor. Das Ergebnis der Legende, eine Berührung sichere lebenslange Manneskraft. »Bitte nicht anfassen!«, wird die Führerin harsch. Viel nützt es nicht.

Die ehemalige Kaiserliche Hofburg ist ein Vierflügelbau, dessen Umgestaltung in der Form des Wiener Spätrokokos Maria Theresia im 18. Jahrhundert in Auftrag gab. Ursprünglich stammt das kolossale Gebäude aus dem 15. Jahrhundert, Maximilian I. ließ es bauen. Die Prunkräume sind üppig mit Stuckaturen und Deckengemälden ausgestattet. Besucher passieren lange Schlossfluchten und bewundern Ahnenbilder und Luxusdekorationen. Alle sammeln sich im mit poliertem Marmor ausgekleideten »Riesensaal« (1775), in dem sich die gesamte

---

**REGION 7
Tirol**

Hotel The Penz
Adolf-Pichler-Platz 3
6020 Innsbruck
✆ (05 12) 57 56 57-0
Fax (05 12) 57 56 57-9
www.the-penz.com

Kaiserliche Hofburg
Rennweg 1
6020 Innsbruck
✆ (05 12) 58 71 86
Fax (05 12) 58 71 86-13
www.hofburg-innsbruck.at
Tägl. 9–17 Uhr
Eintritt €8, ermäßigt €6

Innsbrucker Hofburg von der Altstadt aus gesehen

REGION 7
Tirol

Schloss Ambras
Schlossstr. 20
6020 Innsbruck
✆ (05 25) 24 48 02
Fax (05 25) 24 48 99
www.khm.at/ambras
Tägl. 10–17 Uhr, Nov. geschl.
Eintritt April–Okt. € 10, ermäßigt € 7, Dez.–März € 7/€ 5

Familie Maria Theresias in überlebensgroßen Porträts präsentiert. Übermenschlich sind auch die 28 bronzenen Figuren, die zum Totengeleit um das monumentale Grabmal Maximilians I. gruppiert sind. Sie stellen wahre und fiktive Vorfahren des Herrschers dar, darunter Philipp den Schönen, Maria von Burgund, Johanna die Wahnsinnige sowie Cäsar und die legendären Könige Artus und Theoderich den Großen.

Maximilian war eine Schlüsselfigur der Zeitenwende vom Spätmittelalter zur Renaissance, der erste große Habsburger. Er ließ – neben der Hofkirche, in der er sich zur Schau stellte – die Hofburg zu seinem Pharaonengrab ausbauen. Mit Prunk und Protz sollte seine Regentschaft weiterleuchten. Ein halbes Jahrhundert dauerten die Bauarbeiten, nie zuvor waren derart große und lebensecht wirkende Figuren gegossen worden. Die tonnenschweren Damen und Herren blaublütiger Abstammung bewachen allerdings ein leeres Grab. Maximilian I. entschied dann doch auf dem Sterbelager, dass er in der Wiener Neustadt zur ewigen Ruhe zu betten sei. Sehr beliebt ist im Erdgeschoss der Hofburg die Filiale des berühmten Wiener Hotels Sacher, in dem man sich nach dem Rundgang stärken kann.

⓫ Schloss Ambras in Innsbruck
Das Denkmal einer großen Liebe

Es war Liebe. Erzherzog Ferdinand II. (1563–95) heiratete nicht standesgemäß. Aber seine bürgerliche Gemahlin, die aus Augsburg stammende Philippine Welser, sollte prunkhafter residieren als manche Blaublütige. Für sie ließ er im Stil der Renaissance im Süden der Stadt eine Burg zum märchenhaft anmutenden Schloss Ambras als Sommerresidenz errichten. Der

Schloss Ambras in Innsbruck

Name leitet sich vom lateinischen *ad umbras* ab, »im Schatten«. Der prächtig restaurierte Bau auf einer sanften Mittelgebirgsterrasse gilt nach wie vor als »Denkmal einer großen Liebe«. Viele Lebensjahre waren dem Erzherzog nicht vergönnt, aber die glücklichsten davon soll er mit seiner Gattin im Inntal verbracht haben. Zu sehen ist das Badezimmer von Philippine, die Fenster gehen in den schönen Innenhof hinaus. Der Fürst ließ sich ihr Wohlergehen einiges kosten. Im Gegenzug bekochte sie ihn köstlich, sie hinterließ ein selbstverfasstes Kochbuch, bis zu 14 Gänge ließ sie auftragen.

Die zweite große Leidenschaft des Habsburgers war das Sammeln von Rüstungen und Kuriositäten, die in großer Zahl in Ambras ausgestellt sind. Im Unterschloss finden sich die prall gefüllten Säle mit Kriegsgerät, im ersten Stock des Kornschüttgebäudes die wertvolle Kunstkammer mit Plastiken und Kunstgewerbe. Im Hochschloss sind hochrangige Kunstwerke ausgestellt, Malerei und Plastik. Der Spanische Saal, 1571 fertiggestellt, gilt als frühes Beispiel der deutschen Renaissance und bedeutendster freier Saalbau des 16. Jahrhunderts. Seine eindrucksvolle Kassettendecke und die 27 Porträts der Tiroler Landesfürsten verraten viel von dem Anspruch der Habsburger auf politische Bedeutung in ihrer Zeit. Die Errichtung des Weltreichs begann hier als Gedankengebäude.

Das Schönste an Schloss Ambras ist aber der Park, Gartengenießer verbringen dort viele Stunden. Es ist nicht nur der alte Baumbestand, der entzückt, sondern vor allem die Harmonie von Schloss, Park, Berg und Tal. Etwas abgelegen und von dichtem Bergwald umgeben, liegt der Soldatenfriedhof mit Kriegergedenkstätte. Das war einst der Tummelplatz für Ritter und Pferde von Burg Ambras.

REGION 7
Tirol

Erzherzog Ferdinand II. von Österreich (1563–1595)

⑫ Tiroler Landesmuseum Ferdinandeum in Innsbruck
Der silberne Nachttopf aus Mailand

Dieses Museum passt zu der von Fiaker- und Hofburgkultur geprägten Stadt, deren Erscheinungsbild immer noch weitgehend zwischen Mittelalter, Barock und Gründerzeit oszilliert. Die historischen Sichtbezüge dazu werden im Tiroler Landesmuseum hergestellt. Die Ausstellung ist ein lohnender Gang durch die lange Geschichte Innsbrucks, angefangen vom Römerkastell Veldidena (15 v. Chr.) über die Gründung von Innspruke (1180) bis zur Residenz der Habsburger (1420–1665), der Gründung der Universität durch Kaiser Leopold I. (1669), den Anschluss an Bayern (1806), die Tiroler Freiheitskriege (1809) und die Rückkehr Innsbrucks nach Österreich (1815), die nach einem Beschluss des Wiener Kongresses (1814/15) erfolgte.

Im Mittelpunkt: Kaiser Maximilian I. (1459–1519). Seine Heiratspolitik war Machtpolitik, ohne opportune Ehen und Erbschaften wäre ihm, der aus einer Nebenlinie der Habsburger stammte, die Reichsbildung nicht gelungen. Er selbst unternahm den Brautzug nach Burgund zu seiner ersten Frau Maria, obwohl deren Vater Karl der Kühne gegen den Habsburger Emporkömmling war. Die junge Braut beeindruckte sein markantes Profil, sie verliebte sich sofort. Fünf Jahre blieb Maximilian in Burgund und kämpfte um das Erbe seiner Frau, das König Ludwig I. ihr streitig machte. Nach ihrem frühen Tod bei einem Reitunfall belagerte er die Stadt Rennes, weil er Anne de Bretagne zur zweiten Frau wollte. Es wurde dann aber Maria Bianca Sforza, eine stolze Mailänder Fürstentochter. Sie brachte eine immense Mitgift in die Ehe ein, neben Gold und Schmuck auch einen silbernen Nachttopf. Leonardo da Vinci stattete die Hochzeitszeremonie aus. Sehenswert sind auch die Sammlungen zur Geschichte und Kunst Tirols und die Galerie niederländischer und flämischer Maler. Auch die Originalskulpturen des Goldenen Dachls sind ausgestellt.

🏛 **Tiroler Landesmuseum Ferdinandeum**
Museumstr. 15
6020 Innsbruck
✆ (05 12) 594 89
Fax (05 12) 594 89-109
www.tiroler-landesmuseen.at
Di–So 9–17 Uhr, Eintritt
€ 8, Kinder € 4

**REGION 7
Tirol**

⓭ Ischgl im Paznauntal
Der Auftrieb der Popstars

Beim 18. Ischgler Schneeskulpturen-Wettbewerb (2011)

**ⓘ Tourismusverband
Paznaun-Ischgl**
Dorfstr. 32, 6561 Ischgl
✆ (05 09 90)100
Fax (05 09 90)199
www.ischgl.com

*Wintersport im
Paznauntal*

Anastacia war hier, und Melanie Chisholm, Elton John saß am Klavier, Tina Turner röhrte, Diana Ross trillerte und Rod Stewart sang vom Segeln. Auch Peter Gabriel, Sting, Pink, Alanis Morisette und Bon Jovi waren da. Warum dieses Popstar-Aufgebot im Hauptort des Paznauntals auf 1377 Meter Höhe? In jedem Winter gibt es drei »Top of the Mountain Concerts«, mit ihnen werden das Opening in der Zeit um Ostern, das Saison-Finale und der Saison-Ausklang gefeiert. Dann reisen internationale Stars mit großer Entourage an, in ihrem Gefolge Paparazzis, denn die Künstler gehen auch auf die Hänge und ins Nachtleben. Die Wintersaison beginnt Ende November und geht bis in den Mai.

Vom Bergbauerndorf zur mondänen »Alpen-Lifestyle-Metropole« (Eigenwerbung). Eine unglaubliche Karriere. Ischgl, vom rätoromanischen *Yscla*, wurde vor etwa 1000 Jahren von Rätoromanen aus dem Engadin und ab dem 13. Jahrhundert von Walsern besiedelt. Schroffe Bergstämme, auf der Suche nach Sommerweideplätzen für ihr Vieh. Heute hat Ischgl knapp 1600 Einwohner, aber fast 11 000 Gästebetten. Es verzeichnet die höchste Dichte an Vier-Sterne-Hotels in ganz Österreich und ein vielfältiges Angebot an Restaurants, Bars, Shops und Events. Kein Ort für stille Einkehr.

Bekannt ist Ischgl durch sein Skigebiet, die Silvretta-Arena, das es mit dem Schweizer Samnaun verbindet. Mit über 200 Kilometer Pisten und 40 Liftanlagen ist es eines der größten und schneesichersten Skigebiete der Alpen. Doch die Gegend ist auch im Sommer interessant. Mountainbiker können sich mit den Bergbahnen auf 2800 Meter Höhe transportieren lassen und dann ihre abenteuerlichen Abfahrten beginnen. Insgesamt stehen ihnen 1200 Kilometer Wege zur Verfügung, eines der größten Gelände der Alpen für Zweiradbegeisterte. Auch Wanderer haben hier ihr Revier, schon Ende des 19. Jahrhunderts errichteten österreichische und deutsche Alpen-

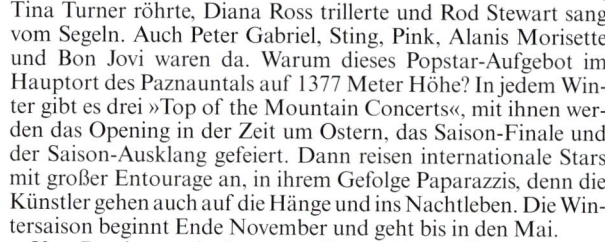

vereine 18 Hütten. Kulturfans finden mitten im Eventtourismus die Rokoko-Pfarrkirche, die ursprünglich spätgotisch war. Im Altar wird eine besondere Reliquie aufbewahrt, der um 1500 in Silber gefasste Knochen des heiligen Stephanus, der einst zum Reliquienschatz Karls des Großen gehört haben soll. Aus einer anderen, fernen Welt.

Gletscherzunge des Gepatsch-Ferners in den Ötztaler Alpen

⓮ Gletscherwandern im Kaunertal
Eiszeit im Sommer

> **Tourismusverband Kaunertal**
> Feichten 134
> 6524 Feichten im Kaunertal
> ✆ (054 75) 29 20
> Fax (054 75) 29 29
> www.kaunertal.com

Das Wasser ist voller gestoßener Eisstücke wie ein Caipirinha im Glas. Der Faggenbach strömt aus dem Gepatsch-Ferner, dem zweitgrößten Gletscher der Ostalpen. Er ist acht Kilometer lang, sein ewiges Eis ist aufgrund der Klimaerwärmung an der Oberfläche erodiert, aber darunter liegt noch eine kompakte Eismasse.

Im Kaunertal, einem 28 Kilometer langen Seitental des Oberinn, herrscht nach wie vor auch im Sommer Eiszeit. Deshalb werden in dieser Jahreszeit geführte kostenlose Gletscherwanderungen angeboten, die Menschen zur Ehrfurcht vor der majestätischen Gebirgsnatur bringen. Am Montag und Mittwoch treffen sich gebuchte Teilnehmer am späten Vormittag beim Bergrestaurant auf 2750 Meter Höhe. Mit ihren Gästen erklimmen die Bergführer Eisbrüche und Gletscherzungen, zeigen ihnen Gletscherspalten und Eiswände. Eine Welt, die im Jahresrhythmus ständig in Bewegung ist, aber nur Kenner sehen die Veränderungen. Auch über die Tiere und die Pflanzenwelt ist vieles zu erfahren. Wer eine noch ausgedehntere Gletscher-Safari möchte, kann sie individuell buchen, in diesem Fall richten sich die Preise nach der Gruppengröße. Die Teilnehmer sind mit ausreichendem Abstand aneinander geseilt, Steigeisen und Klettergurte müssen mitgeführt werden. Die 26 Kilometer lange Gletscherstraße gehört zu den schönsten der Alpen, sie führt durch mehrere Klima- und Vegetationszonen. Dabei

REGION 7
Tirol

Berühmt als mondäne Ski-Location: Kitzbühel in Tirol

ⓘ **Kitzbühel Tourismus**
Hinterstadt 18
6370 Kitzbühel
✆ (053 56) 777
Fax (053 56) 777-77
www.kitzbuehel.com

wird ein großer Höhenunterschied überwunden, für die gesamte Strecke werden zwei bis drei Tage benötigt. Das ist anstrengend, aber unvergesslich.

Acht Kilometer hinter dem Dorf Feichten schiebt sich eine 630 Meter lange und 130 Meter hohe Staumauer ins Bild, der Gepatsch-Speicher wird vom Gepatsch-Ferner gespeist. Am sechs Kilometer langen Stausee geht es über eine schmale Straße bis zur Gepatsch-Alm am Talende. Die Gletscher-Panoramastraße führt bis auf eine Höhe von 2750 Metern, dort wartet ein Gletscher-Restaurant. Mit einem Sessellift kann man auf 3010 Meter fahren, zur Karlesspitze hinauf wandern und von dort über Österreich hinweg nach Italien und in die Schweiz blicken.

Innenpool des Grand SPA Resort A-ROSA Kitzbühel

⑮ Grand SPA Resort A-ROSA in Kitzbühel
Auf der Mondsichel schwebt die Madonna

»Das Leben ist schön«, sagt Mahir und kippt fünf Holzeimer warmes Wasser über seinen Gast, bevor er ihn schrubbt. Der Hamam-Meister aus Anatolien ist einer der Besten seiner Zunft. Nach 40 Minuten Wärme klatscht Mahir dem Gast ein eiskaltes Tuch auf den Rücken und schwappt drei Schüsseln bitterkaltes Alpenquellwasser hinterher. Wenn dem Gast die Luft wegbleibt, betont er noch einmal: »Das Leben ist schön.«

Weil Mahir zu den Besten gehört, ist er in Kitzbühel. Im A-ROSA-Resort werden Maßstäbe gesetzt: Riesig ist der Wellnessbereich mit seinen acht Saunen und dem Innen- und Außenpool, vielfache Möglichkeiten gibt es, sich sportlich zu betätigen und etwas für Fitness und Gesundheit zu tun. Die Lobby gibt es nicht mehr, sie wich einem »Marktplatz«, auf dem sich Gäste und Hotelangestellte kreuzen. Man sitzt in roten Ledersesseln am Kamin oder an der Bar. Das Resort in leichter Hanglage, 2006 eröffnet, ist im Stil eines Tiroler Schlosses erbaut und besitzt das größte zusammenhängende Schindeldach Mitteleuropas. Die Fassade ist aus Naturstein, bayerische Steinmetze haben neun Monate daran gearbeitet. Lokalkolorit verschaffen die in Tirol typischen Erker, kleinen Türme, hölzernen Fensterläden und überdachten Balkone. Die Schlosshalle ist mit einem Kreuzgewölbe ausgestattet.

Kitzbühel gilt als Ort mondäner Nerzträgerinnen, zeigesüchtiger Promis und der lauten »neuen Russen«. Sie alle sind da, aber als Randerscheinung. Der Ort, dessen mittelalterliche Lage noch zu erkennen ist, besitzt zahlreiche Gebäude im Unterinntaler Bauernhausstil, aus Holz und mit vorspringenden Satteldächern. Die schlichte gotische Katharinenkirche (15. Jahrhundert) zeigt auf ihrem Altar eine auf einer Mondsichel schwebende Madonna. Es gibt sogar noch ein Stadttor, das Jochberger Tor. Das Städtchen ist vor allem Wintersportort, seit

2005 gibt es eine spektakuläre Dreiseil-Umlaufbahn als Verbindung zwischen dem Hahnenkamm und dem Skigebiet Jochberg-Resterhöhe. Man schwebt von einer Station zur anderen ohne Bodenberührung. Im Januar findet das Internationale Hahnenkammrennen statt.

REGION 7
Tirol

Grand SPA Resort A-ROSA Kitzbühel
Ried Kaps 7
6370 Kitzbühel
✆ (053 56) 656 60-992
Fax (053 56) 656 60-819
http://resort.a-rosa.de/kitzbuehel

⓰ Festung Kufstein
Festungsarena mit mobiler Überdachung

Heute geht es in der Grenzregion zwischen Tirol und Bayern friedlich zu. Das war nicht immer so. Kufstein war als die »Perle Tirols« ein für Fürsten stets äußerst begehrtes Objekt. Es liegt, in die Bergwelt eingebettet, am Durchbruch des unteren Inn zwischen dem Kaisergebirge im Osten und Pendling im Südwesten, strategisch günstig positioniert. Deshalb entstand auf dem schroffen Festungsberg oberhalb der Stadt vermutlich bereits im

Festung von Kufstein

REGION 7
Tirol

Festung Kufstein
Oberer Stadtplatz 6
6330 Kufstein
✆ (053 72) 60 23 50
Fax (053 72) 710 60
www.festung.kufstein.at
16. April–2. Nov. tägl.
9–17, 3. Nov.–30. März
tägl. 10–16 Uhr
Eintritt Sommer € 9,90,
ermäßigt € 5,90
Aufstieg: Zu Fuß auf einem überdachten Stufenweg an der Pfarrkirche vorbei zur Festung. Man kann auch den gläsernen Schrägaufzug vom Festungsneuhof aus benutzen.

12. Jahrhundert – 1205 erstmals als Castrum Caofstein erwähnt – die Feste Kufstein, das Wahrzeichen der Stadt. Das Bollwerk hat alle Stürme der Jahrhunderte nahezu unbeschadet überstanden und ist heute nicht nur ein mächtiges steinernes Geschichtszeugnis, sondern auch ein kultureller Anziehungspunkt.

Es war 1504 ein großer Triumph für Kaiser Maximilian I., als er die Feste den Bayern entreißen konnte. Weil die Burg als uneinnehmbar galt, ließ der Kaiser Riesenkanonen fabrizieren, die Namen wie »Weckauf« trugen, löste selbst den ersten Schuss und ließ das Gemäuer sturmreif schießen. Die Verteidiger wähnten sich sicher und verhöhnten die Angreifer, indem sie in Feuerpausen demonstrativ die Mauern mit Besen abkehrten. Diese Demütigung bezahlte der Chef der Verteidiger, Hans von Pienzenau, nach Einnahme der Burg mit seinem Leben: Er wurde öffentlich geköpft. Maximilian ließ die Anlage neu errichten und noch massiver ausbauen, der nach ihm benannte, 90 Meter hohe Kaiserturm ist bis weit ins Land hinein zu sehen. Die Festung gehört zu den beliebtesten touristischen Zielen im Tiroler Unterland, in ihr ist das Heimatmuseum mit der Heldenorgel, der größten Freiluftorgel der Welt, untergebracht. Bei Nacht bietet sie, hell angestrahlt, einen prächtigen Anblick.

Die Josefsburg, ein Teil der Festung, erhielt 2006 eine hochmoderne mobile Überdachung und lädt als »Festungsarena« zu ausgefallenen Veranstaltungen ein. Dazu gehören das Rilke-Projekt, ein poetisches Gesamtkunstwerk aus Lyrik, Musik und assoziativen Bildern, die Kaisertage der Volksmusik, Theaterinszenierungen, die Auftritte von Opernchören und Orchestern, aber auch Popmusik-Veranstaltungen. In der Adventszeit gibt es den »Weihnachtszauber«, dabei werden die romantischen Kasematten einbezogen.

⓱ Trofana Erlebnis-Dorf in Mils
Ein Erlebnis an der Autobahn

Trofana Erlebnis Dorf
An der Au 1
6491 Mils bei Imst
✆ (054 18) 60 10
Fax (054 18) 601 50
www.trofanatyrol.at
Tiroler Info-Point tägl. 8–20 Uhr, Selbstbedienungsrestaurant tägl. 6–22 Uhr, Restaurants 10.30–22 Uhr, Dorfladen tägl. 8–21 Uhr

Ewiger Frühling in Tirol. Zwischen Imst und Landeck im Tiroler Oberland liegt eine etwas andere Autobahnraststätte, ein Kreuzungspunkt von Reisenden, Einheimischen und Genießern. Angelegt als »Dorf« mit »Marktplatz«, von Glasbergen überdacht, sodass Besucher zu jeder Jahreszeit und bei jedem Wetter dort herumschlendern können. Die locker gereihten Häuser im Tiroler Stil sind zweifellos ein Erlebnis an der Autobahn.

Am Info-Point wird über die Raststätte, aber auch über die Verkehrslage und das Land Tirol Auskunft erteilt. Auch Hotelbuchungen können vorgenommen werden. Kinder, die lange im Auto stillhalten mussten, dürfen nach Herzenslust auf dem Spielplatz toben. Wem nach Stille zumute ist, kann die St. Christophorus Kapelle aufsuchen. Den Reisenden stehen zwei große Gastronomiebetriebe zur Verfügung, sie können sich aber auch im Dorfladen mit würzigem Käse, herzhaften Selch- und Wurstwaren, Marmeladen, Kuchen und dem berühmten Tiroler Schnaps (für die Zeit nach der Fahrt) eindecken. Wer aber lieber dableiben will, kann im Hotel mit Blick auf die Milser Au übernachten. Der Komfort entspricht dem modernen Standard, es gibt Internetzugang.

Etwas Besonderes ist die Topqualität des Trinkwassers. Vor einigen Jahren wurde eine hochwertige Wasserveredelungsanlage eingebaut, die das feuchte Nass nur aus den Hähnen laufen lässt, nachdem es gründlich geprüft wurde. Es darf nicht den geringsten Grad an Insektiziden, Fungiziden und Herbiziden aufweisen, darf nicht von Motorabgasen, Kunstdünger, Bakterien und Pilzen aller Art beeinträchtigt und nicht von Schwermetallen, krebserregenden Substanzen aller Art und Radioaktivität kontaminiert sein. Diese Informationen sollen nicht nur terrestrisch, sondern sogar kosmisch abgerufen werden. Nachgewiesen ist, dass dieses Wasser vom Feinsten einen guten Härtegrad, einen optimalen Nitratgehalt und alle wichtigen Spurenelemente, Mineralstoffe und Vitamine besitzt. Die angrenzende Hitte-Hatte-Au, ein Erlebnispark, ist als Landschaftsschutzgebiet in die Berge eingebettet und lädt ein in Kräutergarten, Kneippanlage, Schaubauernhof und Fischerhütte mit Fischteich.

Waldbach im Pitztal

⓲ Pitztal
Die Alpen sind nicht immer lieblich

ⓘ **Tourismusverband Pitztal**
Unterdorf 18
6473 Wenns im Pitztal
✆ (054 14) 869 99
Fax (054 14) 869 99-88
www.pitztal.com

Wie wäre es mit einem Bungee-Sprung? Von der Pitzenklamm, Europas höchster Fußgängerbrücke, ist er möglich. Doch der Fall ist tief. Die 137,5 Meter lange Brücke erreicht immerhin eine Höhe von 94 Metern. Wer je auf einem Zehn-Meter-Turm über dem Wasserbecken stand, weiß, dass mancher Absprung viel Überwindung kostet.

Das Pitztal ist ein 40 Kilometer langes, südliches Seitental des Inntals, bei Imst zweigt es ab. Seinen Namen hat es vom Pitzbach, den die Einheimischen Pitze nennen. Die Landschaft ist erst geöffnet, verengt sich aber südwärts zunehmend und verläuft parallel zum Kaunertal und Ötztal. Weil das Tal den Gebirgsstock der Ötztaler Alpen durchbricht, das sogenannte Ötztalkristallin, besteht es großteils aus Gneisgesteinen, die bei der Alpenbildung aus anderen Gesteinen umgewandelt wurden. Durch den Alpenhauptkamm ist es gegen massive Luftmassenströmungen geschützt und gehört deshalb zu den niederschlagsärmsten Gebieten Tirols überhaupt.

Auf der Piller Höhe wurde in den 90er-Jahren des vergangenen Jahrhunderts ein prähistorisches Heiligtum entdeckt, demnach war das Pitztal bereits in der Bronzezeit besiedelt. Den Breonen, wie die frühen Einwohner hießen, folgten Römer, Bajuwaren, Alemannen und 1363 die Habsburger. Chroniken berichten vom harten Leben der Menschen, die als Ackerbauern auf kleinen Feldern und mit Viehwirtschaft auf Almen überlebten und

Almhütte bei Imst

REGION 7
Tirol

ℹ **Tourismusverband Wilder Kaiser**
Dorf 28
6351 Scheffau
✆ (050509) 310
Fax (050509) 390
www.wilderkaiser.info

horrende Naturalienabgaben an ihre Feudalherren leisten mussten. Erst der im späten 19. Jahrhundert einsetzende Alpintourismus brachte einen bescheidenen Wohlstand. Heute bietet das Pitztal drei Skigebiete. Eines davon, der Pitztaler Geltscher, ist Österreichs höchstes Gletscherskigebiet und führt bis auf 3440 Meter. Dort ist die Luft dünn, man sollte sich anfangs langsam bewegen, damit der Organismus sich an die Sauerstoffverhältnisse anpassen kann. Größtes Gewässer ist der Rifflsee, der ein Kilometer lange See befindet sich auf 2200 Meter Höhe. Der Hauptort St. Leonhard liegt im inneren Pitztal, dort liegen Weiler und Gehöfte in extremen Hanglagen. An den Bergflanken ist das Klima rau, die Vegetationsperiode geht nie über vier Monate hinaus, manche Schluchten sind düster. Die Alpen sind nicht immer lieblich.

⑲ Wilder Kaiser bei Scheffau
Das Kaisergebirge

Carl Spitzweg, der Malerpoet aus München, war einer der ersten Sommerfrischler am Wilden Kaiser. Vor mehr als 150 Jahren logierte er im Gasthof Maikircher in Scheffau. Ihm folgten aus den großen Städten andere Natursüchtige: Bohemiens, Philosophen, Weltverbesserer, Künstler und brave Bürger. Das verraten noch vorhandene Ansichtskarten. Auf einer schreibt ein Kajetan Sedlmayr an ein »Wohllöbliches Fräulein Marie«: »Vom Ziemer wollen wir zu Scheffau beim Gasthause speisen und den Tiroler Roten goutieren. Denn vom Jahrgange 1887 soll selbiger gar trefflich geraten sein.« Das Schwärmen geht weiter, erst dann verspricht der junge Mann seiner Angebeteten: »Zu Beginn des Wintersemesters weile ich wieder im heimatlichen München.«

Man kann es lange am Wilden Kaiser aushalten, wenn man nicht auf eine moderne Infrastruktur mit Après-Ski und Nachtleben festgelegt ist. In der eindrucksvollen Bergwelt, die als mächtiger Riegel das fruchtbare Inntal

Kapelle in Hinterbärenbad vor der Kulisse des Kaisergebirges

nach Norden hin gegen das bayerische Alpenvorland abschottet und für ein günstiges Jahresklima sorgt, wird die Natur als Trumpf ausgespielt. Wanderwege, die durch uriges Gelände führen, ersetzen eine von Boutiquen gesäumte Fußgängerzone. Almhütten sind wichtiger als Cafés und Bars, vor allem die gemütliche Kaindlhütte und die Gruttenhütte. Viele Gipfel sind mehr als 2000 Meter hoch, die Marterl und Kreuze dort oben zeigen die tief verwurzelte Frömmigkeit der Menschen in der Region. Die alte Holzbaukunst und die narrative Malerei haben noch heute große Bedeutung, Trachten werden über Generationen weitervererbt und Blasmusiker geben sich würdevoll. Über Jahrhunderte war ihre Musik das einzige Vergnügen. Im Fohlenhof von Ebbs, bereits im Jahr 788 als ad Episas (Pferdetränke) erwähnt, werden Haflinger gezüchtet. Die zähe Pferderasse, eine Mischung aus Tiroler Gebirgsstute und Araberhengst, wird auch vor Wagen und im Winter vor Schlitten gespannt. Warum das Gebirge »Wilder Kaiser« heißt, ist auf seine einmalige Lage zurückzuführen: Nördlich der Kitzbüheler Alpen und östlich vom Inn erhebt es sich plötzlich aus dem weiten Wiesenvorland mit gewaltigen steilen Felsformationen, die oft an Mauern und Türme erinnern, wuchtig und schön zugleich. Das wildzerklüftete Bergmassiv ist beliebt bei Bergsteigern und Kletterern.

REGION 7
Tirol

Klettern ist angesagt am Wilden Kaiser

⓴ S'Alte Wirtshaus am Geigenbichl in Seefeld
Knorrig, bodenständig, authentisch

Was unterscheidet das Wirtshaus vom Restaurant? Es ist ein echter Familienbetrieb, die Wirtsleute bemühen sich persönlich um das Wohlbefinden ihrer Gäste. Und sie haben täglich einen anderen Tipp. Höttinger Bauernbrat'l mit mitgebratenen Erdäpfeln und Speckkrautsalat. Gebratenes Entrecote mit Pilzkruste und Knoblauchzwiebeln. Gefülltes Putenschnitzel St. Adolari. Lammkotelett, mit Käse überbacken. Manches muss erläutert werden. Und schon ist man im Gespräch. Da kommt das Gefühl auf, das historisch mit dem Tiroler Wirthaus in Verbindung gebracht wird: »Friede und Gastfreundschaft für Fremde und Rechtlose.«

S'Alte Wirtshaus, in malerischer Lage ganz oben am Geigenbichl, ist ein Postkartenmotiv. Ein schmuckes Bauernhaus aus dem Zillertal, mehr als 300 Jahre alt, aber erst zu Beginn des 21. Jahrhunderts wieder aufgebaut. Zwei Stuben mit knorriger Atmosphäre und bodenständigen Gerichten. Familie Köstinger kümmert sich um die Gäste in drei Stuben mit Holztäfelung und Geweihen an den Wänden. Schon zum Frühstück – ab halb sechs! – gibt es Brot aus dem eigenen Backhaus, Speck und Fisch, in der eigenen Selch geräuchert. Die Karte ist der Jahreszeit angepasst, aber Klassiker wie Kalbshax'n, Zillertaler Krapfen oder Blattl'n gibt es immer. Ebenso im eigenen Haus produzierte Produkte wie Speck, Butter, Gemüse, Gewürze und Marmeladen.

Die Tradition des Wirtshauses geht zurück ins erste nachchristliche Jahrhundert. Die Römer kannten Tavernen – und pfiffige Tiroler, die seinerzeit nie eine Taverne gesehen hatten, hörten ihnen beim Schwärmen zu und kreierten das Wirtshaus. In der Zeit der Kreuzzüge, bei Wall- und Pilgerfahrten, machten Herbergen und Schenken gute Geschäfte. Seit dem Mittelalter verhökerten Bauern nach der Messe im Gasthaus ihr Vieh und andere Naturalien. Seitdem stecken die Wirte grüne Buschen, Tannenzweige, Kränze und Blattwerk an die Türen. Gekocht wird von jeher deftig, aber Menüs im Alten Wirtshaus stehen denen im Gourmet-Restaurant kaum nach. Entscheidend ist die Frische der Produkte aus heimischer Landwirtschaft, Gewässern und Wäldern. Tiroler umschreiben die landeseigene Gastfreundschaft so: »A urige Hütt'n, a nett's Dirndl, a guate Kuchl und a feins Trankl.«

✗ **S'Alte Wirtshaus am Geigenbichl**
Geigenbühelstr. 790
6100 Seefeld
✆ (052 12) 48 24
Fax (052 12) 209 16
www.tiroler-wirtshaus.at
Tägl. 11–23 Uhr
Reservierung empf.

Burg Laudegg in Ladis

REGION 7
Tirol

Triglav-Pippau

ⓘ **Serfaus-Fiss-Ladis**
Untere Dorfstr. 13
6534 Serfaus
✆ (054 76) 62 39
Fax (054 76) 68 13
www.serfaus-fiss-ladis.at

㉑ Wandergebiet Komperdell – Serfaus-Fiss-Ladis
Aktivitäten in schönster Bergnatur

Das Tiroler Sonnenplateau ist eine der schönsten Regionen Österreichs. Es liegt auf einer flach nach Süden hin abfallenden Terrasse am Fuß der Samnaungruppe mit hoher jährlicher Sonneneinstrahlung. Im Sommer wird auf diesem Abhang gewandert, im Winter reisen Touristen mit Skiern oder Snowboard an oder mieten diese vor Ort. Komperdell, das Wander- und Skigebiet von Serfaus-Fiss-Ladis, erstreckt sich von 1200 bis auf 2800 Meter Höhe. Insgesamt gibt es 190 Pistenkilometer mit 70 Pistenanlagen, zusätzlich werden weitere 85 Kilometer künstlich beschneit. Pro Stunde können die Bergbahnen 80 000 Personen befördern.

Langläufern stehen 135 Kilometer präparierte Loipen zur Verfügung, außerdem sind zehn Rodelbahnen und 70 Kilometer gespurte Wanderwege abseits der Pisten vorhanden. Der Familientourismus erreicht in den drei Gemeinden Spitzenwerte. Schon im 19. Jahrhundert kamen Sommerfrischler in die rätoromanischen Haufendörfer, deren Bauweise heute aufgelockerter ist.

Die ersten Siedler in dieser sonnenverwöhnten Gegend waren bereits in der Bronzezeit da, es gibt entsprechende Funde. Serfaus wurde im 11. Jahrhundert erstmals erwähnt, es ist einer der ältesten Marienwallfahrtsorte in Tirol. In der alten Pfarrkirche St. Georgen können Besucher ein Gnadenbild der thronenden Madonna mit dem Kind (12. Jahrhundert) betrachten, es war einst Teil eines Reliquienbehälters. Fiss und Ladis besitzen keine bemerkenswerten Hinterlassenschaften der Vergangenheit, trotzdem gleichen sie kostbaren Perlen. Rings um die beiden Orte lagert sich schönste Bergnatur, in jeder Jahreszeit anders gefärbt. Besucher bewegen sich über duftende Wiesenböden, wandern auf Almen und zu anderen lauschigen Plätzen. Der Mountainbike-Tourismus ist gut entwickelt, es gibt River-Rafting am grünen Inn, Canyoning, Tandemparagleiten und andere Aktivitäten. Hier kann man seinen Urlaub abwechslungsreich gestalten.

㉒ Sölden
Lufthoheit über den Alpen

Peter Schuck, ein Münchner Professor für Design, ärgert sich, wenn er sieht, wie immer mehr Skifahrer in die Skigebiete gepumpt werden. Anstehen, einsteigen, hochfahren, aussteigen – das ist für ihn kein Bergerlebnis. »Menschen sind kein Logistikelement«, sagt er. »Sie wollen etwas erleben, gerade in Europas majestätischem Hochgebirge.« Deshalb schlug Peter Schuck in Tirol vor, Möglichkeiten zu schaffen, dass Menschen mit Bergen kommunizieren können. »Die Berge sprechen zu uns«, gibt er sich überzeugt.

Für elf Millionen Euro entstanden drei Designer-Plattformen. Sie sind weltweit einzigartig und machen die Bergbegehung zur reinen Emotion. Die Besucher sind begeistert, manche werden ganz still, andere weinen, wieder andere öffnen eine Flasche Prosecco und stoßen auf ihr Glück an, die Big 3 erlebt zu haben. Jede Plattform ist ein Unikat und ganz speziell für einen Gipfel entworfen. Alle drei ermöglichen den exponierten Aufenthalt im freien Raum. Zur Schwarzen Schneid (3340 Meter) hinauf geht es mit der Seilbahngondel über die Gletscherpiste. Die letzten 120 Meter sind zu Fuß zu absolvieren, mit jedem Schritt tiefer in die grandiose Stille der Berge, die alle Besucher umfängt wie ein Polster. Ein Obelisk aus Containerstahl in der Mitte einer kreisrunden Plattform aus Lärchenholz markiert den Gipfel. 360-Grad-Panorama, die Alpen werden zum Filmerlebnis, die Sonne als Spot darüber. Bis nach Italien und Deutschland reichen

ⓘ **Ötztal Tourismus**
6450 Sölden
✆ (052 54) 510-0
Fax (052 54) 510-201
www.soelden.com

die Blicke. Der Tiefenbachkogl (3309 Meter) ist die ausgefallenste Kreation. Sie schiebt sich gleich neben der Gondelbahnstation als schmaler Steg 25 Meter hinaus ins Freie. Die luftige Stahlkonstruktion, von zwei Stahlseilen gehalten, mit hölzernem Boden und schrägen Acrylglasplatten, führt direkt auf die Wildspitze zu. Mit jedem Schritt erobert man sich Lufthoheit über den Alpen. Der Gaislachkogl (3058 Meter) wiederum präsentiert sich als breite Plattform, einer Bühne gleich, auf dünnen Stelzen. Peter Schucks größtes Bauwerk hat sich dem Gebirge mit seinen schroffen Felszacken, steil abfallenden Flanken, gleißenden Gletscherflächen und geschwungenen Tälern harmonisch eingeschmiegt. Das Rondell aus Stahl, Holz und Glas hinter der Bergstation des Giggijochs ist auch zur Partylocation geworden.

Skywalk mit Aussicht auf die Ötztaler Wildspitze: Der BIG 3 Aussichtspunkt an der Bergstation der Tiefenbachbahn bei Sölden

Moose und Flechten

㉓ Neustift im Stubaital
Wo die Frauen die Hosen anhaben

Das waren noch Zeiten! Wollte früher ein Stubaier Bauerssohn eine Braut aus dem Ort freien, musste er einige Voraussetzungen erfüllen: Er brauchte eine breite Hand, damit er viel durch die Finger sehen kann. Einen großen Hals, damit er viel schlucken kann. Eine feste Leber, »weil viel drüber kriecht«. Und ein steinhartes Herz, damit er die Stiche nicht spürt. Toleranz wurde grundsätzlich bei Mannsbildern vorausgesetzt. Am Hochzeitstag legte die Braut ein Kleidungsstück aus ihrem Schrank über die Hose des Mannes, fortan hatte sie die Hosen an.

Dem heiligen Georg geweiht: die barocke katholische Pfarrkirche in Neustift

ⓘ **Tourismusverband Stubai Tirol**
Stubaitalhaus, Dorf 3
6167 Neustift im Stubaital
✆ (052 26) 881-0
Fax (052 26) 881-199
www.stubai.at

Viele Bräuche haben sich nicht erhalten, aber Tradition und Brauchtum spielen im Stubaital nach wie vor eine große Rolle. Die Bräuche, die vom religiösen Kalender und dem bäuerlichen Arbeitsjahr bestimmt waren, werden allein aus touristischen Gründen gepflegt. So ist Neustift wahrscheinlich der Ort in Tirol, an dem das Brauchtum noch nahezu authentisch besichtigt werden kann. Die flächenmäßig drittgrößte Gemeinde Tirols präsentiert sich in ihrem Erscheinungsbild bilderbuchmäßig alpenländisch als Hochgebirgstal. An dessen Eingang erheben sich wuchtige Kalkmassive, im hinteren Tal steigen Gneis- und Granitgipfel auf. 109 Berge kommen über die 3000-Meter-Grenze, 15 Quadratkilometer Gletscherverbundfläche bilden Österreichs größtes Ganzjahres-Skigebiet.

Um 1000 wurde Stupeia erstmals erwähnt. Noch heute werden seine Bewohner Tholer genannt, wie schon im Mittelalter. Kaiser Augustus zog mit seinen Legionen durch, um 15 v. Chr. unterwarf er die Region, die von der römischen Entwicklungshilfe profitierte. Kaiser Maximilian I. jagte hier Hirsche, Gämsen und Wildschweine und stiftete 1505 eine Kapelle. 1516 entstand die erste Kirche in Neustift, dem heiligen Georg geweiht. Die heutige Pfarrkirche wurde 1774 vollendet. Neustift ist Luftkurort, Wintersportplatz und Ausgangspunkt von Wanderungen.

㉔ Restaurant Tannheimer Stube Hohenfels in Tannheim
Mediterrane Reinkultur unterm Michelin-Stern

Das Tannheimer Tal ist ein idyllisch gelegenes Hochtal an der Grenze zwischen Bayern und Tirol. An seiner schönsten Stelle, auf einer kleinen Anhöhe und umrahmt von Wiesen, thront das Landhotel Hohenfels. Dessen »Tannhäuser Stube« gehört zu den besten Tiroler Restaurants, ein Ort

REGION 7
Tirol

für Anhänger gehobener Kulinarik. Urlaub mit Nutzwert. Die Hoteliers geben in ihrem »Hohenfels Kochbuch« ihre besten Tipps und Rezepte preis und beleuchten Hintergründe zu dem alten Wissen um eine gesunde und ausgewogene Ernährung mit den 5 Elementen, ein für Könner und Anfänger gleichermaßen geeignetes Arbeitsbuch für jeden Tag. Gäste erfahren während ihres Aufenthalts, wie sie das – an ihrem Wohnort, wohlgemerkt – mit den frischen Zutaten regeln können, wie ein guter Lebensmitteleinkauf funktioniert, Nudeln und Teigwaren selbst zubereitet werden und wie man ein Vier-Gänge-Menü plant.

Über der Kochkunst des seit 2009 neuen Küchenchefs Raffaelle Cannizzaro, der in mehreren Toprestaurants gearbeitet hat, unter anderem bei Alain Ducasse im monegassischen Hôtel de Paris sowie im San Domenico Palace auf Sizilien, glänzen ein Michelin-Stern und drei Gault Millau-Hauben. Seine italienische Mittelmeerküche mit regionalem und saisonalem Schwerpunkt beschreibt er als »leicht, ursprünglich, aromaintensiv und unverwechselbar«.

Die mediterranen Kreationen, für die er nur ausgewählte und marktfrische heimische Zutaten aus dem Tannheimer Tal verwendet – das Produkt, nicht der Koch ist für ihn der Star in der Küche – machen seine siebengängigen Menüs auch für viel gereiste Gourmets zu einem subtilen Erlebnis. „Meine Mannschaft und ich, wir veredeln Fleisch, Fisch und Gemüse und arbeiten mit Würde und Hochachtung vor dem Produkt", so der seit 1998 ausgebildeter Küchenmeister. Die »Tannheimer Stube« mit ihrem hell getäfelten Holz und lichtdurchflutet bietet für dieses Kulinarium ein properes Ambiente. Man lernt hier die Kunst des guten Essens.

Nur ausgewählte und marktfrische Zutaten werden im Restaurant Tannheimer Stube Hohenfels verwendet

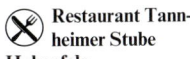 **Restaurant Tannheimer Stube**
Hohenfels
Kreuzgasse 8
6675 Tannheim
℡ (056 75) 62 86
Fax (056 75) 51 24
www.hohenfels.at
Di–Sa 19–23 Uhr
Reservierung empf.

Michelin-Stern gekürt: Küchenchef des Restaurants Tannheimer Stube Hohenfels: Raffaelle Cannizzaro

REGION 7
Tirol

Der Kristalldom ist die Hauptattraktion der Swarovski Kristallwelten in Wattens

㉕ Swarovski Kristallwelten in Wattens
Wo es blitzt und funkelt

Swarovski Kristallwelten
Kristallweltenstr. 1
6112 Wattens
✆ (052 24) 510 80
Fax (052 24) 510 80-38 31
www.swarovski.com/kristallwelten
Tägl. 9–18.30 Uhr
Eintritt € 9,50, ermäßigt € 8

Besuch im Reich des Riesen. In Wattens am südlichen Innufer liegt das Erlebniszentrum Kristallwelten, das das Großunternehmen Swarovski – mehr als 17 000 Mitarbeiter in 40 Ländern – 1995 aus Anlass seines hundertjährigen Bestehens vom Inszenierungskünstler André Heller einrichten ließ. Der alpine Riese ist ein grasbewachsener Hügel in Form eines wasserspeienden Kopfes mit glühenden Augen, vor dem ein kleiner künstlicher See liegt. Im Innern des Riesen schuf das Multimediatalent Heller sieben fantasiereiche Wunderkammern, die die Kristallwelten zu einer der meistbesuchten Attraktionen Österreichs gemacht haben.

Es blinkt, funkelt und blitzt auf dem Weg aus der Haupthalle durch die Kristallgasse (Passo di Cristallo), den Planet der Kristalle, den Kristalldom, das Kristalloskop, das Kristalltheater, die Kristallkalligrafie und den Eno Room. Das Thema Kristall kann sinnlich und durchaus spannend wahrgenommen werden. Im Park ist ein Labyrinth in Form einer Hand angelegt worden. André Heller ließ sich von den Leitbegriffen Staunen und Amusement leiten, seine Schau will märchenhaft überwältigen, aber auch durch Vielfalt verblüffen. Das beginnt bei der bezaubernden Unterwasser-Wunderwelt, in die Kristalle als Fixpunkte für das Auge eingebettet sind, geht weiter mit der Biene, der ultimativen Sammlerin der Natur, die sich auf einer zarten Hibiskusblüte niedergelassen hat und die perfekte Symbiose von Nutzen und Schönheit darstellt, und reicht bis zu Wänden und riesigen Flächen, die aus sich heraus strahlen, und verschlungenen Wegen, die sich aus eigener Kraft erleuchten. Und am Ende, wenn man die Kristallwelten längst verlassen hat, verfolgen einen noch lange die funkelnden Säulen des Riesen.

㉖ Zillertal
Das aktivste Tal der Welt

Zillertal Tourismus
Bundesstr. 27d
6262 Schlitters/Zillertal
✆ (052 88) 871 87
Fax (052 88) 871 87-1
www.zillertal.at

Der russische Zar war hingerissen, als die Familie Rainer das Lied »Stille Nacht, heilige Nacht« anstimmte. Er lud die Zillertaler Nationalsänger nach St. Petersburg ein, dort startete im 19. Jahrhundert ihre europaweite Karriere. Das beliebteste aller Weihnachtslieder wird für immer mit dem Zillertal verbunden bleiben.

**REGION 7
Tirol**

Die Berge der Zillertaler Alpen mit ihren zahlreichen Gletschern sind hoch, sie reichen bis über 3500 Meter. Schon im September werden die Lifte für die Wintersportler präpariert, und manchmal liegt im Mai noch Schnee. 622 Pistenkilometer bietet das Zillertal, 171 modernste Liftanlagen und bestens präparierte Pisten für Snowboarder, vor allem im Hintertuxer Gletscher. Für die Jüngsten gibt es Skikindergärten (neuösterreichisch: Zwergel Clubs) und Kurse, dazu bequeme Kinderförderbänder mit buntbemalten Gondeln. Ein lustiges Maskottchen, der gelbe Arenafunt, ermutigt die Kleinen. In der Bärlihöhle gruseln sie sich ein wenig an der Hand einer Betreuerin, die danach auf der Schneewiese das Schneemannbauen lehrt und zur lustigen Schlittenpartie lädt. Snow-Action gibt es für die Größeren ab zwölf Jahren. Im Junior Workshop können sie genau das machen, was sie am liebsten tun: Tiefschnee fahren, Race Carving, Buckelpiste und Rennen mit Geschwindigkeitsmessung. Kinder und Erwachsene, denen die Brettl ein Graus sind, können auf einem der Natureisplätze Schlittschuhrunden drehen.

Das Zillertal besitzt aber auch ein Sommerpotenzial. Das Bergwanderwegenetz ist weitläufig und gut markiert. Von den Felsterrassen eröffnen sich weite Ausblicke auf saftig grüne Wiesen, tiefe Talgründe und hübsche Dörfer. In urigen Gasthäusern gibt es bodenständige Küche und eiskaltes Bergwasser. Die Zillertalbahn erschließt auf Schmalspurgleisen das Tal, Bergbahnen führen auf die umliegenden Höhen. Für Bergsteiger sind Hänge mit unterschiedlichen Schwierigkeitsgraden vorhanden. Die Zillertaler Alpen stehen unter besonderem Schutz und tragen seit 2001 das Prädikat »Naturpark«. Angeblich ist es das »aktivste Tal der Welt«.

Vierbeinige Bewohner des Zillertals

Schutzhütte in den Zillertaler Alpen: das Friesenberghaus auf 2498 Metern Höhe

REGION 8
Vorarlberg

Vorarlberg
Schimmernde Bergspitzen und feiner Pulverschnee

Das westlichste österreichische Bundesland ist rund 600 Kilometer von Wien entfernt, weshalb man sich dort kaum am Wiener Klüngel orientiert. Das hat auch damit zu tun, dass in Vorarlberg viele Nachfahren der Walser leben, die einst aus dem bitterarmen Wallis zuwanderten. Die meisten Österreicher sind ja bayerischer Herkunft, sie stammen von einem gemeinsamen bajuwarischen Volksstamm ab – außer den Vorarlbergern, die alemannischer Herkunft sind. Nach dem Abzug der Römer aus dem Rheintal und der Bodensee-Region drangen die Alemannen ins südlich gelegene Gebiet vor, sprachlich und mental sind sie mit den Schweizern und Schwaben verwandt. Zwei Drittel der Fläche von Vorarlberg liegt auf über 1000 Höhenmetern, der Nord-Süd-Korridor von nur 70 Kilometer Länge präsentiert einen vollständigen Querschnitt durch alpine Geografie. Vom milden Bodensee geht es dabei über ein waldbesetztes Mittelgebirge bis zu den über 3000 Meter hohen ewigen Gletschern der Silvretta. Die Täler sind tief eingeschnitten in die Landschaft, die Hän-

Die faszinierende Montafoner Bergwelt bei St. Gallenkirch

ge teilweise extrem steil, die Berggipfel bizarr nach oben verrenkt. Gewaltige Urkräfte waren hier einst am Werk, sie hinterließen aber auch fruchtbare Erde, weite Talwiesen, blumenreiche Almen und eine alpine Ruhezone, den Bregenzerwald.

Im kleinräumigen Kulturraum Bregenzerwald bewegt man sich durch eine stille Szenerie, mit eingezäunten Viehweiden, anheimelnden Einzelhöfen, Obstbaumplantagen und kurvigen Feldwegen. Kaum zu sehen sind Bügellifte, um in die Höhe zu gelangen, monotone Ferienhaussiedlungen gibt es überhaupt nicht. Dieser Verzicht auf Landschaftsverschandelung war der UNESCO eine Welterbe-Aufnahme wert. Vor rund 800 Jahren kam es im Vorarlberg zu größeren Rodungen, die bis heute das Landschaftsbild auszeichnen, davor war der Bregenzerwald eine undurchdringliche Vegetation mit Bären, Wölfen und Luchsen, vor der die Römer größten Respekt zeigten. Erst im Hochmittelalter begann die systematische Besiedlung,

REGION 8
Vorarlberg

Frei lebende Pferde an der Horaalpe im Montafon

**REGION 8
Vorarlberg**

mit der Benediktinerabtei Mehrerau hatten die Kolonisten geistliche Versorgung, mit den Landesherren allerdings weniger Glück. Die führten zwar die Gerichtsbarkeit, aber auch die Zinsabhängigkeit ein. 1805 fiel das Gebiet durch den Frieden von Pressburg an Bayern, 1814 kamen die Habsburger, da war es vorbei mit der »Bauernrepublik«.

Heute nutzt der Bregenzerwald sein Alpenklischee für den Tourismus. Kirche und Kuhstall gehört immer noch zusammen, weshalb in vielen Dörfern die Kannen vor den Bauernhöfen stehen, gefüllt mit frisch gemolkener Milch. Es gibt auch eine »Käsestraße«, die weltweit einzige. Die Architektur ist behutsam und beruht auf herkömmlichen Baumaterialien, vor allem Holz, die Fassaden sind mit unbehandelten Fichtenholzschindeln verkleidet. Selbst bei modernen Hotels ist das so, mancher Holzbau im Beherbergungsgewerbe streckt aber eine kühne Glasfront in die Landschaft. Bregenz, die Hauptstadt, leistet sich sogar ein futuristisches Kunstmuseum von Peter Zumthor. Vorarlberg zieht mit seiner Baukunst von ganz eigener Attraktivität mittlerweile viele Kulturinteressierte an.

Alpenglühen am Bürserberg im Brandnertal

❶ Brandnertal
In den Orten riecht es noch nach Vieh

REGION 8
Vorarlberg

Brand Tourismus
Mühledörfle 40
6708 Brand
✆ (055 59) 555
Fax (055 59) 555-20
www.brand.at
www.brandnertal.at

Zwölf Kilometer lang Schwyzerdütsch. So lang ist die Enklave, die an das Fürstentum Liechtenstein grenzt. Sind die Brandner unter sich, sondern sie sich mundartlich gern von Restösterreich ab. Sie sind Nachfahren von Rätoromanen, schon vor zwei Jahrtausenden siedelten sie sich im Tal unter dem 2965 Meter hohen Schesaplana an. Ihnen folgten Alemannen und im 15. Jahrhundert Walser, denen es in ihrem Schweizer Kanton zu eng geworden war. Sie hielten an ihrer Kultur fest, bis heute gelten sie als Sonderlinge. Der schönste Talabschluss der östlichen Alpen, das Brandnertal, ist das andere Österreich.

Die Menschen dort stört nicht, was andere über sie denken. Sie sind fleißig, und die Infrastruktur des Tals ist passgerecht mitgewachsen mit den gewandelten Bedürfnissen der Zugereisten. Das Geschäft mit dem Fremdenverkehr läuft gut – weil die Orte authentisch sind, vor allem der beschauliche Hauptort Brand. Nach wie vor gibt es Ställe direkt an der Hauptstraße, es riecht nach Vieh. Nach dem Melken werden die Kannen mit der Frischmilch an die Straßen gestellt, die Bauern verkaufen ihre Produkte frei

**REGION 8
Vorarlberg**

Pavillon an der Seepromenade in Bregenz

Bregenz aus der Vogelperspektive

Haus. Traktoren rumpeln zwischen Wanderern die Hänge hinauf, Waldwirtschaft und Jagd nähren ihre Betreiber. Der Tourismus ist nicht exzessiv, die Hotels sind kleiner als in Tirol, ein Neun-Loch-Golfplatz war genug. Neben dem Bergwandern und anderen Aktivitäten in der warmen Jahreszeit ist Wintersport der Schwerpunkt. Skiläufer und Snowboarder bevölkern die gut präparierten Hänge. Fast baumlos präsentiert sich die Südflanke des Gulmakamms mit weiten Trassen und Abfahrten ins Lorenzital. Ein Paradies für Langläufer und Tourengeher. Das feuchte Ende des Brandnertals ist der mystisch erscheinende Lüner See mit der Douglass-Hütte. Im Sommer nehmen Hartgesottene auf 2000 Meter Höhe ein eiskaltes Bad und genießen dabei den Anblick der hochalpinen Kulisse.

❷ **Bregenz**
Die Schöne am Bodensee

Vorn der Bodensee, hinten der Pfänder. Vorarlbergs Hauptstädtchen liegt reizvoll gestaffelt auf einem terrassenförmig zum See hin abfallenden Plateau. Die Unterstadt ist von moderner Architektur geprägt, von Festspiel-, Kongresshaus und Kunsthaus. Die Oberstadt ist romantisch mit Gassen, Fachwerkhäusern und alten Kastanien. Eine Stadt mit fast schon südlichem Flair. Wer Bregenz als Gesamtkunstwerk betrachten will, steigt den Hausberg Pfänder (1064 Meter) hinauf oder fährt mit dem Seilbähnle. Wunderbar die Blicke zurück auf Berge und See, sattgrüne Wiesen und schattige Tannenwälder. Wer wandert, kommt auf halber Höhe am »Berggasthof Adler« vorbei, dort gibt es feinsten Bodenseefisch, Felchenfilet im knusprigen Selleriemantel. Von der Gasthofterrasse lässt sich die Bodenseelandschaft studieren, links die Schweizer, rechts die deutsche Seite. Die Blicke bleiben an der Seebühne hängen, die im Sommer bespielt wird. Die drei B machen den Charme aus: Berge, Bodensee, Bregenzer Festspiele.

15 v. Chr. eroberten die Römer das keltische Brigantium, der Hafen wurde Zentrum der Bodenseeschifffahrt. Holz- und Kornhandel mehrten den Wohlstand. 1884 setzte man die Arlbergbahn auf ihre Gleise, das Zeitalter

REGION 8
Vorarlberg

Bühnenbild zur Puccini-Oper »Tosca«: die Seebühne der Bregenzer Festspiele

Tourismushaus
Bahnhofstr. 14
6901 Bregenz
℡ (055 74) 425 25-0
Fax (055 74) 425 25-5
www.bregenz.at

Gasthof Adler-Fluh
Fluh 11
6900 Bregenz
℡ (055 74) 448 72
Fax (055 74) 448 72-4
www.adler-fluh.at
Tägl. 10–24 Uhr, Reservierung empf.

Kunsthaus Bregenz
Karl-Tizian-Platz 1
6900 Bregenz
℡ (055 74) 485 94-0
Fax (055 74) 485 94-408
www.kunsthaus-bregenz.at
Di–So 10–18, Do 10–21 Uhr, Eintritt € 9, ermäßigt € 6,50

des Tourismus begann. Die Stadt wurde nie in ihrer Geschichte zerstört, sie besitzt Denkmäler vom Torbau aus dem 13. Jahrhundert über den barocken Martinsturm und die klassizistische Fassade des 1838 erbauten Kornhauses. Architektonisch setzt sie auch neuzeitliche Maßstäbe: Der milchgrüne gläserne Kubus des Kunsthauses, ein Entwurf des Schweizer Baumeisters Peter Zumthor, 1997 eröffnet, ist ein Leuchtkörper, der sämtliche Lichtwechsel und Wetteränderungen in Himmel und See absorbiert und zurückstrahlt. Präsentiert werden Wechselausstellungen zeitgenössischer Kunst.

❸ Bregenzer Festspiele
Die schwimmende Opernbühne auf dem Bodensee

Wenn sich über die Stadt mit ihren 28 000 Einwohnern, wunderschön in die weit ausschweifende Ostbucht des Bodensees gestaffelt, das Dunkel herablässt, beginnen die Bühnenbilder der spektakulären Seebühne zu leuchten. Kunst auf einem bei Sturm von Wellen umtosten Fundament, aber festgezurrt und standhaft. Was wäre der Bodensee ohne diese dem Ufer vorgelagerte schwimmende Bühne, die größte der Welt, selbst im Guinness-Buch der Rekorde verzeichnet. Ihre Geschichte begann 1946 mit zwei Kieskähnen im Gondelhafen, auf die im Sommer einige Bretter gelegt wurden, auf die sich dann einige wenige mutige Schauspieler und Sänger wagten. Heute steht die Bühne auf 200 massigen Pfählen, tief in den Seegrund abgesenkt. Sie hat Platz für mehr als 400 Akteure, die bei den allsommerlichen Opern-, Operetten-, Ballett- und Musicalaufführungen die Bühne bevölkern. Sie bespielen sie vor knapp 7000 Zuschauern auf der Tribüne. Puccinis »Tosca«, Verdis »Troubadour« gingen hier ebenso über die Bretter wie die modernes Ballett und Musicals vom New Yorker Broadway sowie Konzerte von Orchestern mit berühmten Dirigenten und den besten Star-Sängern der Welt.

Das macht Eindruck, weil die Stadt am Dreiländereck Österreich-Schweiz-Deutschland ein großartiges natürliches Kulissenpanorama dazu gibt. In Terrassen fällt das Plateau des Pfänders zum See hinab, andere Berge sind dazugestaffelt. Wenn der Mond scheint, die Sterne funkeln und der Wind vom See nicht zu rau ist, ist das Zuschauen und Zuhören ein einzigartiges Sinneserlebnis. Aber auch wenn der Wind mal Musikfetzen in die falsche Richtung peitscht, bleiben immer noch die visuellen Eindrücke. Fal-

Bregenzer Festspiele
www.bregenzerfestspiele.com
Reisezeit: Zu den Bregenzer Festspielen ab Ende Juli.

Abheben: Gleitflug vom Didamskopf im Bregenzer Wald

ⓘ Bregenzerwald Tourismus GmbH
Gerbe 1135, 6863 Egg
✆ (055 12) 23 65
Fax (055 12) 30 10
www.bregenzerwald.at

🏛 Heimatmuseum Egg
Pfarrhof 5, 6863 Egg
✆ (055 12) 22 16-0
Fax (055 12) 22 16-9
www.bregenzerwald.at

Käse aus dem Bregenzer Wald

len die Temperaturen, stellen die Veranstalter automatisch kuschlige Decken zur Verfügung. Dann holen die Zuschauer die Hände nur zum Klatschen aus der Verhüllung. Die wattstarken Scheinwerfer sind wie bunte Lichtfinger, die aus dem Dunkel nach der Bühne greifen, mitunter erfassen sie auch vorüber schippernde Dampfer, Boote und Yachten. Wird es aber zu kalt im Gebirge, wird die Veranstaltung in die funktionale Festhalle verlegt. Die Zuschauer haben es in diesem Fall nicht weit, sie befindet sich auf dem Gelände.

❹ Dörfer im Bregenzer Wald
Sanft buckelnde Landschaft

In den 22 Dörfern zwischen Bodensee und Arlberg leben so viele Menschen wie Kühe: je rund 20 000. Die Region steigt vom See her hügelig und mit weit gestreuten Sonnenterrassen an. Je südlicher der Bregenzer Wald wird, desto mehr zeigt er Hochgebirgscharakter mit steilen Felsen und breiten Auen. Der Zauber der Landschaft ist ihr sanftes Buckeln und sind die idyllisch eingesenkten Täler, am tiefsten eingeschnitten das Tal der Bregenzer Ache vom Hochtannberg bis zum Bodensee. Hier liegen die meisten Dörfer, grasen die meisten der Kühe und hier gibt es auch die unumstritten schönsten Wandergebiete.

Als hübschestes Dorf gilt Schwarzenberg mit über 250 Jahre alten Holzhäusern und der barocken Pfarrkirche mit Apostelbildern und einem Hochaltargemälde der Malerin Angelika Kauffmann, die diese Werke in der zweiten Hälfte des 18. Jahrhunderts schuf und u. a. von Goethe bewundert wurde. Der Postkartenanblick des Dorfensembles ist als UNESCO-Welterbe geschützt. Im Ort findet allsommerlich die »Schubertiade« statt, ein Programm mit Liedern von Franz Schubert.

Alberschwende, das Eingangstor zum Bregenzer Wald, besitzt eine tausendjährige Linde, die immer noch blüht und duftet. Lingenau ist Blumengemeinde und hat ein modernes Gesundheitscenter. Egg ist Startpunkt für zahlreiche Wanderungen, mit denen

Blick auf die Altstadt von Feldkirch ▷

sich der Bregenzer Wald per pedes erschließen lässt. Im Ort steht das informative Heimat- und Trachtenmuseum, untergebracht in der alten Volksschule. Von Bezau aus kann man mit der Museumsbahn Wälderbähnle nach Bersbuch fahren. Bizau schließlich rühmt sich der längsten Sommerrodelbahn der Welt: 1650 Meter mit 70 Kurven. Im Winter stehen Aktiven im Bregenzer Wald 14 Lifte und Sesselbahnen zur Verfügung, die bis auf 2500 Meter Höhe führen, und 36 Pistenkilometer.

❺ Das alte Studierstädtle Feldkirch
Die westlichste Stadt Österreichs

»Eine hübsche Stadt«, so James Joyces knappes Statement. In Wirklichkeit soll der Dichter, aus Triest kommend, verblüfft gewesen sein über die kompakte, im Sonnenschein südlich anmutende westlichste Stadt Österreichs. 1915 wartete er hier ungeplant auf das Umsteigen in den Orient-Express, es war Erster Weltkrieg. Joyce war tief versunken in seine Gedanken, und Jahre später erzählte er, dass es dort war, in Feldkirch, wo er sich dazu entschloss, den »Ulysses« zu schreiben, sein größtes Werk. Nicht umsonst ein Tagtraumbuch, denn Feldkirch verleitet wahrlich zum Tagträumen.

Das alte Studierstädtle im »Schatten« der mittelalterlichen Schattenburg (1260), brachte viele Künstler und Gelehrte hervor. Der Arzt und Geograf Hieronymus Münzer ist in Feldkirch geboren (1437), der Maler Wolf Huber (1480), Star der »Donauschule«, und der Humanist und Mathematiker Georg Joachim Rheticus (1514), ein Mitstreiter von Kopernikus. Sie alle spazierten durch die zwei Tore der Stadtmauer, die noch in Resten vorhanden ist, sahen die vier Türme, die verträumten Gassen und Fachwerkhäuser. Sie sahen die Illbrücke mit ihren trutzigen Befestigungsanlagen, den Katzenturm mit seinen Kanonen (»Katzen«) und das Churertor, auch Salztor genannt, mit dem sechsgeschossigen Torturm.

Feldkirch zeigt noch komplett seinen mittelalterlichen Stadtkern, nichts ist überbaut. Sehenswert ist das Rathaus mit Ratsstube (1493), der Marktplatz mit seinen Patrizierhäusern und Laubengängen, die spätgotische Johanneskirche. Hübsch ist die Kreuzgasse, ein alter historischer Straßenzug, der auf das hochherrschaftliche Palais Liechtenstein (1697) zuführt, in dem heute die Stadtbibliothek untergebracht ist. Am Domplatz zeigt die Kirche St. Nikolaus (1478) seine farbtollen Glasfenster, sie gilt als bedeutendstes gotisches Gotteshaus Vorarlbergs. Ihre Innenausstattung ist kunsthistorisch von hohem Wert, die Kanzel wurde zum schmiedeeisernen Sakra-

REGION 8
Vorarlberg

Dekorativ: Fenster in Feldkirch

ℹ Feldkirch Tourismus
Palais Liechtenstein
Schlossergasse 8
6800 Feldkirch
✆ (055 22) 734 67
Fax (055 22) 734 67-34 29
www.feldkirch.at

🍴 Schlosswirtschaft Schattenburg
Burggasse 1
6800 Feldkirch
✆ (055 22) 724 44
Fax (055 22) 724 44-18
www.austria-urlaub.com
Di–So 10–23 Uhr,
Juli/Aug. auch Mo,
Reservierung empf.

REGION 8
Vorarlberg

Biosphärenpark
Großes Walsertal
Jagdbergstr. 272
6721 Thüringerberg
℡ (055 50) 203 60
Fax (055 50) 203 60-4
www.grosseswalsertal.at

mentshaus umgestaltet. Am Ardetzenberg werden Weinreben gezüchtet, wie seit Jahrhunderten. Man kann tatsächlich ins Träumen geraten, wie James Joyce.

❻ UNESCO Biosphärenpark Großes Walsertal
Die Natur nutzen, ohne ihr zu schaden

Um 1300 entsandten die Montforter Grafen, die im Walsertal das Sagen hatten, ihre Vertreter ins Wallis. Sie sollten in der Schweiz Söldner anheuern. Diese hatten wichtige Pässe zu kontrollieren und für Ordnung im Tal zu sorgen.

Dafür erhielten sie Grund und Boden und mussten kaum Zins zahlen. Die Walser nannten sich »freie Bauern«, noch heute legen sie Wert auf ihre besondere Geschichte. Im Heimatmuseum in der Ortschaft Sonntag konservieren sie ihre stolze Vergangenheit und zeigen, wie früher gewohnt und gearbeitet wurde. Ein hartes Leben in den über die steilen Hänge der Täler verstreuten Häusern und Höfen. Auch das Schwyzerdütsch, Trachten und der Dachverein Vorarlberger Walservereinigung gehören zum gelebten Brauchtum.

Im Jahr 2000 ist das Große Walsertal zum UNESCO Biosphärenpark ernannt worden, es steht auch unter internationalem Schutz. Das dünn besiedelte (3500 Einwohner), bäuerlich geprägte Bergtal nordöstlich von Bludenz umfasst knapp 200 Quadratkilometer. »Die Natur nutzen, ohne ihr zu schaden«, lautet das Motto der Walsertal-Bewohner. Von 200 landwirtschaftlichen Betrieben ist etwa die Hälfte in den letzten Jahren zum Bio-Betrieb geworden. Kaum eine Region ist so gut erfasst wie diese. In der »Kulturlandschaftserhebung« wurde jede dörfliche Struktur und jedes charakteristische Landschaftselement registriert.

Um Touristen die spezielle Geschichte des Tals nahezubringen, wurde ein Walserweg eingerichtet, können Familien einen ganzen Tag auf dem Walderlebnispfad verbringen, auf dem Blumenlehrpfad rund 150 Pflanzenarten kennenlernen und auf dem Lawinenweg alles erfahren über den Schutz vor herabkrachendem Geröll in der Schneeverpackung. Der Walserweg wird abseits der Straße durchwandert. Er beginnt in Thüringerberg, führt durchs wildromantische Hölltobel und an den Teichen unterhalb eines Klosters vorbei nach Garsella. In Richtung Sonntag wechseln die Wanderer von der Schatten- auf die Sonnenseite. Es geht über Magerheu- und Streuwiesen, die für das Tal typisch sind. Entlang des Wegs sind Informationstafeln aufgestellt.

❼ Lech am Arlberg
Am richtigen Ort Urlaub machen

ⓘ Lech Zürs
Tourismus
6764 Lech am Arlberg
℡ (055 83) 216 10
Fax (055 83) 31 55
www.lech-zuers.at

Hundert Jahre und ein bisschen leise. Fast wäre die Botschaft verloren gegangen. Aber sie ist wiederentdeckt worden. Zum Glück, denn sie ist für alle gültig. Ihr Inhalt: Man muss nur am richtigen Ort Ferien machen – in den Bergen. Allein die Wahl des Urlaubsorts zieht einen Gesundheitseffekt nach sich. Denn in der sogenannten mittleren Höhe (1200–2500 Meter) kommt es zur Frischzellenkur des menschlichen Organismus. Der Höhenaufenthalt bewirkt eine Ökonomisierung des Herz-Kreislauf-Systems: Die dünne Luft zwingt den Körper, effizienter zu arbeiten. Dafür wird er beschenkt aus dem Füllhorn der Gesundheit. Bergwandern führt automatisch zur Gewichtsabnahme, normalisiert den Blutdruck und verbessert

Stoffwechselvorgänge. Es sorgt für natürlichen Muskelaufbau, Stressabbau und besseren Schlaf. Und es hebt die Stimmung.

Das alles hat Nathan Zuntz, ein Berliner Gelehrter, vor rund 100 Jahren erforscht. Er erhielt dafür vom preußischen Kaiser Orden und das Militär wurde in den Alpen ertüchtigt. Sein »Enkel« ist Egon Humpeler, österreichischer Höhenforscher. In Lech am Arlberg hat er die Forschungen von Zuntz weitergeführt. Sein Gesundheitsprogramm heißt »Welltain« (von Wellbeing in the Mountain). Mehrere Hotels bieten es an.

Lech, knapp über 1000 Meter Höhe gelegen, ist fast kitschig schön. Durch den Ort plätschert das Wildwasser der Lech, der Zwiebelturm der alten Kirche reflektiert das Sonnenlicht. An den Hängen Gasthöfe, Hotels und Wohnbauten, im Umfeld ein ausgezeichnetes Wege-Wandernetz mit verschiedenen Schwierigkeitsgraden. Saftig grüne Hochlagenbegrünung und hineingetupfte Bilderbuch-Seen rahmen den Ort, im Winter Schneehänge und Skilifte. Der »Gasthof zur Post«, erstes Haus am Platz, beherbergt oft Promis. Lech hat eine lange Tradition, 1925 wurde hier die erste Skischule der Alpen eröffnet. Im Winter fegen Skifahrer die fünf Kilometer lange Madloch-Abfahrt zwischen Lech und Zürs hinunter, zwischen Mai und November sind dort Bergwanderer anzutreffen. Beide verleihen der Strecke und der Region das Prädikat »traumhaft«.

REGION 8
Vorarlberg

Schneezauber in Lech am Arlberg

Ein Traum in Weiß: das Skigebiet um den Arlberg bei St. Anton

REGION 8
Vorarlberg

*Spring Festival in
St. Anton am Arlberg:
Chillen am Rendl-Beach*

ⓘ **Tourismusverband St. Anton am Arlberg**
Dorfstr. 8, 6580 St. Anton am Arlberg
✆ (054 46) 226 90
Fax (054 46) 25 32
www.stantonamarlberg.com

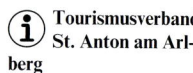 **Ski- und Heimatmuseum**
Rudi-Matt-Weg 10
6580 St. Anton am Arlberg
✆ (055 46) 24 75
Fax (055 46) 24 75
www.museum-restaurant.at
Tägl. ab 15 Uhr

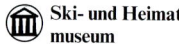 **Silvretta-Hochalpenstraße**
www.silvretta-bielerhoehe.at
Preise (mautpflichtig)
Pkw mit bis zu 5 Personen € 11,50, Motorrad € 10,50

ⓘ **Illwerke Tourismus**
✆ (055 56) 701 83-167
Fax (055 56) 701 83-370
Reisezeit: Je nach Schnee- und Witterungslage von Juni bis Okt. geöffnet.

❽ Skigebiet St. Anton am Arlberg
Ein Traum in Weiß

Hannes Schneider erfand hier einst die Abfahrtsskitechnik der sogenannten Arlbergschule, Stefan Kruckenhauser führte als Erster auf den steilen Hängen das Wedeln vor. Olympiasieger und Weltmeister im Wintersport wurden hier in Serie geboren, ein Ende ist nicht abzusehen. Denn der Arlberg, ein Gebirgsstock zwischen Vorarlberg und Tirol, hat trotz des Klimawandels immer noch eine gewisse Schneegarantie. Das höchste Massiv der Lechtaler Alpen (1793 Meter) mit dem steil aufragenden Valluga (2811 Meter) bildet nämlich die Wasserscheide zwischen Rhein und Donau und zugleich die Wetterscheide. Statistisch nachgewiesen fallen hier größere Schneemengen vom Himmel als anderswo. Deshalb entstanden eine Reihe bekannter Wintersportorte, die bekanntesten sind St. Anton, Lech, Zürs und Stuben. Die Berge der Verwallgruppe mit Silvretta, Klostertal, Stanzer Tal, Montafon und Paznauntal geben ein kompaktes Bild der Alpen ab, die Gipfel majestätisch, die Täler tief eingeschnitten. Wie abgeschieden lebten die Menschen dort, als es die 1900 vollendete Passstraße noch nicht gab. Ihre Nachfahren profitieren von der Vielgestaltigkeit der Natur und den Möglichkeiten, Wintersport anzubieten. 260 Kilometer grandios breit gefächerte Pisten sind vorhanden – sie bilden eines der besten Skigebiete der Welt. Klassiker auf der Zürs-Lech-Hälfte ist die rund 20 Kilometer lange Ski-Rundreise von Lech über Rüfikopf und Trittkopf nach Zürs und über Seekopf, Madloch und das Zuger Hochlicht zurück nach Lech. Ein Tagestraum in Weiß für Skifans.

Im informativen Ski- und Heimatmuseum von St. Anton auf 1284 Meter Höhe, das gleichzeitig ein Restaurant ist, wird die Geschichte der Erschließung der alpinen Orte und die Geschichte des Skisports dargestellt. Am Abend ist viel los in der Fußgängerzone mit seinen zahlreichen Lokalen und Hotelbars. Sehenswerte Architektur gibt es hier allerdings nicht.

❾ Silvretta-Hochalpenstraße
Die schönste Gebirgsstraße der Alpen

Diesen Rundgang sollte man sich gönnen. Wer auf der Silvretta-Hochalpenstraße, einer der schönsten Panoramastraßen der Welt, am Silvretta-Stausee angekommen ist, kann ihn in etwa zwei Stunden umrunden. Eine Wanderung mit unterschiedlichen Ausblicken auf die Gebirgslandschaft an der Grenze zwischen den Ländern Vorarlberg und Tirol und an der Was-

REGION 8
Vorarlberg

serscheide zwischen Rhein und Donau. Die hochalpine Straße – ihr höchster Punkt, die Bielerhöhe, liegt auf 2032 Metern – führt vom Vorarlberger Montafon durch die Silvretta ins Tiroler Paznauntal. Sie ist 23 Kilometer lang, hat 32 Kehren, eine maximale Steigung von 14 Prozent und kann nur in der warmen Jahreszeit befahren werden. Wem zwei Stunden Fußweg zu viel sind, der kann eine Motorbootfahrt auf dem höchstgelegenen europäischen Stausee unternehmen. Auf der Bielerhöhe gibt es auch mehrere Lokale mit Terrassen zum Stausee hin. Dort wird man vielen ausgelaugten Radfahrern begegnen, die mit letzter Kondition die Auffahrt geschafft haben. An mehreren Aussichtspunkten stehen große Parkplätze zur Verfügung. Der Blick hinauf in die vergletscherte Gipfelwelt der Berge zeigt das Majestätische der Alpen. Eine Landschaft, in der der Mensch nur eine Randerscheinung bildet.

Ursprünglich war die Straße nur als Versorgungsstrecke für die Baustellen von Staumauern und Kraftwerken angelegt worden, als nach dem Zweiten Weltkrieg die Trasse von der Bielerhöhe nach Galtür gelegt wurde. Der Legende nach soll noch ein übergroßer Bagger als Relikt im Gelände zurückgelassen worden sein. Geplant war, ihn zu zerlegen und abzutransportieren. Aber der Bagger soll sich 1953 eines Tages selbst einen Weg durch Gestrüpp und Wald nach unten gebahnt haben – die Route der künftigen Silvrettastraße, die 1954 eröffnet wurde. Der Stausee am Fuß des Piz Buin (3312 Meter) ist zweieinhalb Kilometer lang und 75 Meter breit, die Farbe seines Wassers – 38,6 Millionen Kubikmeter – wechselt je nach Tageszeit zwischen hell- und kobaltblau.

Vom weiter unten liegenden Vermunt-Stausee (1743 Meter) aus gibt es eine Abfahrt zum Madlenerhaus (1986 Meter), in dem Bergsteiger übernachten und das ein optimaler Ausgangspunkt für Bergwanderungen in der Silvrettagruppe ist. Konditionsstarke Bergfexe erklimmen den gewaltigsten Gipfel der Silvretta, den Großlitzner (3111 Meter), in rund sechs Stunden. Bergführer bieten ihre Dienste an.

Steinbock mit imposanten Hörnern in der Silvretta

Stausee am Fuß des Piz Buin, des höchsten Bergs des Silvretta-Hauptkamms

**REGION 9
Bundesland
Wien**

Wien
Eine Stadt wie eine Melange

Kaum zu glauben, dass Wien vor 1990 eine graue Metropole der Grantler und Melancholiker war, in der man der alten Zeit hinterher trauerte, als die Stadt noch Zentrum des habsburgischen Riesenreichs war und ein Big Player in Europa. Wien ist durch die Demokratiewende in Mittelosteuropa in den Mittelpunkt des Kontinents verschoben worden, hat wirtschaftlich gewaltig profitiert vom Zusammenbruch des Ostblocks, nachdem es jahrzehntelang in dessen Schatten unlustig vor sich hindämmerte. Im Ranking der beliebtesten Städte steht es unter den Top Five, als Kongressstadt ist es Nummer eins in Europa und als Charme-und-Anekdoten-Stadl sowieso. Die kosmopolitische Stadt »brummt«, die Immobilienpreise steigen, die Kultur startet zu immer neuen Höhenflügen, weil dazu einfach die Finanzbasis da ist. Wien ist ein echter Wendegewinner und rangiert neben Berlin, Paris oder Rom.

Doch die alteingesessenen Wiener machen sich Sorgen um den Wiener Dialekt. Er verdunkelt die Vokale, macht aus »Hilfe« »Hüfe« oder aus »blöd« ein langgezogenes »blad«. Aber die weltoffenen jungen Leute verlegen sich lieber auf *Globish*, die neue Weltsprache (Wort-

Luftiger Barock in der Mitte des Wiener Grabens: die Pestsäule

184

schöpfung aus Global und English) und wissen nicht mehr, was ein *Kaprizzerln* (Pölsterchen) ist, ein *Falottn* (Gauner), was *Nabezzn* (Mittagsschläfchen) bedeutet oder Futhusar (Filzlaus). »Des is jo ollas sehr sche«, werden sie ihren Altvorderen gegenüber noch mal freundlich, »aber i gfrei mi scho auf mei Urlaub« – wenn andernorts kein Dialekt gebraucht wird. Aber vielleicht wird das Wienerische eines Tages immaterielles Weltkulturerbe, dann kann man wieder fluchen wie der Fiakerkutscher: »Kumm aussa, du Orschloch!«

Der Wiener Schmäh ist als Häme bekannt, aber ganz überwiegend eine Liebeserklärung – an die Stadt! Die Wiener sind einfach stolz auf Wien, der rasante Wandel hat allerdings viele erschöpft, deshalb fallen sie ins Granteln zurück. Aber hinter der geifernden Grimasse flackert in den Augen die Anerkennung, dass man es geschafft hat zurück in die erste Liga. Außer im Fußball, dieses leidige Thema sollten vor allem Deutsche in Wiener Lokalen nicht diskutieren wollen.

Wien spielt mit seinen Klischees: Sisi, Wiener Schnitzel, Lipizzaner, Freuds Couch, Tortenkrieg (Sacher ge-

Klassisches Repertoire: Straßenmusiker am Graben in Wien

REGION 9
Bundesland Wien

Emblem der Dreifaltigkeitssäule am Graben

Prinz Eugen vor der Wiener Hofburg am Heldenplatz, der alten kaiserlichen Residenz

gen Demel), Wiener Blut (Rindfleischliebe der Einheimischen, Tafelspitz usw.), Kaisererbe (Denkmäler), Secession (Jugendstil) und Todessehnsucht (Friedhöfe). Die Stadt will putzig sein, aber auch imperial, buhlt mit kleinstädtischem Charme im Ausgehviertel 1. Bezirk und klotzt immer höhere Häuser in die City-Peripherie. Sie will hauptsächlich mit der Kultur Punkte machen, was ihr auch spielerisch leicht gelingt: Die Wiener Sängerknaben, die Wiener Sinfoniker und die Wiener Theater (Staatsoper und Burgtheater) sind Kulturinstitutionen von Weltrang. Die Kunst feiert sich selbst in der Hofburg, den Palästen, dem über 300 Jahre alten Dorotheum, wo hochkarätige Exponate versteigert werden, oder der Nationalbibliothek. Ein Himmelreich an Erdenschätzen. Und im Kaffeehaus, auch das eine Institution, wird abgelästert. Das ist die typische Wiener Melange.

Wien ist ein Showroom der schönen Künste, aber auch eine Flussstadt. Jahrelang war sie dem Gewässer eher abgewandt, »An der schönen blauen Donau« gab es nur noch als Walzer, eine Illusion im Dreivierteltakt. Viele Wiener wussten gar nicht mehr, dass Wien tatsächlich an der Wien liegt, einem kleinen Fluss, der im Wienerwald entspringt. Jetzt ist er wieder da, wird als ökologisches Musterprojekt gehätschelt, nachdem er lange eine Müllkippe war. Neben dem allgegenwärtigen Barock rückt immer mehr architektonische Avantgarde in die Stadt ein, sie will nicht dekorieren, sondern provozieren. Die Kuppeln der Industriebauten werden durch offene Stahlgerippe ersetzt, in Fabrikräumen entstehen Lofts, moderne Bürogebäude sind kantig und transparent statt gebautes Zuckerwerk. Das aber findet nur in Maßen in der denkmalgeschützten historischen Stadt statt. Dort gilt noch: »Wien bleibt Wien«.

❶ Nationalpark Donauauen
Im Reich der Sumpfschildkröten

2006 ist die Donau zur Schnellstraße geworden. Der Schnellkatamaran »Twin City Liner« verkehrt seither zwischen Wien und Bratislava, mit einer Durchschnittsgeschwindigkeit von 60 Stundenkilometern dauert die Fahrt 75 Minuten. Sie führt mitten durch die Donauauen, seit 1996 Nationalpark, und das ist nur möglich, weil das in Norwegen gebaute 2000-PS-Spezialschiff mit extrem geringer Tiefe und erstaunlich leise durch den Fluss zieht. Trotz des hohen Tempos schlägt das Wasser nur einen halben Meter weit Wellen. Es stört nicht die seltenen Sumpfschildkröten auf den Eilanden, die Fischotter, Eisvögel und Kormorane in den Nebenarmen, die Wildschweine, Hasen und Füchse, die durchs Gebüsch schlüpfen. Naturschützer akzeptieren die Schiffsverbindung.

Der Nationalpark Donauauen zeigt sich gleich hinter der Stadtgrenze als Wildwuchs, die Uferböschung ist stellenweise dschungelartig zugewuchert. Schotterpartien werden von sandigen Ufern abgelöst, dann säumt Dickicht die Flussränder, Pappeln und Erlen sind emporgeschossen, Weiden hängen ihre Äste in die Strömung. Im Som-

REGION 9
Bundesland
Wien

Heimisch in den Donauauen: der schwarz glänzende Kormoran

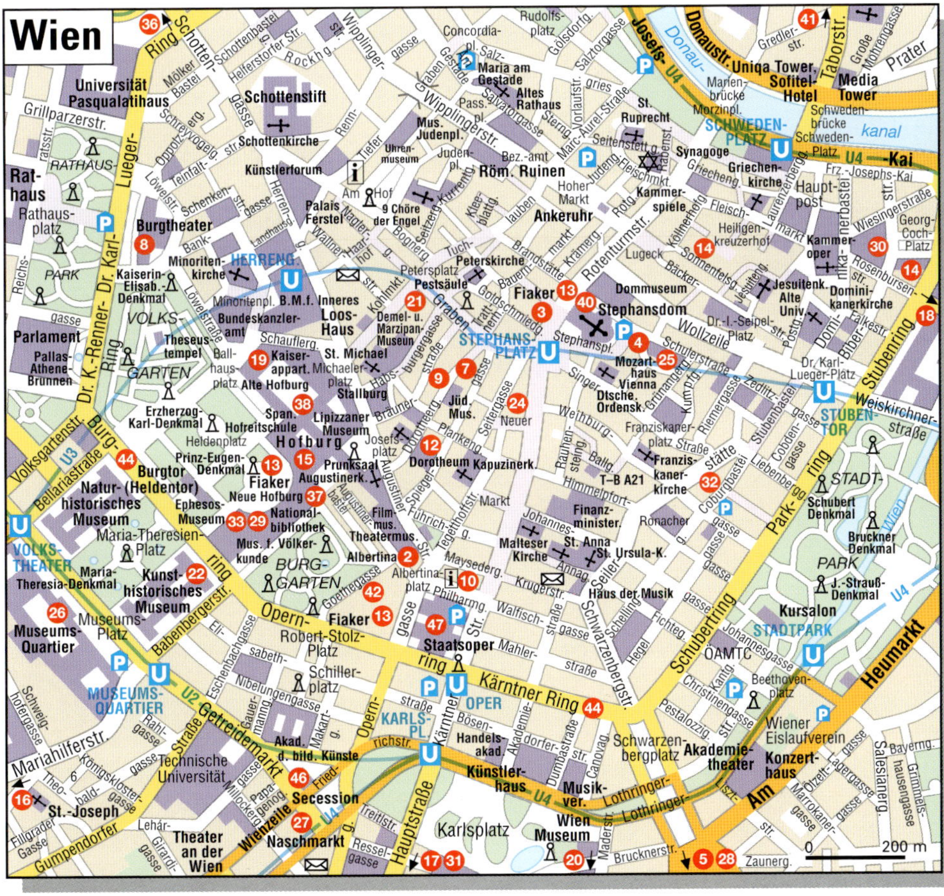

Die Albertina birgt eine der größten und bedeutendsten grafischen Sammlungen der Welt

Nationalpark Donauauen
Schloss Orth
2304 Orth an der Donau
✆ (022 12) 34 50
Fax (022 12) 34 50-17
www.donauauen.at

Donauschifffahrt
✆ (01) 588 80
www.twincityliner.com
Der »Twin City Liner« verkehrt zwischen 1. April und 28. Okt. dreimal täglich zwischen Wien, (Schwedenplatz/Marienbrücke) und Bratislava (Novy' most) hin und zurück.

mer bietet die Gegend Badeplätze, braungebrannte Pensionisten sind in Kajaks unterwegs, Naturfreunde suchen mit Fernstechern nach seltenen Vögeln. Der Urwald am Rande Wiens entstand, weil die Stadt ihre Industrialisierung zurückgefahren hat und den im 19. Jahrhundert brachial regulierten Strom seit Jahrzehnten sich selbst überlässt. Der Urlandschaft hinter Wien folgt die romantische Passage an der Hainburger Pforte, wo die Donau die March aufnimmt, und über der gemächlichen Vereinigung der beiden Flüsse wacht die Burgruine Theben an einer Felskante. Die slawische Grenzfestung trennte lange die Slowakei und Österreich, aber das ist vorbei. Die Hauptstädte der beiden Länder wachsen immer mehr zusammen, Verkehr, Güterumschlag und Kultur sorgen dafür – und dazwischen erstreckt sich grandiose Natur.

❷ Albertina in Wien
Die größte grafische Sammlung der Welt

In diesem Haus kann man endlich ein Meisterwerk, das jeden Zeitgenossen seit Jahren begleitet, im Original sehen. Gemeint ist Albrecht Dürers »Feldhase« (1502), ein Bild, das über Jahrhunderte sogar Schulbücher illustrierte. Aber auch die »Betenden Hände« des Nürnberger Meisters gehören zu den Besitztümern dieses einzigartigen Museums. Dürer ist mit rund 140 Zeichnungen und Aquarellen in der Albertina vertreten – die umfangreichste Sammlung seiner Werke. Der Grafischen Sammlung gehört der größte grafische Bestand der Welt: rund 45 000 Zeichnungen und Aquarelle sowie eineinhalb Millionen druckgrafische Blätter, darunter Holzschnitte von der Gotik bis zur Gegenwart, eine Fotografie- und eine Architektursammlung. Gegründet wurde sie von Herzog Albert von Sachsen-Teschen (1738–1822), nach Umbauarbeiten ist sie zum modernen Ausstellungshaus avanciert. Zu sehen sind Arbeiten vom Anfang des 15. Jahrhunderts bis in die Gegenwart. Zu den besonderen Kostbarkeiten gehören neben Werken Dürers auch Zeichnungen von Leonardo da Vinci, Michelangelo, Raffael, Rubens und Rembrandt. Die Moderne repräsentieren unter anderem Munch, Klimt und Schiele, Picasso und Chagall. Auch die Pop-Art ist vertreten. Die Arbeiten dieser Künstler werden schwerpunktmäßig präsentiert, jeder einzelne ist eine Ausstellung für sich. So kann man zum Beispiel – und das gibt es nicht in Rom – die Rötelstudien bewundern, die Michelangelo als Vorlage für die Fresken in der Sixtinischen Kapelle im Vatikan dienten. Das 1781 erbaute Palais neben der Hofburg enthält Habsburgische Prunkräume, benannt nach längst verblichenen Blaublütern wie Erzherzogin Marie Christine und anderen, die erst seit Kurzem wieder zugänglich sind. Die meisten Besucher fahren mit der Rolltreppe hinauf, man kann aber auch standesgemäß die breite Freitreppe nehmen.

❸ Architektur der Moderne in Wien
Eine Stadt als Experimentierfeld

Sogar aus Amerika und Australien pilgern Architekturfans nach Wien. Die Stadt ist seit Mitte des 19. Jahrhunderts ein Experimentierfeld der Städteplanung und hat viele Städte in Ostmitteleuropa und auf dem Balkan – Budapest, Sarajevo, Zagreb, Rijeka – nachhaltig beeinflusst. Vor allem die Ringstraßenarchitektur wurde übernommen, etwa von der ungarischen Hauptstadt. In Wien konnte sie erst entwickelt werden, nachdem die militärische Bedeutung abnahm und die Stadt ihr Wehrhaftes in Gestalt von Basteien, Schutzwällen und Türmen abbaute. Unter Kaiser Franz Joseph schlug sie konsequent den Weg zur modernen Metropole ein. In einem einmaligen städtebaulichen Kraftakt entstand die Ringstraße mit neuen Prunkbauten als Symbol des Wohlstands und städtischen Selbstbewusstseins. Die neuen Gebäude der Universität und des Burgtheaters galten damals als äußerst fortschrittliche Baukörper. Mit Otto Wagner, seit 1893 Professor an der Akademie der Bildenden Künste, kam es zum Durchbruch der Wiener Moderne. Er war der geistige Führer der Wiener Secession, schuf beispielhafte funktional-schöne Bauten wie die Postsparkasse, die Kirche am Steinhof, die Stadtbahn, U-Bahnhöfe und die Schleusenanlage am Donaukanal. Aus der Stadt der Handwerker wuchs eine Industriegroßstadt. Wagner wollte Wien gar zur Welthandelsmetropole ausbauen, aber mit dem Untergang der Monarchie 1918 zerbrachen die Utopien. Im 20. Jahrhundert avancierte Wien zum Modellfall für den sozialen Wohnungsbau. Zwischen 1923 und 1933 entstanden 65 000 Gemeindewohnungen in sogenannten Superblocks. Der Karl-Marx-Hof in Döbling zum Beispiel ist eine eigene Stadt mit Ehrenhof und mächtigen Toren, die ihren Bewohnern Würde verlieh. Großzügig und grün sind die Innenhöfe, mit

REGION 9
Bundesland
Wien

In der Albertina: Peter Paul Rubens' »Nikolaus Rubens mit Korallenschnur« (um 1619)

Albertina
Albertinaplatz 3
1010 Wien
✆ (01) 534 83-0
Fax (01) 534 83-430
www.albertina.at
Tägl. 10–18, Mi 10–21 Uhr, Eintritt € 9,50, ermäßigt € 8, Kinder € 7

Jugendstilhaus von Otto Wagner an der Wienzeile 38 mit Medaillons von Koloman Moser

REGION 9
Bundesland Wien

⊗ Witwe Bolte
Gutenberggasse 13
1070 Wien
✆ (01) 523 14 50
www.witwebolte.at
Tägl. 11.45–23.30 Uhr

⊗ Gasthaus Ludwig Heidinger
Märzstr. 77, 1150 Wien
✆ (01) 985 80 39
Mo–Sa 9–22 Uhr

⊗ Pfudl
Bäckerstr. 22
1010 Wien
✆ (01) 512 67 05
Fax (01) 513 80 42
www.gasthauspfudl.com
Tägl. 10–24 Uhr

⊗ Gmoa Keller
Am Heumarkt 25
1030 Wien
✆ (01) 712 53 10
www.gmoakeller.at
Mo–Sa 11–24 Uhr

einem klar organisierten Gemeinwesen, mit Kindergarten, Bibliothek, Wäscherei, Zahnklinik, Krankenkasse, Jugendheim und Postamt. In den 1980er-Jahren setzte eine neue Gründerzeit ein. Wien prunkt heute mit bildungsbürgerlichen Bauzitaten und feiert seinen Stilpluralismus. In die barocke Innenstadt schiebt sich moderne Architektur vor, wie das Haas-Haus gegenüber dem Stephansdom und die Donau-City. Das städtebauliche Experiment geht weiter.

❹ Beisl, eine Wiener Institution
Das Wirtshaus als Refugium

Die Trias der Wiener Gastlichkeit sind Kaffeehaus, Heuriger und Beisl. Die ersten beiden werden von Touristenbussen angesteuert, das Beisl dagegen, die österreichische Version des Wirtshauses, ist noch zu entdecken. Dort lernt man wirklich Wiener kennen, wie im Bistro der französischen Hauptstadt Pariser. Das echte Beisl ist urwüchsig, rustikal und fristet sein Dasein

»Griechenbeisl« am Fleischmarkt im 1. Bezirk: das älteste Wiener Wirtshaus

im Abseits internationaler Aufmerksamkeit. Es ist noch nicht zu Tode klischiert und bietet nach wie vor originale Wiener Gesellichkeit.

Der Begriff Beisl stammt vom jiddischen *Baiz* – kleines Haus. Es ist ein Kind der Armut im 19. Jahrhundert, als Wien durch regen Zuzug eine Bevölkerungsexplosion erlebte. Weil sich nicht alle Ankömmlinge Wohnung oder Hotel leisten konnten, wurde für sogenannte Bettgeher das Wirtshaus zum Wohnzimmersatz. Sie aßen und tranken dort günstig, im Hinterzimmer konnten sie billig schlafen. Deshalb gibt es die urigsten Beisl bis heute in Wiens Außenbezirken, im ersten Bezirk waren sie nicht gern gesehen. Auf der Schiefertafel sind mit Kreide die Tagesgerichte geschrieben, der Raum ist holzvertäfelt, das Essen nicht ästhetisch aufgerüstet, aber nahrhaft und gut zubereitet. Man trinkt ein Achterl oder einen G'spritzen, löffelt Rindssuppe mit Einlage, Schnitzel mit Kartoffelsalat, saure Wurst oder Zwiebelbraten mit gerösteten Knödeln. Der Klassiker dieser Hausmannskost ist die Kombination Gulasch und Bier. Auch Mehlspeisen wie Palatschinken (gefüllte Pfannkuchen) sind im Angebot.

Die sogenannten Nobelbeisl haben mit dem Beisl nichts zu tun. Sie schreiben sich fälschlicherweise mit zwei »''« und servieren Tafelspitz, um sich bei Touristen anzubiedern. Das ist nicht mehr authentisch, zudem haben aufgeputzte In-Lokale die verkehrte Preisklasse. Dort fühlt sich niemand, der das Beisl liebt, wirklich wia z'Haus.

REGION 9
Bundesland Wien

In Wien gehört der Tod zum Leben

❺ Bestattungsmuseum Wien
Wo der Tod zum Leben gehört

Solch ein Museum gibt es nur einmal in der Welt. In Wien gehört der Tod zum Leben wie anderswo der Abendspaziergang oder ein sonntäglicher Verwandtenbesuch. Er kann einem immer widerfahren, aber viel reden will man nicht darüber. Hinschauen dagegen schon. Böse Zungen behaupten, die pompöse Ringstraßenarchitektur entstand nur deshalb, weil die Wiener – ob im Sarg oder hinter ihm herlaufend – eine ordentliche Kulisse für den Weg zum Friedhof haben wollten. Noch heute ist es üblich, Verstorbene aufzubahren oder sie vor dem endgültigen Verschließen des Sargs noch einmal zu zeigen. Psychologen behaupten, das sei der einzig richtige Abschied und der erste Schritt zur Trauerbewältigung. Wer in dieser Stadt auf sich hält, bereitet sich schon zu Lebzeiten gewissenhaft auf seinen Abgang vor, befasst sich mit Testamentsverfügungen, Abschiedsbriefen, Krematorien und Bestattungsriten (zu Erde, zu Wasser oder in die Luft gestreut).

Das Bestattungsmuseum, das aus einer Privatinitiative entstand, zeigt von der Trauerlivree für Angehörige Verstorbener bis zum Stilett für den Selbstmörder alles, womit Menschen sich im Blick auf den eigenen Tod schon befasst haben. Unglaublich ist die Fülle der Totenkleider, von schlichtem Leinen bis zur perlenbesetzten Seide. Es geht aber auch um Sargformen und seine Ausstattung, um Grabsteinaufschriften und die richtigen Nachrufe. Wer umsichtig ist, sorgt vor.

Hochinteressant ist der Einblick in die Thanatopraxis, die zum Beispiel Unfallopfer mit zertrümmerten Gesichtern so wiederherstellt, dass Hinterbliebene bei ihrem Anblick keinen Schock erleiden. Schließlich ist es der letzte Blick auf den Toten, der in Erinnerung bleibt. Den Großteil der Ausstellung machen aber die Fuhrwerke zum Leichentransport aus, da wurde nicht gespart.

Auch Makabres hat in dieser Totenschau Platz. So wird der Sparsarg aus der Zeit Josephs II. gezeigt, der in Pestperioden zum Einsatz kam. Verstorbene Pestkranke mussten schnell entsorgt werden. So wurde nach ihrer Beerdigung mittels einer Klappe die Leiche in die kalte Erde geplumpst, damit der Sarg schnell wiederverwendet werden konnte.

 Bestattungsmuseum Wien
Goldeggasse 19
1041 Wien
✆ (01) 501 95-0
www.bestattungwien.at
Mo–Fr 12–15 Uhr (nur nach tel. Voranmeldung)
Eintritt € 4,50, ermäßigt € 2,50

REGION 9
Bundesland Wien

❻ Brunnen an der Strudlhofstiege in Wien
Freitreppe mit Roman

Unglaublich, dass dieses literarische Werk nahezu vergessen ist. Vor einem halben Jahrhundert galt der Roman »Die Strudlhofstiege« (1951) von Heimito von Doderer (1896–1966) als großes Werk, genannt in einem Atemzug mit Robert Musils »Der Mann ohne Eigenschaften«. Aber auch bedeutende Literatur hat ihre Zeit, vor allem wenn darin gesellschaftliche Strömungen geschildert werden, die für uns heute Geschichte sind. Der Roman charakterisiert die Geschichte Wiens in der ersten Hälfte des 20. Jahrhunderts, zwischen dem Ende der Habsburger Monarchie und dem Anschluss an Hitlerdeutschland. Einige seiner entscheidenden Szenen handeln an der Strudlhofstiege im neunten Wiener Bezirk Alsergrund. Alle anderen Handlungsorte lässt Doderer im Vagen, aber das Geschehen um den Brunnen wird genau lokalisiert. Noch 1989 wurde ein Fernseh-Mehrteiler über diesen Stoff ausgestrahlt. Die Strudlhofstiege ist benannt nach dem Bildhauer und Maler Peter Strudel, der oberhalb der Stiege (Treppe) ein Grundstück besaß, auf dem er 1690 den Strudlhof (ohne e) errichten ließ. Dort wurde eine zweiteilige Brunnenanlage eröffnet, am oberen Becken mit einer Kopfmaske als Wasserspeier, über dem unteren Becken mit einem Fischmaul, das eine mosaikausgelegte Nische mit Wasser füllt. 1910 kam noch die Treppenanlage aus Mannersdorfer Kalkstein hinzu, die das Ensemble imposant macht. Sie gilt als bedeutsames Werk des Jugendstils und wurde mittlerweile saniert. Diese Freitreppe hatte es Doderer angetan, in einer Widmung schreibt er: »Wenn die Blätter auf den Stufen liegen/ herbstlich atmet aus den alten Stiegen/ was vor Zeiten über sie gegangen/ Mond darin sich zweie dicht umfangen/ hielten, leichte Schuh und schwere Tritte/ die bemooste Vase in der Mitte/ überdauert Jahre zwischen Kriegen.« Er lässt dort eine Liebesgeschichte beginnen, die von kleinbürgerlichen Impressionen und sozialen Konflikten bestimmt ist. Um sie herum thematisiert er die gesamte Geschichte Österreichs und Mitteleuropas zwischen beiden Weltkriegen. Den stärksten Eindruck macht auch auf jene, die Doderers Roman nicht kennen, der Anblick der opulent bestrahlten Strudlhofstiege bei Dunkelheit. Dann nutzt man gern die Stiege, um den Niveauunterschied zwischen der Strudlhofgasse und der Liechtensteinstraße zu überbrücken.

❼ Buffet Trzesniewski in Wien
Erfolgsgeheimnis Eierkochen

Trzesniewski
Dorotheergasse 1
1010 Wien
℡ (01) 512 32 91
Fax (01) 513 95 65
www.trzesniewski.at
Mo–Fr 8.30–19.30, Sa 9–17 Uhr

Nicht nur in Amerika, auch in Wien gab es Tellerwäscherkarrieren. Ein Mann mit dem unaussprechlichen Namen Franciesk Trzesniewski kam zu Beginn des 20. Jahrhunderts aus Krakau nach Wien, um dort sein Glück zu machen. 1902 eröffnete er eine Imbissstube, bald darauf siedelte er in die Dorotheergasse um, eine Gasse, die vom Graben abgeht. Beste Innenstadtlage. Heute, so ergab eine Umfrage, kennen 90 Prozent der Wiener das Trzesniewski mit seinem Tapanaden-Sortiment zum günstigen Preis, obwohl die meisten den Namen nach wie vor falsch aussprechen. Richtig heißt es: Tschesniewski, das »r« wird nicht mitgesprochen. Der Mann behauptete schon vor mehr als 100 Jahren, seine Rezepte seien ein streng gehütetes Geheimnis. Das war der Lockruf, sein Lokal füllte sich. Um die Laufkundschaft zu halten, kam Trzesniewski auf die Idee, belegte Schwarzbrotschnittchen anzubieten, die bis heute vom Personal hartnäckig als Brötchen bezeichnet werden. Sie sind belegt mit Sardellen, Paprikaaufstrich, Wurstmischungen, Hering, Räucherlachs, Frischkäse oder Gehackertem, wie die Wiener sagen – alles auf Ei-Basis. Tausende Eier werden in diesem

Betrieb täglich verarbeitet, rund 600 Kilo Schwarzbrot in 21 Sorten jeden Tag gebacken und in gleich große, knapp fingerlange Schnitten geteilt. Der Besucher platziert sich vor der Vitrine und zeigt auf die Häppchen, die auf seinen Teller geschäufelt werden. Dann bestellt er noch ein Pfiff Bier (0,15 Liter) – auch das eine Trzesniewski-Erfindung – und begibt sich mit seinem Imbiss an eines der Tischchen oder nach draußen auf die Gasse, wo ebenfalls Stehtischchen aufgereiht sind. Schnelle Sättigung, aber sehr lecker.

Das Trzesniewski hat inzwischen mehrere über die Stadt verteilte Filialen, aber in der Dorotheergasse gibt es noch Teile der urigen dunklen Originalmöblierung und die Atmosphäre stimmt einfach. Natürlich können Lebensmittelexperten ganz präzise analysieren, woraus die Rezepte bestehen. Aber das Management bleibt der Maxime des längst verstorbenen Gründers treu und behauptet, es sei die ganz besondere Art, die Eier zu kochen, die das Erfolgsgeheimnis dieses Buffets ausmachten.

REGION 9
Bundesland Wien

❽ Burgtheater in Wien
Die bedeutendste Bühne der Weltliteratur

Die Wiener spotten zwar gern über die Burg, aber sollte ein Zugereister für diese Institution nicht genügend Respekt aufbringen, erlebt er schnell eine geballte Ladung an Empörung. Das Burgtheater ist die bedeutendste Bühne der Weltliteratur, das gilt es neben allen Skandalen und Bühnenprovokationen, die von diesem Haus am Ring ausgingen, nie aus dem Auge zu verlieren. Namhafte Schauspieler, die besten Regisseure und die berühmtesten Stücke wurden hier der Öffentlichkeit gezeigt. Uraufführungen auf dieser Sprechbühne sorgten für ein breites Medienecho und veränderten die Kulturlandschaft im deutschsprachigen Raum und darüber hinaus. George Tabori und Thomas Bernhard, Peter Handke und Elfriede Jelinek brachten mit provozierenden Inszenierungen das bürgerliche Wien in Wallung.

Burgtheater
Dr. Karl-Lueger-Ring 2, 1010 Wien
Servicecenter ✆ (01) 514 44 41-40
Fax (01) 514 44 41-43
www.burgtheater.at

Die andere Wiener »Burg«: das Burgtheater an der Ringstraße

Eine Wiener Institution: Café Hawelka in der Dorotheergasse

Claus Peymann, der langjährige, von den Wienern innig hassgeliebte Direktor, sorgte für aufsehenerregende Stücke in seiner Ära, und Schauspieler wie Attila und Paul Hörbiger sowie Fritz Muliar in frühen Jahren, Erika Pluhar, Klaus Maria Brandauer und Punkrock-Star Campino und andere in der jüngeren Zeit sorgten für Aufruhr und minutenlange Ovationen im Zuschauerraum. Darüber sollte man nicht vergessen: Der klassische Burgtheaterstil und sogar das Burgtheaterdeutsch sind für deutschsprachige Bühnen richtungsweisend. Was von der Burg kommt, gilt generell als großes Theater.

1776 hatte Theaterfreund und Kaiser Joseph II. das Hoftheater eingeweiht, nach seinem Willen sollte es »teutsches National-Theater« sein. 1888 erfolgte die Eröffnung des neuen Hauses am Ring, gebaut nach Entwürfen von Gottfried Semper, dem Dresdner Baumeister. Das Gebäude ist 136 Meter lang, die Fassade steigt 27 Meter empor. An der gesamten Außenhaut ist das Theater mit Figuren geschmückt, darunter mehrere Kolossalgruppen. 1285 Sitz- und 105 Stehplätze gibt es, Billetts sind teuer und trotzdem nur schwer zu bekommen. Bei Premieren so gut wie nie.

Café Hawelka
Dorotheergasse 6
1010 Wien
℃ (01) 512 82 30
Fax (01) 328 15 31
www.hawelka.com
Mo, Mi–Sa 8–2, So 10–2 Uhr, Buchteln ab 22 Uhr

❾ Café Hawelka in Wien
Gugelhupf und duftende Melange

Manchmal heißt Qualität: Stillstand. Dann soll alles so bleiben, wie es immer schon war. Als 2006 Josefine Hawelka, laut Szeneblatt »Falter« »Österreichs berühmteste Kaffeesiederin, starb, übernahm Enkel Amir die Geschäfte. Nichts im Familienunternehmen soll sich ändern. Das honorieren Stammgäste, aber auch das Laufpublikum – das »Café Hawelka« ist eine Wiener Institution. Der Dichter H. C. Artmann nannte es »das schönste Stadtcafé von altem Schrot und Korn oder besser frischem Nussbeugel und duftender Melange«.

Wien zählt mehr als 900 Kaffeehäuser, aber keines ist so legendär wie dieses. Leopold Hawelka, Jahrgang 1911, eröffnete es 1939. In den Kriegsjahren war es geschlossen, der Inhaber wurde an die russische Front geschickt. 1945 machte er dort weiter, wo er angefangen hatte, und das Café etablierte sich sofort als Künstlertreff, vor allem Literaten wussten es zu schätzen. Von da ab war Leopold Hawelka, der Legende nach, 60 Jahre lang jeden Tag in seinem Kaffeehaus. Noch heute lässt sich der hochbetagte Mann oft dort sehen. Als ihm Österreich den Titel »Kommerzialrat« verlieh, fand er das nett, aber ein bisschen ungerecht. »I wär net der Hawelka ohne mei Frau«, kommentierte er.

Für viele Kunstschaffende, Schauspieler und Schriftsteller war das Hawelka ein Wohnzimmer, heute kommen hauptsächlich Wienbesucher. Gerade sie suchen die unvergleichliche Atmosphäre aus Patina, Zeitgeschichte, rußdunkler Decke, hölzernem Boden, speckig-abgegriffenen Polsterbezügen und Gugelhupf mit dampfendem Kaffee. »Im Kaffeehaus muss man die Zeit für sich arbeiten lassen«, beschreibt Amir Hawelka das Ambiente. Wie seine Großeltern stapelt er förmlich Gäste im nicht gerade geräumigen Lokal. Die Alten haben auf diese Weise Ehen und Liebschaften gestiftet. Ein Tapetenwechsel kommt auch für den Nachfolger nicht in Frage, die Legende lebt.

⑩ Café Sacher Wien
Tradition im Umbruch

Die Sachertorte gehört so unverwechselbar zu Wien wie die Fiaker, die Lipizzaner und die Wiener Sängerknaben. »Küss die Hand, gnä' Frau«, hört man im »Café Sacher«. »Habe die Ehre, Herr Doktor.« »Ach, Sie sind's, Herr Kommerzialrat!« Der Rest ist breites Amerikanisch, sind deutsche Dialekte und die Idiome der halben Welt.

Das Sacher im Herzen der Stadt ist eine österreichische Institution. Nicht nur, weil es die berühmteste Schokoladentorte der Welt besitzt – mehr als 300 000 werden pro Jahr hergestellt, im Café in Stücke geteilt oder als Ganze auf Weltreise geschickt –, sondern weil es auch stets einen Hintergrund für die Berühmtheiten der internationalen Kultur abgab. Das »Hotel Sacher«, in dem sich das Café befindet, wurde 1876 von Eduard Sacher gegründet. Hier leuchteten die ersten elektrifizierten Kronleuchter Österreichs. Schauspieler wie Orson Welles, Curd Jürgens und Romy Schneider logierten hier, John Lennon und Yoko Ono gaben aus dem Hotelbett heraus ein provozierendes Interview, Herbert von Karajan hielt Hof. Schriftsteller ließen sich von Plüsch und Atmosphäre inspirieren und machten das Kaffeehaus zum erweiterten Wohnzimmer mit öffentlichem Fernsprecher an der Wand. Größen aus Wirtschaft und Politik inszenierten sich vor der Kulisse, im Marmorsaal und den Salons fanden legendäre Staatsbesuche statt. Im Lobbybereich gibt es eine Prominentengalerie mit dicht gehängten Fotos. Hotel und Café tragen zwar noch den Traditionsnamen, gehören aber heute der Familie Gürtler.

Doch eine stolze Vergangenheit genügt nicht, um in der Gegenwart bestehen zu können. Der Trend geht zum Eventkultur-Kaffeehaus, auch wenn das manchen Traditionalisten beinah die Contenance verlieren lässt. Des-

REGION 9
Bundesland
Wien

○ Café Sacher Wien
Philharmoniker-
str. 4, 1010 Wien
✆ (01) 514 56-0
Fax (01) 514 56-810
www.sacher.com
Tägl. 8–24 Uhr

Patissier im Hotel
Sacher in Wien

195

**REGION 9
Bundesland
Wien**

halb gibt es neben der »Sacherstube« nun auch noch das »Sacher Eck«. Dort wird die Tradition im Rahmen einer Luxusgastronomie hochgehalten, gibt es zum Großen Braunen ein gefülltes Sacherstangerl und danach einen Chardonnay. Chillout-Musik statt Klassik, Kellner krawattenlos, Afterwork-Atmosphäre und erst Mitternacht ist Ultimo. Tradition im Umbruch. Nur durch diese Verjüngung der Kaffeehauskultur könne man sie am Leben halten, glauben die Betreiber. Es sieht so aus, als hätten sie Recht.

Donauinselfest
www.donauinselfest.at
Das Donauinselfest findet im Juni statt.

⓫ Donauinselfest in Wien
Der dicke Buddha am Donauwasser

Alljährlich im Juni wird es laut. Dann findet das Donauinselfest statt, es soll die größte Open-Air-Party Europas sein. Hunderte von Musikern aus aller Welt spielen auf, sämtliche Variationen von Rock und Pop sind auf 20 Bühnen zu hören, drei Millionen sind dann auf der Insel unterwegs. Und das alles bei freiem Eintritt!

In den siebziger Jahren des 20. Jahrhunderts kam es zur zweiten Donauregulierung (die erste war 1875 vorgenommen worden), um Überschwemmungen vorzubauen. Im Mittelteil der Insel ist der Hochwasserschutz in Form von Steinen und Rasengittern aus Beton zu sehen. Dabei entstand zwischen der Donau und der Entlastungsrinne »Neue Donau« das Naherholungsgebiet Donauinsel, nur 15 S-Bahn-Minuten vom Stephansplatz entfernt. Es besteht aus 700 Hektar Wasser-, Wald- und Wiesenflächen, davon sind 42 Kilometer als Badestrand ausgewiesen. Es gibt Fahrradvermietung, Surfschulen, Brettverleih, Segelboothafen und Tret-, Ruder- und Elektroboote im Verleih. In einer Kanuschule lässt sich die effiziente Fortbewegung im Wasser trainieren. Außerdem finden sich mehrere Strandbäder, viele Restaurants und Cafeterien. Für Kinder wurden eigens Flachwasserbereiche zum Plantschen eingerichtet, für FKK-Fans intime Strandbuchten. Erlebnisorientierten Ausflüglern steht ein 800 Meter langer Wasserskilift zur Verfügung. Ein 1500 Meter langer Cyclodrom ist für Rad- und Rollstuhlrennwettbewerbe ausgewiesen, zwischendurch kann man sich an den Grillplätzen ein Feuer machen. Im Südteil der Insel wird es esoterisch: Mönche des buddhistischen Ordens des Michidatsu Fuji betreiben dort die erste Friedenspagode auf europäischem Boden, der dicke sitzende Buddha ist fast drei Meter hoch. Diese Party bietet etwas für jeden Geschmack.

Ein Teil der Insel nennt sich UNO-City, dort steht, alles überragend, Wiens zweithöchstes Hochhaus, die europäische Dependance der Vereinten Nationen in New York. Nahebei erhebt sich Wiens höchstes Turmgebäude, der Donauturm (252 Meter). Die Aussichtsterrasse liegt in 150 Meter Höhe, in 160 und 170 Meter Höhe befinden sich zwei Drehrestaurants. Im angrenzenden Donaupark fährt eine Kleinbahn herum, die Donauparkbahn, am Iris-See, künstlich geschaffen, wird im Sommer Seetheater aufgeführt, 4000 Personen finden Platz.

Dorotheum
Dorotheergasse 17
1010 Wien
℅ (01) 515 60-0
Fax (01) 515 60-443
www.dorotheum.com
Mo–Sa 9–18 Uhr

⓬ Dorotheum in Wien
Vom Fragamt zu Tante Dorothee

Der Wiener Schmäh geht auch an dieser altehrwürdigen Institution nicht vorüber. Tante Dorothee nennen die Hauptstädter eines der weltgrößten Auktionshäuser, manchmal sagen sie sogar nur »Pfandl«. Das klingt verächtlich, ist aber, bittschön, net so ernst gemeint. Die Wiener wissen schon, was sie am »leading auction house in Central Europe« (Eigenwerbung) haben. Es zieht internationales und überwiegend gut betuchtes Publikum in die Stadt, und daran wird ordentlich verdient.

1707 gründete Kaiser Franz Joseph I. die Einrichtung als Versatz- und Fragamt, 1787 siedelte die Pfandleihanstalt ins 1782 aufgegebene Dorotheerkloster über. Vom ursprünglichen Klosterbau (1360) ist heute kaum noch etwas zu erkennen, das Haus wurde um die Wende zum 20. Jahrhundert im neobarocken Stil umgestaltet und dabei großzügig erweitert. Rund 2400 Auktionen finden im Jahr statt, sie werden auch über Lautsprecher auf die Dorotheergasse übertragen. Dabei werden rund 700 000 Waren versteigert, ihre Spannweite ist enorm. Das reicht von Kunst über Kunstgewerbe, Möbel, Juwelen und Uhren bis zu historischen wissenschaftlichen Geräten und ausgesuchten Oldtimer-Autos, aber auch Teppiche, Pelze, Pretiosen, Bücher und Briefmarken sind im Angebot. Zuvor kann man sie in aller Ruhe in den vielen Ausstellungsräumen besichtigen. Im März, Juni, September und November findet je eine der großen Kunstauktionen statt, zu denen internationale Experten und Sammler auch aus Übersee anreisen.

Das Geschäft muss sehr gut gehen, inzwischen unterhält das traditionsreiche Haus Filialen in zwölf Wiener Bezirken, in fast allen österreichischen Bundesländern und seit einiger Zeit auch wieder in Prag. Wen wundert's. Auch wer nicht als Interessent ins Dorotheum eintritt, wird verblüfft sein über den Pomp des Hauses und seine besondere Atmosphäre.

In den Gassen rund um das Auktionshaus haben Antiquitätenfreunde Gelegenheit, die Läden zu durchstöbern, die sich hier konzentrieren wie nirgendwo sonst in Wien. Da ist vielleicht ein Schnäppchen zu machen.

Im Auktionshaus Dorotheum: Vorbesichtigung einer Auktion

Koloman Mosers silberne Dose »Osterei« (um 1905) zur Versteigerung im Dorotheum

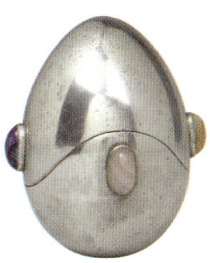

REGION 9
Bundesland Wien

👁 **Fiaker-Fahrt**
www.fiakerfahrten.info
Die offiziellen Fiaker-Plätze sind am Stephansdom, Ecke Wollzeile und am Heldenplatz
20 Min. Fiaker-Fahrt kosten – für bis zu vier Personen – € 40, eine Stunde € 95, alles darüber ist verhandelbar.

Durch Wiens 1. Bezirk mit dem traditionellen Fiaker

⓭ Fiaker-Fahrt durch Wiens 1. Bezirk
Fremdenführer auf dem Kutschbock

Seppi und Remi müssen früh raus. Der Arbeitstag der Pferde, die vor die 150 Wiener Droschken – Fiaker genannt – im historischen 1. Bezirk gespannt werden, beginnt um 4.30 Uhr. Stallburschen schieben ihnen Futter in die Boxen, bürsten sie, schirren sie an und stopfen ihnen Watte in die Ohren. Das ist nötig wegen schriller Verkehrsgeräusche. Seppi und Remi trotten selbst dann brav weiter, wenn ein Motorrad neben ihnen aufheult oder die Straßenbahn in der Kurve kreischt.

Ist der Kutscher mit dem Gespann auf dem Stephansplatz angekommen, reiht er sich in die Warteschlange ein und rückt allmählich nach vorn. Er trägt eine schwarze Melone auf dem Kopf, bei Kälte und Regen hüllt er sich in einen langen Mantel. Er ist Tagelöhner, die etwa 100 Jahre alte, restaurierte und rund 7000 Euro teure Kutsche gehört ihm nicht. Er muss Buch führen, ihm bleibt ein Drittel der Tageseinnahmen. Fünf Euro zahlt er täglich, damit der Platzwirt die Pferde tränkt und ihren Mist wegräumt. Und er ist ausgebildeter Fremdenführer, während der Fahrt dreht er sich nach hinten und nennt den Gästen im Fond Eckdaten zu Sehenswürdigkeiten. Die Fiaker-Fahrt führt stets durch die Gassen, die Hofburg und einige Straßen. Der Kutscher hat immer einen guten Fototipp parat, bittschön, und wenn die Vorkasse (Trinkgeld) gestimmt hat, baut er typische Wiener Anekdoten und Witze ein – in mindestens zwei, manchmal sogar in sechs Sprachen. Aber von den 14 Arbeitsstunden pro Tag sind mindestens acht Wartezeit. Kommen Touristinnen, reizt er seinen Wiener Charme aus. »Ja, mei, was is die Lady scheen!« Bei kühlem Wetter legt er den Gästen in den Lederpolstern Decken über die Beine. Ist er gut gelaunt, sind auch Passantinnen vor Zurufen vom Kutschbock nicht sicher. So versüßt sich einer, der einen harten Job macht, den Alltag. Auch für seine Wallache hat er Streicheleinheiten, und wenn Touristen ihn fotografieren wollen, grinst er breit.

»Ausg'steckt is«: Gemütlichkeit und Geselligkeit beim Heurigen in Heiligenstadt

⓴ Heurigen-Lokale in Wien
Den Roten wie den Weißen

So kann einem das Leben gefallen. Man sitzt am Wienerwald auf einer Höhe oder auf der anderen Donauseite an rustikalen Tischen mit karierten Tischtüchern, labt sich am Büfett und trinkt munter einige Gläser leer. Als Motto gilt ein Lied von Hans Moser: »Ich tu den Wein nicht trinken, sondern beißen. Ich trink den roten grad so gern wie den weißen.«

Heurigen-Lokale sind eine Wiener Spezialität. Zwar gibt es sie in ganz Ostösterreich, aber erfunden wurde diese Art von Gastronomie in Wien. Anlass war eine geharnischte Beschwerde, die 1784 Kaiser Josef II. zum Erlass einer Verordnung bewegte. Die Wirte eines kleinen Orts in der Grafschaft Görz hatten lautstark geklagt, dass ihre Herrschaft sie zwingen wollte, ausschließlich Wein aus den herrschaftlichen Gütern auszuschenken. So blieben sie auf ihrem eigenen Wein sitzen. Im Erlass stellte der Kaiser klar, dass »jedermann die Erlaubnis zuteil wurde, selbst hergestellte Lebensmittel, Wein und Obstmost zu allen Zeiten zu verkaufen und auszuschenken«.

Rund 150 Original-Heurige soll es noch im Raum Wien geben. Örtlichkeiten, meist Höfe von Weinbauern, in denen Heuriger – also in diesem Jahr gekelterter Wein – ausgeschenkt wird. Laut Vorschrift immer ab 11. November. Echte Heurigen-Lokale erkennt man am grünen Föhrenzweig, dem Buschen – deshalb auch Buschenschank genannt –, außen an der Tür und einem amtlichen grün-weißen Plakat. An 330 Tagen im Jahr darf der Wein ausgeschenkt werden, danach gilt er nicht mehr als Heuriger. Ein Heuriger ist allerdings eingeschränkt: Außer alkoholfreien Getränken darf prinzipiell nur Wein aus eigener Erzeugung verkauft werden, die Getränkepalette eines Gasthauses findet man nicht vor. Auch das Essen ist vorwiegend auf kalte Speisen beschränkt, die Speisen werden vom Gast am Büfett geholt und dort gleich bezahlt. Einige Heurigen-Lokale haben sich allerdings inzwischen eine zusätzliche Restaurantkonzession zugelegt.

 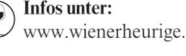

Infos unter:
www.wienerheurige.at

Wiener Winzer

**REGION 9
Bundesland
Wien**

⑮ Hofburg Wien
Die Zentrale einstiger Weltmacht

In Wien sagt man »nicht um die Burg«. Damit wird zum Ausdruck gebracht, dass man an diesem Monumentalbau, der den historischen ersten Bezirk optisch beherrscht, nicht vorbei kann. Die Hofburg war lange Symbol der absoluten feudalistischen Macht. Ihr Areal umfasst, nimmt man Gärten

und Parks hinzu, 240 000 Quadratmeter. Die 18 Gebäudeteile, nach Trakten geordnet, besitzen 2600 Räume, in denen heute etwa 5000 Menschen ihren Arbeitsplatz haben. An dem verschachtelten Gebäudekonglomerat wurde ein halbes Jahrtausend Weltgeschichte inszeniert.

Der Schweizerhof, die Keimzelle der Hofburg, geht auf das 13. Jahrhundert zurück. Von der mittelalterlichen Kernanlage blieb die Burgkapelle erhalten. Außer im Sommer singen hier die Wiener Sängerknaben an Sonn- und Feiertagen, auch Hochzeiten werden zelebriert. Die Stallburg mit ihrem Arkadenhof zählt zu den schönsten Renaissance-Bauwerken der Stadt, sie beherbergt die Lipizzaner-Stallungen. Die Amalienburg ist mit dem frühbarocken Leopoldinischen Trakt verbunden, gegenüber liegen Reichskanzleitrakt und Nationalbibliothek. Zum Michaelerplatz hin grenzt die Michaelerkuppel mit ihrem Riesenportal das Areal zur bürgerlichen Welt ab. Sehenswert sind die Weltliche und Geistliche Schatzkammer mit Kostbarkeiten von unvergleichbarem kunsthistorischem Wert. Neben den Reichskleinodien werden auch die Reliquien des Heiligen Römischen Reichs Deutscher Nation aufbewahrt, dazu habsburgische Krönungs- und Ordensinsignien. Beachtenswert sind auch die Kaiserappartements sowie die Silber- und Tafelkammer.

Die Hofburg wird bis heute politisch genutzt: Hier befindet sich der Amtssitz des österreichischen Bundespräsidenten, er residiert im Arbeitszimmer Kaiser Josephs II. Von dort aus wurde einst über die Völker des Balkans, mehr als 50 Millionen Menschen, regiert. Heute hat Österreich eine Bevölkerung von mehr als acht Millionen.

16 Hofmobiliendepot – Möbel Museum Wien
Wo sich die Republik Österreich Möbel ausleiht

Schauen, wie Kaisers wohnten. Hier finden sich die Originalmöbel der Habsburger aus der Hofburg, aus Schloss Schönbrunn und dem Belvedere. Die Wiege von Kronprinz Rudolph, eine Sitzgruppe, die Kaiserin Maria Theresia mit ihren Töchtern bestickt hat, Sisis Lieblingsmöbelstücke oder ein ägyptisches Zimmer zum Verlustieren der Blaublütigen. Ganz schön plüschig und ornamental, wie damals gewohnt wurde.

Maria Theresia war eine mächtige Herrscherin, auch deshalb, weil sie vor allem eine sehr praktische, um- und weitsichtige Frau war. Sie wusste, dass mit nicht mehr benutzten Einrichtungsgegenständen der Hofburg und der kaiserlichen Schlösser immer noch Staat zu machen war. Deshalb ließ sie 1747 ein Hofmöbeldepot errichten, die Gegenstände wurden gepflegt und restauriert. Aus den Beständen wurden Kanzleien, aber auch Wohnungen von hochrangigen Bediensteten des Hofs eingerichtet. Eine psychologisch wirkungsvolle Methode feudaler Bindung. Bis heute leiht sich die Republik Österreich für festliche Anlässe in dieser Institution Möbel aus. Zu den herausragenden Stücken habsburgischer Prachtentfaltung gehören der Kaiserthron aus dem 19. Jahrhundert, das Schloßhofer-Zimmer, der schlichte Schreibtisch von Franz Joseph II., nur mit einem Rollenverschluss versehen – an ihm wurden weitreichende Beschlüsse entworfen und besiegelt – sowie das Schlafzimmer von Franz I. Neben dem Majestäten-Gestühl gibt es auch Beispiele für die bürgerliche Einrichtungskunst der frühen Moderne zu sehen, von Adolf Loos, Josef Hoffmann und Otto Wagner. Eine Rarität ist die Zweihandsäge von Franz I. Wie jeder Monarch hatte auch er ein Handwerk erlernt, aber nie ausgeübt. Trotzdem hielt er ein begeisterter Gärtner, der Bäume stutzte, ein Hofgärtner musste helfen. Damit die erlauchte Hand des Kaisers das Werkzeug nicht dort anfasste, wo gemeiner Untertanenschweiß sie benetzt hatte, besaß die Säge an der Seite eine Markierung.

REGION 9
Bundesland Wien

In der Weltlichen Schatzkammer der Hofburg werden die Reichskleinodien des Heiligen Römischen Reichs Deutscher Nation aufbewahrt

Hofburg Wien
Zugang vom Michaelerplatz oder der Ringstraße
1010 Wien
✆ (01) 533 75 70
Fax (01) 533 75 70-33
www.hofburg-wien.at
Sept.–Juni tägl. 9–17 30,
Juli/Aug. tägl. 9–18.00 Uhr (inkl. Kaiserappartements, Silberkammer, Sisi-Museum)
Eintritt € 9,90, ermäßigt € 8,90, Kinder € 5,90

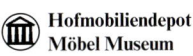
Hofmobiliendepot – Möbel Museum Wien
Andreasgasse 7
1070 Wien
✆ (01) 524 33 57-0
Fax (01) 524 33 57-666
www.hofmobiliendepot.at
Di–So 10–18 Uhr
Eintritt € 6,90, Kinder € 4,50

◁ *Zentrale einstiger Weltmacht: Blick vom Kohlmarkt auf die Alte Hofburg*

**REGION 9
Bundesland
Wien**

Hotel Das Triest
Wiedner Hauptstr. 12, 1040 Wien
✆ (01) 589 18-0
Fax (01) 589 18-18
www.dastriest.at

*Designer-Suite im Hotel
»Das Triest«*

⓱ Hotel Das Triest in Wien
Vom Pferdebahnhof zum Designhotel

Ernest Hemingway pflegte zu grummeln:»Was ein richtiges Hotel sein will, braucht einen 24-Stunden-Service und eine anständige Bar.« Am Wiener Hotel »Das Triest« hätte der Schriftsteller seine Freude gehabt. Dessen mehrfach ausgezeichnete »Silver Bar« offeriert Barklassiker, aber auch die neuesten Cocktailkreationen, fachmännisch geschüttelt oder gerührt. Dazu 24-Stunden-Room-Service, Concierge, Wäscheservice, Wireless-LAN und ausgefallene Kosmetikprodukte im Badezimmer. Man lässt sich etwas einfallen, um den Gast zu verwöhnen.

»Das Triest« liegt an einer der innerstädtischen Ausfallstraßen und war vor mehr als 300 Jahren Pferdebahnhof für den Postkutschenbetrieb zwischen Wien und Triest. Nach dem Postkutschenzeitalter musste das Gebäude für alles Mögliche herhalten, bis sich ein Investor fand, der Großes plante und dazu Geld in die Hand nahm. »Das Triest«, nahe zum Karlsplatz – also noch im Innenstadtbereich –, wurde 1996 als erstes österreichisches Designhotel eröffnet. Kein Geringerer als der britische Designstar Sir Terence Conran hatte Hand angelegt. Das Haus setzt bis heute Maßstäbe, weil es ein Musterbeispiel für die gelungene Symbiose von historischer Substanz und zeitgemäßem Geschmack darstellt. Die alten hohen Räume, die Suiten bis zu 100 Quadratmeter groß, sind zeitlos modern eingerichtet. Das Interieur stammt vorwiegend aus Italien, aber auch aus Österreich. Ein Stil, der durch schlichte Eleganz bei höchster Qualität der eingesetzten Materialien überzeugt. Wobei jedes Zimmer einen individuellen Touch besitzt, auf die Einheitszimmermöblierung von Hotelketten wurde verzichtet. Das schafft eine unverwechselbare Exklusivität durch individuelle Intimität des Ambientes – der Traum eines jeden Hotelbesuchers. 2004 hat Chef-Ästhet Conran die Beleuchtung re-designed. Dem im Haus befindlichen italienischen Gourmet-Restaurant »Collio« wurden zwei Hauben verliehen. In diesem Hotel ist alles auf das Wesentliche konzentriert, hohe Ästhetik, die aber nicht kalt und ungemütlich wirkt.

⓲ Hundertwasserhaus & Village in Wien
Ein bunter Farbcocktail

Friedensreich Dunkelbunt Regentag Hundertwasser (1928–2000) hängte sich als Maler und Architekt die Messlatte sehr hoch. Das Paradies war die Vorgabe für seine Arbeit. »Ich will zeigen, wie einfach es ist, das Paradies zu bauen«, sagte er, als er in den achtziger Jahren des vergangenen Jahrhunderts den Bau des ersten Wiener Ökohauses mit täglicher Visite begleitete. Gefiel ihm etwas nicht am Konglomerat ohne gerade Linien und Flächen, ohne scharfe Kanten und Ecken, unsymmetrisch, mit verwinkelten Gängen und runden Kanten, Pflanzen und Bäumen auf Balkonen und Dächern, mit gekrümmten Wänden und kunterbunter Fassade, legte er selbst Hand an. »Diese Bodenwelle gehört höher«, befand er, nahm eine Kelle und schob den Beton so lange zusammen, bis er zufrieden war. Sein Haus ist eine der großen Touristenattraktionen der Stadt.

Das Wiener Ökohaus ist das Meisterwerk von Hundertwasser, dem Meister des unkonventionellen, naturnahen Bauens. Es ist bewohnt, die Wohnungen sind begehrt, das Kunstwerk kann nur von außen besichtigt wer-

den. »Die gerade Linie ist dem Menschen fremd«, predigte der Meister. Der »kalten« Architektur und farblichen Kargheit modernen Bauens setzte er provozierend verspielte Elemente mit ornamentalen Motiven und einem bunten Farbcocktail entgegen. Er propagierte ein naturverbundenes Leben, seine Bauten sollten Fenster sein in eine »paradiesische Parallelwelt«. Die Spirale symbolisiert dabei den Kreislauf des Lebens. In Kirchen, Kindergärten, Bahnhöfen, Wohnanlagen, Fabrikgebäuden und anderen seiner Hinterlassenschaften ist das in mehreren Ländern – bis hin nach Neuseeland und an Objekten der Vereinten Nationen – zu sehen.

Wer die Zwiebeltürme, gartenverwilderten Dächer, unregelmäßigen Wandelgänge und unebenen Fußböden an Hundertwassers Wiener Haus als kitschig empfindet, stimmt mit ihrem Schöpfer überein. Der bezeichnete sich als »Kitschist« und bekannte, ein extremer Individualist zu sein. Mit äußerstem Geschäftssinn – Hundertwasser wusste sich exzellent zu vermarkten.

Die meisten seiner Bauten entstanden im öffentlichen Auftrag. Vis-à-vis im Hundertwasser Village kann ein Shop mit Devotionalien des Meisters besucht und die Innenarchitektur begangen werden.

Phantasie und Zwiebeltürme: Friedensreich Hundertwassers Fassadenkunst

Hundertwasser Haus & Village
Kegelgasse 37–39
1030 Wien
✆ (01) 710 41 16
Fax (01) 710 41 16-3
www.hundertwasser-village.com
Tägl. 9–19 Uhr
Eintritt frei

⑲ Kaiserappartements in Wien
Zu Gast beim Kaiser

Man kann sich alles Mögliche vorstellen. Wie wurde bei Kaisers geredet, wie wurden Alltagsdinge geregelt? Welche Liebenswürdigkeiten ausgesprochen, welche Unflätigkeiten? Welche emotionalen Höhepunkte haben diese Räume eingeatmet, wie viel Zorn und Wut, wie viel Trauer und (Selbst-)Mitleid? Daran denkt man automatisch in den Wohn- und Amtsräumen

Zu Gast beim Kaiser: die Kaiserappartements in der Wiener Hofburg

Kaiserappartements
Hofburg-Michaelerkuppel, 1010 Wien
✆ (01) 533 75 70
Fax (01) 533 75 70-33
www.hofburg-wien.at
Tägl. 9–17 30 Juli/Aug.
9–18.00 Uhr, Kinderführungen Sa/So 10.30 und 14.30, in den Ferien tägl. 14 30 Uhr

von Kaiser Franz Joseph I. und seiner Frau Elisabeth, Sisi genannt. Denn in diesem privaten Trakt galten die strikten höfischen Regeln nicht mehr, und es ist hinlänglich bekannt, dass Kaiser und Kaiserin nicht durchweg harmonierten. Die Kaiserappartements befinden sich im Hauptgeschoss – der Verbindung zwischen Schweizerhof und Amalienburg, der zum bürgerlichen Wien hin abgeschirmten Hofburg. Zu sehen sind repräsentative Räume, in denen das Monarchenpaar Gäste empfing, und private Räume, die für die Öffentlichkeit tabu waren. Der Entwurf der Räumlichkeiten stammt von Lukas von Hildebrandt (1723), vollendet wurden sie von Joseph Emanuel Fischer von Erlach (1739). Im Warte- und Audienzsaal hielt Franz Joseph I. Hof, im Sitzungssaal der Minister- und Kronrat. Man kann außerdem das kombinierte Arbeits- und Schlafzimmer mit dem Schreibtisch und Gestühl des Kaisers sowie den Großen Salon mit dem berühmten Gemälde von Sisi in großer Robe mit Sternenschmuck besichtigen. Zudem gibt es einen Kleinen Salon und die Alexanderappartements, die der russische Zar Alexander I. während des Wiener Kongresses benutzen konnte. Lohnend ist auch der Blick in die anschließende Silberkammer, in der das kostbare Festgeschirr, aber auch das kaum weniger wertvolle Alltagsgeschirr in einer auf Wirkung bedachten Schau ausgestellt wird.

⑳ Karlskirche in Wien
Ein Denkmal für den Pestheiligen

Am Anfang stand ein Gelübde. Dem Vater von Maria Theresia, Kaiser Karl VI., setzte das Leid seiner Untertanen während der großen Pestepidemie von 1713 so zu, dass er versprach, zur Erinnerung an den aufopferungsvollen Pestheiligen Karl Borromäus eine Kirche zu bauen. Es wurde der bedeutendste barocke Kirchenbau nördlich der Alpen. Engagiert wurden die besten Baumeister der Zeit, Johann Bernhard Fischer von Erlach und – nach dessen Tod – sein Sohn Joseph Emanuel. Das Mammutunternehmen dauerte von 1716 bis 1739. Die Kirche, die an einem Teich südlich des Karlsplatzes steht, ist licht und hell, was man auch darauf zurückführt, dass während ihres Baus die Türkenkriege erfolgreich überstanden wurden und die wiedergewonnene Lebensfreude in die Entwürfe einfloss.

Der Mix aus barocken und klassischen Elementen enthält auch einen Portikus, Triumphsäulen und orientalische Glockentürme. Die Fassade in der Mitte, die zur Vorhalle führt, entspricht einem griechischen Tempelportikus. Für die zwei Säulen hat ihr Schöpfer Lorenzo Mattielli an der römischen Trajanssäule Maß genommen. Die beiden Turmpavillons sind vom Barock in Rom inspiriert. Über dem Eingang erhebt sich eine Kuppel mit einem Durchmesser von 25 Metern. Interessant ist die Attika, deren Säulen – eine Idee des jungen Erlach – in einem Spiralrelief Motive aus dem Leben des Karl Borromäus zeigen. Der Eingang ist flankiert von Engeln des Alten und Neuen Testaments. Die stärkste Wirkung geht von der architektonischen Gliederung und der sich daraus ergebenden Lichtwirkung aus – ein Gotteshaus ohne Düsternis. Die Farbigkeit wird vom Marmor bestimmt, es wurde aber auch Gold eingesetzt. Die Fresken in der Kuppel erreicht man über einen Aufzug, der den Besucher auf 32 Meter über dem Bodenniveau bringt. Im Borromäus-Museum sind wertvolle sakrale Gegenstände ausgestellt.

**REGION 9
Bundesland
Wien**

Karlskirche und Borromäus-Museum

Karlsplatz 4
1010 Wien
℡ (01) 505 62 94
www.karlskirche.at
Mo–Sa 9–12.30 und 13–18, So/Fei 12–17.45 Uhr
Eintritt € 6, ermäßigt € 4

Denkmal für den Pestheiligen Karl Borromäus: die Karlskirche

**REGION 9
Bundesland
Wien**

Muße an Marmortischen: eine »Melange, bitt'schön!«

☕ **Café Demel**
Kohlmarkt 14
1010 Wien
✆ (01) 535 17 17-0
www.demel.at
Tägl. 10–19 Uhr

Café Demel am Kohlmarkt

21 k.u.k. Hofzuckerbäcker Demel in Wien
Wiens feinste Kaffeehausadresse

Viel Pomp für einen Kaffee verkehrt. Dunkle Tische sind umstellt von Thonetstühlen. Die Kassettendecke ist blank gewienert, die Kronleuchter strahlen, die Wände sind mit dezenten Mustern ornamentiert. Der Tresen rundet sich elegant, in dunklen Schränken ist feines Geschirr aufgereiht, darauf werden kalorienhaltige Torten geschoben. Im Café Demel – offiziell: beim k.u.k. Hofzuckerbäcker – sitzt man in Wiener Kulturgeschichte. Wer beim Kellner einen Latte Macchiato bestellt, erntet einen vergrämten Blick. Der Kaffee verkehrt dagegen, ein Mokka mit sehr viel Milch, der ganz hell aussieht, geht als Bestellung anstandslos durch. Wer trotzdem auf einem Café Latte beharrt, wird schon mal gerüffelt, freundlich allerdings: »Herrschaften, Sie befinden sich hier in einem Wiener Kaffeehaus.«

Und in was für einem! Das ist Wiens feinste Zuckerbäckeradresse, also auch die teuerste – aber man sitzt dort auch nicht jeden Tag. Geht es ums Demel, ist selbst schon ein Kaiser dahingeschmolzen. Mit brüchiger Stimme sagte Franz Joseph zu einem Journalisten: »Sie haben es gut, Sie können ins Kaffeehaus.« Weil ihm das Hofritual den Gang dorthin verbot, ließ er sich von Lakaien zum Rendezvous mit seiner Geliebten aus dem Demel Pralinen und beste Mehlspeisen holen. Auch die Kaisergattin Sisi ließ sich vom kaiserlich und königlichen Hofzuckerbäcker beliefern. 1785 von einem Württemberger gegründet, ging das Kaffeehaus zwei Jahre später an die Familie Demel über, die es in einem Stadtpalais in bester Innenstadtlage unterbrachte – exakt die richtige Strategie. Flanierende Großbürger kamen an dem Haus fortan nicht mehr vorbei.

Nach weiteren Besitzerwechseln in der mehr als 200-jährigen Geschichte – darunter verhängnisvollen wie dem Verkauf an den sechsfachen Mörder Udo Proksch – musste das Kaffeehaus 1993 Konkurs anmelden. Seit 2002 gehört das geschichtsträchtige Haus zu einer österreichischen Restaurant- und Catering Gesellschaft. An eine Schließung des Demel denkt also niemand, und die in Schwarz mit weißen Spitzen gekleideten Servicerinnen flöten immer noch wie zu Kaisers Zeiten: »Haben's schon gewählt?«

22 Kunsthistorisches Museum in Wien
Stolze Sammlungen kunstbegeisterter Habsburger

Großzügig und elegant: das Treppenhaus des Kunsthistorischen Museums

Wenn Niederländer die besten Gemälde ihres Landsmanns Pieter Brueghel d. Ä. sehen wollen, geht das nicht in Amsterdam oder einer anderen holländischen Stadt. Die größte Brueghel-Sammlung der Welt besitzt das Kunsthistorische Museum (KHM). Wer Hochkaräter wie den »Turmbau zu Babel«, »Bauerntanz«, »Bauernhochzeit«, »Kinderspiele« und »Bauer und Vogeldieb« bewundern will, muss nach Wien reisen. Die Werke sind so empfindlich, dass sie unter besonderen Umständen im KHM bewahrt und nie an andere Museen ausgeliehen werden. Wien ist Brueghel-Stadt. Der Reichtum dieser viertgrößten Sammlung der Welt ist atemberaubend. Sammelleidenschaft und Repräsentationsbedürfnis der Habsburger haben sie hervorgebracht. Als die fürstliche Privatsammlung 1891 von Kaiser Franz Joseph I. eröffnet wurde, hatte das Haus angesichts der dort gehorteten Kunstschätze von schwer zu bezifferndem Wert die Bedeutung einer sakralen Weihestätte. Die Habsburger zeigten, was sie besaßen und worauf sie zu Recht stolz waren. Die Ehrfurcht einflößende Galerie beeindruckte die Repräsentanten anderer europäischer Höfe – und heute Besucher aus aller Welt. Europaweit kauften die Habsburger Kunst ein, alle großen abendländischen Maler sind mit Hauptwerken vertreten. Den Grundstock legte Erzherzog Leopold Wilhelm im 17. Jahrhundert mit venezianischer Renaissancemalerei, darunter Tintoretto und Tizian, und Werken flämischer Meister wie Peter Paul Rubens und van Dyck. Vertreten sind auch Dürer und Lukas Cranach d. Ä., Bosch, Ver-

Das Kunsthistorische Museum besitzt die weltgrößte Brueghel-Sammlung, unter anderem eine Version des »Turmbaus zu Babel« (1563)

207

**REGION 9
Bundesland
Wien**

Kunsthistorisches Museum
Maria-Theresien-Platz
1010 Wien
✆ (01) 525 24 40
Fax (01) 525 24 40-99
www.khm.at, Di–So 10–18, Do 10–21 Uhr, Eintritt € 12, ermäßigt € 9

meer, Rembrandt, Bellini und Raffael. Zudem gibt es eine umfangreiche Ägyptisch-Orientalische Abteilung, eine hochkarätige Antikensammlung, ein Münzkabinett und eine mit mittelalterlichen und barocken Preziosen gefüllte Kunstkammer. Kunstkenner können hier leicht ganze Tage verbringen. Der Prunkbau im Stil der Neorenaissance stammt vom Dresdner Baumeister Gottfried Semper, die Ausführung lag bei Carl von Hasenauer. Pompöse Treppenaufgänge geleiten in imposante Empfangsfoyers und eine achteckige Kuppelhalle.

㉓ Liechtenstein Museum in Wien
Eine gelungene atmosphärische Komposition

Eine junge Frau mit blondem Haar und blauen Augen prüft im Spiegel ihr Aussehen. Der Betrachter sieht nur die Rückenansicht der korpulenten Schönen – und ihren Gesichtsausschnitt im Spiegel. Mehr Nacktheit war 1614, als Peter Paul Rubens die »Venus vor dem Spiegel« vollendete, nicht ratsam.

Das Gemälde gehört zur berühmten Privatsammlung des Fürsten Hans-Adam II. von Liechtenstein. Die Hochkaräter seiner Galerie, darunter viele Alte Meister, zeigt er lieber in Wien als in seinem kleinen Staat an der österreichisch-schweizerischen Grenze. Der barocke Rahmen des Gartenpalais passt perfekt zu Cranach, van Dyck, Raffael und Rembrandt. Die Kunstwerke werden wie in einem klassischen Musentempel offeriert, Bilder und Palast bilden eine historische Einheit. Zur gelungenen atmosphärischen Komposition gehören neben Malereien auch Möbel, Skulpturen und ein Barockgarten. Mitten in Wien fühlen sich Besucher in eine glanzvolle Fürstenwelt versetzt.

Liechtenstein Museum
Fürstengasse 1
1090 Wien
✆ (01) 319 57 67-252
Fax (01) 319 57 67-20
www.liechtensteinmuseum.at
Fr–Di 10–17 Uhr
Eintritt Dauerausstellung € 10, ermäßigt € 8/
€ 5, Sonderausstell. € 4

Viele der ausgestellten Kunstwerke waren im Zweiten Weltkrieg ausgelagert und danach in Depots. Das »Porträt eines unbekannten Mannes« von Frans Hals oder Rembrandts »Amor mit Seifenblasen« sind Werke, die man lange betrachtet. Fürst Hans-Adam II. besitzt eine der weltgrößten Sammlungen niederländischer Maler, ihr Schätzwert ist unermesslich. Aber auch große Namen der Frührenaissance bis zur österreichischen Romantik sind vertreten. Als das Palais 2004 restauriert wurde, entdeckte man Fresken von Johann Michael Rottmayr und holte sie mit Farbauffrischungen aus ihrem Dämmerschlaf. Der Herkulessaal, Wiens größter profaner Barockraum, prunkt mit dem monumentalen Deckenfresko des Italieners Andrea Pozzo aus dem 17. Jahrhundert, die Bibliothek im Untergeschoss zeigt sich im Originalzustand von 1790. Der einst verwilderte Barockgarten geht in einen englischen Landschaftspark über. Der Fürst investierte großzügig in seinen Wiener Stammsitz. Eigentum verpflichtet.

Exponat des Liechtenstein Museums: Peter Paul Rubens' »Venus vor dem Spiegel« (um 1613/14)

㉔ Loos Bar in Wien
Nur das Beste ist gut genug

Mein Geschmack ist ganz einfach«, pflegte Oscar Wilde lächelnd aufzuklären: »Von allem immer nur das Beste.« Das könnte auch Adolf Loos (1870–1933) gesagt haben. Der Architekt aus Brünn, der in seiner Wiener Zeit das Haus ohne Augenbrauen am Michaelerplatz schuf, brachte damit sogar den Kaiser in Rage. Der konnte den Anblick dieses Gebäudes ohne jeden barocken Dekor nicht ertragen, fortan weigerte sich Franz Joseph, die Ausfahrt aus der Hofburg zum Michaelerplatz zu benutzen.

Von ebensolcher Geradlinigkeit ist Adolf Loos' einziges Lokal, die nach ihm benannte Loos Bar in einer Stichgasse der Kärntner Straße. Als Wegbereiter der Moderne in Architektur und Design folgte das Multitalent konsequent dem Motto form follows function. Jeder seiner Bauten sollte völlig auf dessen Funktion zugeschnitten sein, ornamentale Schnörkel waren nicht erlaubt. Loos war so rigoros, dass er die gesamte Architektenschaft, die Fans von Jugendstil und Wiener Secession gegen sich aufbrachte – später wurde er nachgeahmt, heute ist er weltberühmt.

Seine heute denkmalgeschützte Bar entstand 1908, sie trägt den Beinamen American Bar, weil Loos sie nach einem längeren Studienaufenthalt in Amerika entworfen hat. Loos hatte gerade sein Buch »Ornament und Verbrechen« veröffentlicht und war mit dem Bau privater Villen befasst, weil er in ihnen seine Ideen beispielhaft verwirklichen konnte. In der Bar richtete er seine Konzentration ganz auf die Inneneinrichtung aus. Sie sollte modern sein, aber nicht ungemütlich und kalt. Als Baumaterialien benutzte er einen Mix aus Holz, Glas, Messing, Marmor und Onyx. Er schuf warme Flächen, aber auch ein Spiegelkabinett, das dazu verhilft, auf Distanz zu gehen – auch zu sich selbst. Mithilfe der Spiegel verlängerte er optisch den nur sechs mal 4,5 Meter langen Raum. Das ist Bluff, aber raffiniert gemacht und deshalb legitim. Mehr als 20 Personen passen allerdings kaum in den Raum hinein. Nachtschwärmer mit Sinn für Ästhetik können zwischen 300 Cocktails wählen.

Anspruch auf Modernität: »Loos Bar« oder »Loos American Bar« von 1908

Loos Bar
Kärntner Durchgang 10, 1010 Wien
✆ (01) 512 32 83
www.loosbar.at, Do–Sa 12–5, So–Mi 12–4 Uhr

㉕ Mozarthaus Vienna in Wien
Wo der Maestro glücklich war

In seinen zehn Wiener Jahren wechselte Mozart elf Mal die Bleibe. In dieser Wohnung am Stephansdom aber – der einzigen seiner Unterkünfte, die erhalten blieb – lebte er drei Jahre von 1784 bis 1787. Recht herrschaftlich auf dem Höhepunkt seines Ruhms in der Beletage mit vier Zimmern, zwei Kabinetten und einer Küche. »... ich versichere sie, daß hier ein herrlicher ort ist – und für mein metier der beste ort von der welt«, schrieb er an Vater Leopold. Die Wohnräume des auch Figarohaus genannten Gebäudes (hier entstand »Figaros Hochzeit«) besaßen eine reiche Ausstattung mit Stuckdecken und gemalten Wanddekorationen. Einige Verzierungen wurden an Wänden freigelegt. Zum 250. Geburtstag des Meisters 2006 wurde das Mozarthaus für eine zweistellige Millionensumme zum Mozarthaus Vien-

Mozarthaus Vienna
Domgasse 5
1010 Wien
✆ (01) 512 17 91
www.mozarthausvienna.at
Tägl. 10–19 Uhr, Eintritt
€ 9, ermäßigt € 7

REGION 9
Bundesland Wien

Multimediaraum im Mozarthaus Vienna: »Wien zur Zeit Mozarts«

ⓘ MuseumsQuartier
Museumsplatz 1–5
1070 Wien
✆ (01) 523 58 81
www.mqw.at

 ZOOM Kindermuseum
✆ (01) 524 79 08
www.kindermuseum.at
Mo–Do 8–16 Uhr, Fr–So, Ferien 9.30–17.30 Uhr, Eintritt Kinder € 3,50, Erwachsene € 5,00

 Leopold Museum
✆ (01) 525 70-0
www.leopoldmuseum.org
Tägl. außer Di 10–18, Do 10–21 Uhr, Eintritt € 11, ermäßigt € 9,90, Kinder € 7

Museum Moderner Kunst/Stiftung Ludwig
✆ (01) 525 00
www.mumok.at
Tägl. 10–18, Do 10–21 Uhr, Eintritt € 9, ermäßigt € 7,20, Kinder € 6,50

KUNSTHALLE Wien
✆ (01) 52 18 90
www.kunsthallewien.at
Tägl. 10–19, Do 10–22 Uhr, Eintritt Kombikarte € 11,50, ermäßigt € 9,50

na umgebaut, zu einem Zentrum für Leben und Werk des Komponisten. Der Rundgang beginnt im dritten Stock und endet in der historischen Mozart-Wohnung im ersten Stock. Jedes Stockwerk hat einen thematischen Schwerpunkt: oben Mozart und seine Zeit, in der Mitte geht es um berühmte Opern und Requien, in den Wohnräumen um Mozarts Lebensverhältnisse. Der Besucher schreitet durch das Tonnengewölbe, durch das auch der Meister ging. Der historische Innenhof ist grundlegend saniert worden, behielt aber die Anmutung der Mozartjahre.

Die Möblierung in den Räumen ist sparsam, orientiert am historischen Design. In Paravents verläuft ein historisches Band, das mithilfe von Ausstellungsobjekten und Bildern in unterschiedlichen Holzrahmen den Alltag Wolfgang Amadeus Mozarts erzählt. Als bedeutendstes »Exponat« gelten aber die Geometrie der Räume, die Weg- und Blickachsen sowie hübsche Einzeldetails wie ein Fenster, ein Kamin oder Stuckaturen an Decke und Wänden. Diese Kubaturen bringen den Besucher Mozart ganz nahe: Sie sehen, was er sah, gehen durch Räume, die er durchschritt. Erläuternde Texte stellen die damaligen Lebensbedingungen des Maestros dar, Ruhe und Intimität ermöglichen, dem Genius loci auf du und du zu begegnen. Die Jahre in dieser Wohnung, so Mozart-Biografen übereinstimmend, waren die glücklichsten seines kurzen Lebens.

㉖ MuseumsQuartier in Wien
Aus gewachsener Bausubstanz modern entwickelt

Der schönste Eintritt ist der durch den Mittelrisaliten des Marstalls. Wer ihn durchschreitet, vor dem öffnet sich der weite Platz, der an seinen Längsseiten von historischen und an den Schmalseiten von modernen Bauwerken gesäumt ist. Nun ist man in einer Stadt in der Stadt. Das MuseumsQuar-

**REGION 9
Bundesland
Wien**

tier, einer der zehn größten Kulturkomplexe der Erde mit 60 000 Quadratmeter Fläche, nimmt einen würdigen Platz ein zwischen dem Pariser Louvre und der Berliner Museumsinsel. 40 Einrichtungen sind Kunst und Kultur verpflichtet, der lang gestreckte Innenhof offeriert zusätzlich Platz für Restaurants, Cafés und Shops. Das MuQua, wie die Wiener sagen, wurde für 150 Millionen Euro aus Hinterlassenschaften der Habsburger gestaltet. Passend zu Wien mit einer 480 Meter langen, apricotfarbenen barocken Fassade. Dahinter befanden sich einst die kaiserlichen Hofstallungen von 1718. Die noblen Vierbeiner der Majestäten schnabulierten Heu und wurden von livrierten Dienern gestriegelt.

Die einzelnen Gebäude hinter der Fassade, alle Solitäre, sind nicht nur miteinander vernetzt, sondern auch durch Über- und Durchgänge, Gassen und Treppen, Feuerwehrleitern und Blickachsen mit angrenzenden Vierteln verbunden. Darin liegt der eigentliche Reiz: Das MuseumsQuartier wurde nicht wie ein überdimensionales UFO zwischen Hofplatz und Heldenplatz an den Burgring gesetzt, sondern sorgsam aus gewachsener Bausubstanz entwickelt und ergänzt. Für Kinder gibt es das ZOOM Kindermuseum, für Kunstjünger das Leopold Museum mit einer Muschelkalk-Fassade und Meisterwerken der Wiener Secession, der Moderne und des Expressionismus. Das Museum Moderner Kunst/Stiftung Ludwig, ein kubischer, mit Basaltlava ummantelter Bau, beherbergt eine der größten Sammlungen zeitgenössischer Kunst in Europa. Die KUNSTHALLE Wien ist ein Ausstellungsraum für internationale moderne Kunst. Aber auch die Wiener Festwochen sind hier untergekommen, das Filmfestival Viennale, ein Tanzquartier und schließlich das Architektur Zentrum Wien.

Im Leopold Museum: Egon Schieles »Porträt von Wally« (1912)

Aus gewachsener Bausubstanz modern entwickelt: das Wiener MuseumsQuartier

**REGION 9
Bundesland
Wien**

㉗ Naschmarkt in Wien
Buden mit Jugendstildächern

Morgens um drei beginnt das Rumpeln und Klappern. Die Betreiber richten ihre Stände ein, Waren werden antransportiert, es gibt Wortwechsel. Stündlich steigt der Lärmpegel, dazu trägt der Verkehr auf der stark frequentierten Wienzeile bei. Gegen sechs kommen die ersten Kunden, jährlich sind es Hunderttausende, die durch die Gänge zwischen den Standeln laufen. Ab acht klatschen die Händler in die Hände, um Kundschaft anzulocken. A Sackerl Kartoffeln oder Sauerkraut, orientalische Gewürze, Babygurken, feine Gemüse, Fisch und Fleisch, gut sortierte und appetitlich angerichtete Käse- und Wurstspezialitäten. Nirgendwo ist Österreichs Hauptstadt so international und exotisch. Am Wochenende kommen noch Bauern aus dem Umland und verkaufen Frisches vom Land. Hausgemachte Blunzen (Blutwurst), Geselchtes und Wein, Forellen, Karpfen,

Naschmarkt
Wienzeile (zwischen Getreidemarkt und Kettenbrücke)
1040 Wien
www.naschmarkt.at
Mo–Fr 6–19.30, Sa 6–17 Uhr

Fleischstrudel und Öle. Und das alles vor der Kulisse der Linken Wienzeile mit den Jugendstil-Pompbauten Otto Wagners.

Schon im 16. Jahrhundert existierte ein Naschmarkt. Der Name kommt nicht von Naschen, sondern ist von Aschen abgeleitet, so wurden früher Milcheimer genannt. Seit 1916 stehen die etwa 400 Holzbuden, viele mit Jugendstildächern, am Wienfluss nahe Karlsplatz und Oper.

Das Sagen hat hier der Naschmarkt-Adel, Standbesitzer, deren Vorfahren schon von Anfang an dabei waren. Am citynahen Ende des Markts, wo früher Fleischhauer ihr blutiges Werk verrichteten, gibt es heute Speiselokale wie das »Piccini Piccolo Gourmet« und Espressobars. Die Wiener Schickeria trifft sich zu Sushi und Sashimi, Frühlingsrolle und Saté. Der Schicki-Boom ist gut fürs Geschäft, aber alte Standler fürchten um die Seele des Naschmarkts. Das ist übertrieben, denn der Ort hat auch die Zeit überstanden, als er Wiens größtes Rotlichtviertel war.

Hier ist immer etwas los, nur nachts kehrt für wenige Stunden Ruhe ein. Bis der erste Jalousieladen hochscheppert.

REGION 9
Bundesland
Wien

Kulinarisch gleicht ein Bummel über den Wiener Naschmarkt einer Weltreise

REGION 9
Bundesland Wien

Oberes Belvedere
Prinz-Eugen-Str. 27, 1030 Wien
✆ (01) 79 55 70
www.belvedere.at
Tägl. 10–18 Uhr, Eintritt € 9,50, ermäßigt € 7,50/ € 7, Kinder frei, Online-Tickets unter tickets.belvedere.at

Ein »Mekka« für Jugendstil-Fans aus aller Welt: die Österreichische Galerie im Oberen Belvedere mit Gemälden von Gustav Klimt wie »Der Kuss« (1908; rechts) oder »Mutter mit zwei Kindern (Die Mutter)« (1915–17; unten) von Egon Schiele

㉘ Österreichische Galerie im Oberen Belvedere
Ein »Mekka« für Jugendstil-Fans aus aller Welt

In den letzten Jahren ist Schloss Belvedere mit hohem Aufwand grundlegend restauriert worden. Mittlerweile bricht es sämtliche Besucherrekorde und gehört zu Wiens populärsten Museen. Schloss Belvedere besteht aus zwei Gebäuden. Das Untere Belvedere wurde 1716 als Wohnpalais des Prinzen Eugen von Savoyen, des wohl erfolgreichsten Generals in der Geschichte Österreichs, der die Türken schlug, vollendet und zeigt heute Barockkunst. Das Obere Belvedere findet weitaus mehr Zuspruch, weil es ausschließlich Kunst des 19. und 20. Jahrhunderts zeigt. Zudem ist es das repräsentativere Gebäude, in dem ab 1894 bis zu seiner Ermordung in Sarajevo im Jahr 1914 der Thronfolger Franz Ferdinand residierte. 1955 wurde im Marmorsaal der Staatsvertrag unterzeichnet, der Österreich aus der Kontrolle der Alliierten entließ.

Die Galerie bietet einen hervorragenden Überblick über die Fülle und Vielfalt des österreichischen Kunstschaffens vom Biedermeier über den Jugendstil bis zur Kunst der Gegenwart. Begründet wurde die spektakuläre und millionenschwere Sammlung 1916 und 1953 noch einmal erheblich aufgestockt. Seit 1995 präsentiert sie in der Dauerausstellung »Wien um 1900 und die Kunst der klassischen Moderne«.

Die Sammlung ist so üppig, dass im Erdgeschoss die Kunst nach 1918 in immer neu konzipierten Wechselausstellungen gezeigt werden kann. Für Besucher jedes Mal eine Überraschung, was aus den Depots ans Licht geholt wird. Zu sehen sind Werke des Expressionismus, der Neuen Sachlichkeit und der Kunst nach 1945. Im ersten Stock liegen die Schwerpunkte auf Historismus, Realismus, Impressionismus, Symbolismus und Wiener Secession. Mehr Makart, Menzel, Manet, Monet, Renoir, Hodler oder

Munch findet sich europaweit kaum noch. In den Fokus gerückt sind die beiden Pinselgrößen des Alpenlandes, Gustav Klimt und Egon Schiele, die bedeutendsten Repräsentanten der Wiener Secession. Im Vergleich der internationalen Kunstentwicklung um 1900 wird sichtbar, dass die österreichische Malerei am Puls der Zeit entstand und geradezu unerhört avantgardistisch war. Auch Kokoschka, Klinger, Gerstl, van Gogh und andere herausragende Jahrhundertwendekünstler sind mit prägenden Werken vertreten.

Im zweiten Geschoss geht es um Klassizismus, Romantik und Biedermeier mit Porträts, Stillleben, Landschafts- und Genredarstellungen. Auch hier sind Werke der Weltkunst zu bewundern.

Glanzstück der Österreichischen Nationalbibliothek: Originalpartitur von Wolfgang Amadeus Mozart

㉙ Österreichische Nationalbibliothek in Wien
Eine Kathedrale des gedruckten Wissens

Österreichische Nationalbibliothek
Josefsplatz 1, 1015 Wien
✆ (01) 534 10, Führungen ✆ (01) 534 10-464
Fax (01) 53 41 02 80
www.onb.ac.at
Prunksaal, Di–So, 10–18, Do 10–21 Uhr
Führungen jeden Do um 18 Uhr, Eintritt € 7, ermäßigt € 4,50

Das Lesen gehört zu den Grundtechniken der Wissensaneignung. Das war schon im 18. Jahrhundert so, während der aufgeklärten Regentschaft Kaiser Karls VI., der sich nicht nur der Repräsentation verpflichtet fühlte, sondern über sein Amt hinaus dachte. Die Wissenschaft interessierte ihn, das in Büchern, Atlanten sowie Erd- und Himmelsgloben gebannte Wissen wollte er in einem Haus untergebracht haben. Dafür ließ er 1723–26 die zunächst frei stehende Hofbibliothek bauen; schon 1760 wurde sie durch den Redoutentrakt mit der Hofburg verbunden. Nach dem Ersten Weltkrieg und dem Ende der Monarchie ging sie als Österreichische Nationalbibliothek in Staatsbesitz über. Ihre 7,4 Millionen Objekte umfassenden Sammlungen alter Karten, Drucke, Papyri, Partituren, Inkunabeln, Handschriften und Exlibris reichen bis ins 14. Jahrhundert zurück und gehören zu den bedeutendsten der Welt. In Österreich ist sie die wissenschaftliche Bibliothek schlechthin, denn alles, was im Land publiziert wird, ist per Gesetz mit einem Pflichtexemplar in ihren Beständen vertreten.

Der barocke Prunkbau ist original erhalten, seinen gewaltigen Mittelrisalit schmückt eine Statuengruppe um die Göttin Minerva, ausgeführt von Lorenzo Mattielli.

Als einer der glanzvollsten Räume des Hochbarocks gilt der zweigeschossige, von einer Kuppel gekrönte Prunksaal mit einem prachtvollen Mosaikfußboden, hoch aufragenden Nussholz-Bücherregalen mit 200 000 Bänden – darunter die wertvolle Büchersammlung Prinz Eugens von Savoyen –, Marmorstandbildern und den hervorragend erhaltenen Deckenfresken von Daniel Gran.

Die Gelehrten haben schon in früher Zeit ihr Wissen und ihre Kenntnisse für die Mit- und Nachwelt zwischen zwei Buchdeckel gebracht. Die »Wiener Genesis« stammt aus dem 6. Jahrhundert, der »Wiener Dioskurides«, ein byzantinisches Heilkräuterbuch, wurde um 512 gemalt. Die »Wenzelsbibel« aus Prag entstand um 1390, das reich illustrierte »Livre du Cuer d'Amour Espris« des Herzogs René d'Anjou um 1456, das »Schwarze Gebetbuch« des Mailänder Herzogs Galeazzo Maria Sforza um 1470. Und das sind nur einige der zahllosen Glanzstücke der Bibliothek.

Eine »Kathedrale des gedruckten Wissens«: die Österreichische Nationalbibliothek in der Wiener Hofburg, ▷

**REGION 9
Bundesland
Wien**

Wenig Zierrat: Jugendstil-Engel auf der Balustrade der von Otto Wagner entworfenen Postsparkasse

㉚ Postsparkassenamt Otto Wagner Wien
Perfekte Moderne

Die Zeit vor dem Ersten Weltkrieg war in Wien eine künstlerisch unruhige und umtriebige Periode. In wenigen Jahren schufen mehrere herausragende Architekten beachtliche Bauten, die großteils bis heute das Stadtbild der österreichischen Hauptstadt prägen. Einer war dabei herausragend, Otto Wagner (1841–1918). Nach vielen erfolgreichen kommerziellen Projekten veröffentlichte er ab den 1890er-Jahren Bücher über Stadtplanung und Jugendstil, die ihm Weltruhm bescherten. An Wagner, dem kaiserlich-königlichen Hofrat, Professor der Akademie der Bildenden Künste, Ehrenpräsident diverser Institutionen zwischen Paris, London, St. Pe-

tersburg und Kanada, kam man damals nicht vorbei. Sein Meisterstück blieb erhalten: die Wiener Postsparkasse.

Für das Bankgebäude verwendete er zwischen 1904 und 1906 zum ersten Mal in Europa die allerneuesten Materialien: Stahlbeton und Aluminium. Er baute nach dem Ideal der Funktionalität, zugleich gelang ihm aber höchste Ästhetik. So ist die gesamte Marmorverkleidung der gewaltigen Fassade mit Nieten an der Wand befestigt, sie wirken wie ein Schmuckelement. Zudem sind die Granit- und Marmorverkleidungen witterungsbeständig. Die Innenraumaufteilung nach Fensterachsen mit nichttragenden Zwischenwänden wurde danach weltweit für alle bedeutenden Bürogebäude als Basisausstattung übernommen. Die Gebäudeflügel umsäumen quadratisch einen Hof. In der Mitte ist das Glasdach des darunter liegenden Kassensaals auszumachen, die halbrunden Strukturen lassen die Außenmauern der Treppenhäuser erahnen. Den Fußboden im Kassensaal bilden leuchtende Glaskacheln, die das Licht auch in die darunter liegenden Räume ableiten.

Auch die gesamte Innenarchitektur bis hin zu den Möbeln folgt Entwürfen Otto Wagners. Das Gebäude ist ein Gesamtkunstwerk, an und in dem alles stimmt. Wer es mit dem gegenüberliegenden ehemaligen Kriegsministerium vergleicht, erkennt, wie schnörkellos und funktionsgerecht es gebaut wurde, ohne steril zu wirken. Im Anschluss an die Schalterhalle befindet sich das Otto-Wagner-Werkmuseum mit vielen Skizzen und Entwürfen.

REGION 9
Bundesland Wien

Postsparkassenamt Otto Wagner Wien
Georg-Coch-Platz 3
1018 Wien
Die Schalterhalle ist während der Öffnungszeiten der Bank frei zugänglich.

Wagner Werkmuseum Postsparkasse
Georg-Coch-Platz 2
1018 Wien
✆ (01) 534 53-330 88
Fax (01) 534 53-330 87
www.ottowagner.com
Mo–Fr 9–17, Sa 10–17 Uhr, Eintritt € 5, ermäßigt € 3,50

③ Rauchfangkehrermuseum in Wien
Der Liebling der Hausmamsell

Zu Neujahr und Geburtstagen wird der schwarze Schornsteinfeger als Püppchen am Stiel im Blumentopf verschenkt – er soll Glück bringen. Warum glauben so viele Menschen daran? Das hat mit unserer Geschichte zu tun.

Die Feuerstelle war stets Lebensmittelpunkt der Familie, sie bedeutete Wärme, Licht und Geborgenheit. Das blieb auch so, als die Feuerstelle erst zum Herd, dann zum Ofen wurde. Oft allerdings brach das Rauchfangfeuer aus und giftige Schwaden gelangten in den Wohnraum. Ursache war fast immer ein nicht gereinigter Rauchfang. Deshalb wurde es schon im Mittelalter als Glück aufgefasst, wenn der Schornsteinfeger durch die Gasse ging und anbot, die Arbeit für wenig Geld zu erledigen. Darin besteht der Glücksbringernimbus dieses Berufsstands.

Das festzuhalten ist den Wiener Rauchfangkehrern wichtig. Der Begriff Schornsteinfeger ist in Österreich nicht geläufig. Sie gründeten 1985 einen Museumsverein und erzählen darin auf 250 Quadratmetern die Geschichte des schwarzen Mannes, der uns mit seiner Reinigungskraft vor giftigen Gasen schützt. Er ist der Liebling der Hausmamsell und der Köchin, die ihm etwas zusteckt, während die Kinder vor ihm kreischend flüchten, damit er sie nicht mitnimmt, weil sie ungezogen waren. Er hat von den Dächern mehr Einblick in Wohnungen, als manchen der darin Lebenden klar ist und neben seinem herkömmlichen Arbeitsgerät wie Seil und Bürstenkugel kommt er heute auch schon mal mit dem digitalen Messgerät zur Rauchgasanalyse.

Über 200 Exponate aus der Vergangenheit besitzt das Museum, das Glanzstück ist die Zunfttruhe aus massiver Eiche (1784) mit drei schweren Eisenschlüsseln und dem Rauchfangkehrerwappen mit zwei gekreuzten Stöcken. Weitere Exponate werden gesucht. Selbst Bücher, Ansichtskarten, Gemälde, Stiche, Drucken und die Noten eines Schornsteinfegerlieds sind im Angebot.

Rauchfangkehrermuseum
Klagbaumgasse 4
1040 Wien
✆ (01) 734 35 40 und 514 50 22 75
www.wienerrauchfangkehrer.at
So 10–12 Uhr
Eintritt frei, Führungen nach Vereinbarung

Weinkeller des Restaurants »Palais Coburg« in Wien

㉜ Restaurant Palais Coburg in Wien
Ein Ort der Repräsentation

Besseren Wein gibt es in Österreich nirgendwo, schon gar nicht in solcher Auswahl. 3130 Sorten sollen es sein, alle aus der Liga der Hocharomatischen. Die Weine stammen aus der Erbmasse des verstorbenen US-Anwalts Robert Paul, sie wurden von Sotheby's versteigert. Das Palais Coburg erwarb mehr als die Hälfte davon für 1,2 Millionen Dollar und besitzt nun eine der eindrucksvollsten Weinkarten der Welt. Es ist keine Weinkarte, sondern ein Weinbuch. Niemand kann all diese edlen Getränke wirklich angemessen durchprobieren. Der Wermutstropfen: Zwar gibt es österreichische Weiß- und Rotweine ab etwa 30 Euro, von den wirklich guten Weinen aber kostet der günstigste 110 Euro. Mehr als 600 Jahre alt ist die restaurierte Coburgbastei, auf der das Palais Coburg wie eine überdimensionale Glucke hockt. Wegen seiner gewaltigen Säulen in der klassizistischen Gartenfassade nennen die Wiener es Spargelburg. Direkt unter dem Garten befinden sich die Kasematten der alten Bastei, dort hatte man über Jahrhunderte Soldaten untergebracht, Kanonen waren versammelt, dazu Waffen aller Art.

Aus dem kriegerischen Ambiente ist ein Luxusambiente geworden, seitdem das Palais zum Hotel umgebaut worden ist. Es besitzt eine der schönsten Terrassen Wiens. Im Foyer lassen sich noch die alten Stadtbefestigungen aus der Renaissance bewundern, die in einem Mosaik zusammengefasst sind. Eine Droschke des Geschlechts derer von Sachsen-Coburg wurde in das Treppenhaus platziert.

Das ist ein Ort für repräsentative Zusammenkünfte, vorwiegend für Geschäftsleute auf Spesenbasis. Im Frühjahr 2011 wechselte Gourmetkoch Silvio Nickol – ausgezeichnet mit drei Hauben im Gault Millau und zwei Sternen im Michelin – vom Schloßhotel Velden am Wörthersee nach Wien ins Palais Coburg. So sehr es dem Shooting-Star der Szene auf Optik ankommt, wird er vor allem mit seiner Philosophie, den »Eigengeschmack der Speisen durch Kräuter und Gewürze hervorzuheben« alle Freunde der Haute Cuisine zu exklusiven kulinarischen Erlebnissen führen.

Restaurant Palais Coburg
Coburgbastei 4
1010 Wien
✆ (01) 51 81 88-00
Fax (01) 51 81 88-18
www.palais-coburg.com
Di–Sa 18.30–24 Uhr,
Reservierung empfohlen

Weinbistro Palais Coburg
✆ (01) 51 81 88 70
Fax (01) 51 81 88 18
www.palais-coburg.com
Tägl. 7–24 Uhr, Reservierung empfohlen

33 Schatzkammer in Wien
Prall gefüllt mit europäischer Geschichte

Das Heilige Römische Reich Deutscher Nation gab es über Jahrhunderte, es war eine Macht in Europa. Die Insignien dieses Reichs werden in der Hofburg zu Wien aufbewahrt, genauer: in der Weltlichen und Geistlichen Schatzkammer. Sie gilt als die bedeutendste der Welt, birgt sie doch einmalige Kostbarkeiten. Dazu gehören die Reichskrone (etwa 962), die Krone Kaiser Rudolfs II. (1602), die 1804 zur österreichischen Kaiserkrone gewählt wurde, der Burgunderschatz (Insignien der einst mächtigen Herzöge von Burgund) und der Schatz des Ordens vom Goldenen Vlies. Dieser Orden wurde 1430 gestiftet, als Philipp der Gute, Herzog von Burgund, Prinzessin Isabella von Portugal heiratete. Alle historischen und künstlerischen Kostbarkeiten der Schatzkammer im Schweizerhof, dem ältesten Teil der Hofburg, sind von unschätzbarem Wert. Die Insignien stehen für den Verlauf der Geschichte des christlichen Abendlands, für Auf- und Niedergang, Ruhm und Schande, Krieg und Frieden. In 21 effektvoll ausgeleuchteten Räumen werden die Kleinodien gezeigt, die Hoheitszeichen, Schmuck, Juwelen und Erinnerungsstücke, viele davon aus dem Besitz der Habsburger. Ein Funkeln und Blitzen, das seit dem 16. Jahrhundert anhält. Wegen ihres hohen materiellen Werts präsentiert man diese weltlichen und sakralen Stücke – liturgische Geräte, Messornate, Reliquien und Paramente – unter besonderen Sicherheitsvorkehrungen. Eine solche mit mehr als 1000 Jahren europäischer Geschichte prall gefüllte Schatzkammer besitzt nur Wien.

34 Schloss Belvedere in Wien
Eine der schönsten Barockanlagen Europas

Sehr wahrscheinlich litt er am Napoleon-Syndrom. Prinz Eugen von Savoyen (1663–1736), ein kleinwüchsiger, wenig ansehnlicher Mann, sah nicht wie ein Held aus. Aber wie der Winzling Napoleon wollte er der Welt zeigen, dass er einer war. Er wurde der erfolgreichste General in der

---

**REGION 9
Bundesland Wien**

👁 **Schatzkammer**
Hofburg
Schweizerhof
✆ (01) 525 24 40-25
www.khm.at/schatzkammer
Tägl. außer Di 10–18 Uhr, Eintritt € 12, ermäßigt € 9

👁 **Unteres Belvedere (Orangerie)**
Rennweg 6, 1030 Wien
✆ (01) 79 55 70-200
www.belvedere.at
Tägl. 10–18, Mi 10–21 Uhr, Eintritt € 9,50, ermäßigt € 7,50/€ 7, Kinder frei, Online-Tickets unter ticket.belvedere.at

Schloss Belvedere, einstiger Wohnsitz des legendären Feldherrn Prinz Eugen von Savoyen

REGION 9
Bundesland Wien

Geschichte Österreichs. Drei Kaisern diente er und führte das habsburgische Heer im Kampf gegen die Wien belagernden Türken zum Sieg. Das war 1697 und brachte dem Kaiserreich zudem ganz Ungarn, Siebenbürgen, Slawonien und Kroatien als Beute ein. Als Prinz Eugen 1717 auch noch das serbische Belgrad eroberte, wurde er legendär. Preußenkönig Friedrich der Große äußerte bewundernd über den Feldmarschall: »Eigentlich war er Kaiser ...«

Prinz Eugen war aber auch ein großer Förderer der Wissenschaften und Künste, Sammler, Mäzen und Gartenliebhaber. Das Lustschloss Belvedere war sein Sommersitz. Es ist geteilt in das Untere Belvedere (1716), den Wohnsitz des Militärs, und das Obere Belvedere (1722), einen Ort der Repräsentation. Das Ensemble gehört zu den schönsten Barockanlagen Wiens und genießt nach grundlegender Restaurierung hohen Besucherzuspruch. Das Untere Belvedere wirkt nüchtern, besitzt aber pompöse Räume. Im Oberen Belvedere wurde Barockkunst in der Kaiserlichen Gemäldegalerie von Joseph II. ausgestellt. Hier residierte Thronfolger Franz Ferdinand bis zu seiner Ermordung in Sarajevo 1914. Im Marmorsaal wurde 1955 der Staatsvertrag unterzeichnet, der Österreich aus der Kontrolle der Alliierten entließ. Heute ist Kunst des 19. und 20. Jahrhunderts zu sehen. In der Orangerie ist ein Museum mittelalterlicher österreichischer Kunst untergebracht.

Der Schlosspark im französischen Stil gehört zu den wichtigsten barocken Gartenanlagen Europas. Prinz Eugen ließ ihn von Architekturstars seiner Zeit, darunter von Versailles-Gartenschöpfer André Le Nôtre, anlegen. Der Park zeigt die barocke Vorstellung einer idealen, vom Menschen bestimmten Naturgestaltung: geometrische Strenge, raumgreifende Wegachsen, Pflanzen in Formschnitten, kunstvolle Blumenbeete, Fortsetzung der Innenräume des Schlosses in der auf Weite abzielenden perspektivischen Anlage des Gartens. Ein wunderbarer Ort zum Spazieren.

Schlossherr des Belvedere und Türkenbefreier Prinz Eugen von Savoyen

Ein spätbarockes Gesamtkunstwerk: Schloss Schönbrunn, UNESCO-Weltkulturerbe seit 1996

35 Schloss Schönbrunn in Wien
Ein spätbarockes Gesamtkunstwerk

In diesem Museum, einem der meistfrequentierten Wiens, wohnen etwa 190 Mieter. Sind sie als Schlossbewohner zu beneiden? Eher nicht, denn sie müssen ihre Unterkunft selbst renovieren, um das Gesamtbild nicht zu beeinträchtigen, der Staat sorgt nur für die Restaurierung der Prunkräume. Ein teurer Schloss-Wohnspaß.

Schloss und Park im französischen Stil bedecken knapp zwei Quadratkilometer und sind ein einzigartiges spätbarockes Gesamtkunstwerk. Johann Bernhard Fischer von Erlachs Gestaltung der Schlossanlage sollte den Habsburgern eine ungestörte Sommerfrische am Stadtrand ermöglichen, sie braucht den Vergleich mit Versailles nicht zu scheuen. Die Bauarbeiten begannen unter Kaiser Leopold I., 30 Jahre später wurden sie während der Regentschaft von Kaiserin Maria Theresia abgeschlossen. Sie hatte den Architekten Nikolaus Pacassi mit Aus- und Umbauten beauftragt. Die kreisförmig angelegte Menagerie, aus der der bis heute älteste bestehende Zoo der Welt hervorging, kam 1752 dazu, als krönender Abschluss 1755 die Gloriette, ein Aussichtspavillon im Schlosspark auf der Anhöhe des Schönbrunner Bergs. Schloss, Garten und Park besitzen bis heute den homogenen Charakter eines aus einer einzigen Hand stammenden Ensembles. Das Schloss steht im Mittelpunkt der Anlage, von ihm ausgehend zieht sich das Große Parterre als breites, offenes Rechteck bis zum Fuß des Schönbrunner Bergs. Den statuengeschmückten Park gliedert ein System sternförmig angelegter Alleen, deren Bäume in Heckenwände geschnitten sind.

Das 1881 bis 1882 errichtete Palmenhaus mit seinen tropischen Pflanzen ist mit einer Länge von 113 Metern, einer Breite von 28 Metern und einer Höhe von 25 Metern das größte Europas. Als Attraktionen des Schlossparks gelten auch der Japanische Garten und die Kronprinzenallee an der Ostfassade des Schlosses, einer der ältesten Gartenteile Schönbrunns.

Im anschließenden Gartenbereich Am Keller ist ein nach barockem Vorbild verschlungenes Stickereisystem aus Blumen, farbigem Kies und Steinen zu bewundern. Dieser Gartenteil ist von einem hufeisenförmigen Laubengang mit fünf Pavillons umgeben, von denen einer begehbar ist und von einer erhöhten Plattform aus einen beeindruckenden Blick über die gesamte Gartenanlage bietet.

**REGION 9
Bundesland
Wien**

Maria-Theresien-Taler

Schloss Schönbrunn
1130 Wien
(01) 81 11 32 39
Fax (01) 81 11 33 33
www.schoenbrunn.at
Schloss tägl. 1. April–30. Juni und 1. Sept.–31. Okt. 8.30–17, 1. Juli–31. Aug. 8.30–18, 1. Nov.–31. März 8.30–16.30 Uhr, Park im Winter tägl. ab 6.30, im Sommer tägl. ab 6 Uhr bis Einbruch der Dunkelheit Eintritt (inkl. Audio Guide) Imperial Tour € 9,50, ermäßigt € 8,50, Kinder € 6,50, Grand Tour € 12,90, ermäßigt € 11,40, Kinder € 8,90

REGION 9
Bundesland Wien

Vater der Psychoanalyse: Sigmund Freud

🏛 **Sigmund Freud Museum Wien**
Berggasse 19, 1090 Wien
✆ (01) 319 15 96
Führungen ✆ (01) 319 15 96-14
Fax (01) 317 02 79
www.freud-museum.at
Tägl. 9–17, 1. Juli–30. Sept. tägl. 9–18 Uhr
Eintritt € 7, ermäßigt € 5,50/€ 4,50, Kinder € 2,50

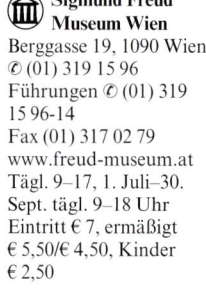

Sisi-Stern: Die Kaiserin besaß 27 dieser wertvollen Juwelen

36 Sigmund Freud Museum Wien
Dr. Freuds Hintertür zu Minna

Wer diese Praxis betreten will, braucht keinen Termin. Man läutet, und es wird einem freundlich aufgetan. Die Wohnung von Sigmund Freud, dem Vater der Psychoanalyse, liegt in einem noch immer von mehreren Parteien bewohnten Gründerzeitgebäude. Der private Charakter des Besuchs in der musealisierten Wohnung verstärkt sich im Flur, wo der Gast seinen Mantel an dieselbe Garderobe hängt wie einst die Familie Freud. Gehstock und Hut von Freud hängen immer noch dort. 47 Jahre hat der Kundschafter des Seelenlebens in diesen Räumen verbracht, hier empfing er seine Patienten, entstanden seine wichtigsten Bücher, bangte er um Kinder, Schwiegerkinder und Enkel, von denen einige schwermütig waren.

Freuds Alltag war streng geregelt. Neun Stunden Therapie, nur unterbrochen durch das Mittagessen. Immer genau 13 Uhr, stets drei Gänge: Suppe, Fleisch mit Beilage, Mehlspeise. Abends Arbeit am Schreibtisch, der stand am Fenster des Arbeitszimmers, mit schönem Blick in den mit Kastanien bewachsenen Hinterhof. Der Raum ist leer, eine bewusste Provokation, die an den Bruch in Freuds Biografie durch die Emigration erinnert. Nur Fotos an den Wänden, im Regal einige Bücher. Das Genie war ein Patriarch, manchmal ein Tyrann. Vielleicht nicht gegenüber Minna, der Schwester von Freuds Gattin Martha, die ein Zimmer neben dem Schlafgemach des Ehepaars hatte. Freud pflegte über viele Jahre ein Verhältnis mit der Schwägerin, durch eine kleine Tür, immer noch vorhanden, schlüpfte er regelmäßig in den Ehebruch.

In einem eigens eingerichteten Medienraum schauen Besucher sich die wenigen erhaltenen Film- und Tondokumente von Sigmund Freud von 1930 bis 1939 an. Was fehlt, ist die berühmte Couch. Freud nahm sie mit, als er nach London emigrierte, dort steht sie nun im Museum. Die Idee, seine Patienten bequem zu lagern, damit sie körperlich entlastet über ihr Innerstes reden, kam nicht von ihm, sondern einer vermögenden Patientin. Sie schenkte ihm den Diwan, ein Möbel, das geradezu zum Inbegriff der Psychotherapie wurde.

37 Sisi Museum in Wien
Die erste »Königin der Herzen«

Die Feile in der Vitrine, sorgsam ausgeleuchtet, sieht lächerlich aus. Im September 1898 war Elisabeth (1837–98), die Gattin von Franz Joseph I., in Genf. Der italienische Anarchist Luigi Lucheni braucht ein prominentes Opfer. Als Sisi, wie sie am Wiener Hof genannt wird, in Begleitung ihrer Hofdame zur Schiffsanlegstelle geht, stürzt er sich auf sie und stößt ihr eine Feile in die Brust. Sisi bricht auf dem Schiff zusammen, noch am selben Tag stirbt sie. Manche fallen Besucherinnen vor der Vitrine mit dem Mordwerkzeug in Ohnmacht, andere weinen.

Sisi war die erste Fürstin, die im Blickpunkt der Medien stand, und die erste Bulimie-Kranke, bei der alle Symptome dieser Krankheit festgestellt wurden. Sie war eine stets Unverstandene, einsam inmitten eines Intrigantenstadels aus Hofschranzen. Als der Kaiser sie heiratete, war sie noch ein Kind, 16 Jahre alt. Sie sollte einen Stammhalter zur Welt bringen, aber die melancholische bayerische Wittelsbacherin wollte eigentlich Dichterin werden, ausgerechnet der aufmüpfige Heinrich Heine war ihr Vorbild, sie schrieb ihm Briefe.

Im Museum sind Sisis Polterabendkleid, Morgenmantel, Sonnenschirm und die Fächer zu sehen. Ihr Halsband, ihre Trinkgefäße, Statuen und Statuetten. Ihre Büste aus Carraramarmor, ihr Bett, zusammenklappbar, um es auf Reisen mitnehmen zu können. Ihr Schreibtisch, ihr Badezimmer, ihr Turnzimmer mit Sprossenwand, die Toilette, die niemand außer ihr benutzen durfte. Dazu Briefe, Telegramme, Parfumflakons, das Zahnhygienebesteck. Sie litt unter Schlaflosigkeit, »vielwöchentlich«. Sisi war die erste Wellness-Reisende, stets auf der Suche nach Erleichterung, durch ganz Europa unterwegs im plüschigen Hofsalonwagen. Immer allein auf Reisen, nach vier Kindern hatten sich Kaiser und Kaiserin nichts mehr zu sagen. Ihr Leben wird in diesem Museum inszeniert wie eine sentimentale Seifenoper, in Wahrheit war die erste »Königin der Herzen« einsam.

**REGION 9
Bundesland
Wien**

Sisi Museum
Hofburg
1010 Wien
Zugang vom Michaelerplatz oder der Ringstraße
℃ (01) 533 75 70
Fax (01) 533 75 70-33
www.hofburg-wien.at
Tägl. 9–17.30, Juli/Aug. tägl. 9–18Uhr (inkl. Kaiserappartements, Silberkammer), Eintritt € 9,90, ermäßigt € 8,90, Kinder € 5,90

Als Mythos unsterblich: Erst seit 2004 hat »Sisi« ein eigenes Museum in der Hofburg

REGION 9
Bundesland Wien

Spanische Hofreitschule Wien
Hofburg
Michaelerplatz 1
1010 Wien
✆ (01) 533 90 31
www.srs.at
Vorführungen So 11–12.20 Uhr außer Juli/Aug.
Führung durch die Stallungen Jan. Di–Sa, Febr. und Nov. Di–So, April–Okt., Dez. tägl. 14, 15, 16 Uhr (€ 16, ermäßigt € 13, Kinder € 8)
Morgenarbeit Di–Sa 9–12 Uhr (€ 12, ermäßigt € 9, Kinder € 6)

Pferdeballett im bunten Rock: Lipizzaner-Vorführung in der Spanischen Hofreitschule

㊳ Spanische Hofreitschule Wien
Verschmelzung von Mensch und Tier in der Dressur

Stuten haben keine Chance. Warum? Zu launisch, sagen die Bereiter. So heißen die Angestellten, die auserwählt sind, die edelsten Pferde der Welt zu reiten. Die meisten sind Männer, doch gibt es einige weibliche Bereiter. Auch die mögen Hengste lieber. Sie seien disziplinierter, liebten Musik, aber auch Rossballett und Karussell – so heißen die Vorführungen der Spanischen Hofreitschule in der Hofburg. Lipizzaner sind die älteste Kulturpferderasse Europas, ihr Name rührt vom slowenischen Dorf Lipizza her, wo 1580 das k.u.k. Hofgestüt gegründet wurde, das älteste Reitinstitut der Welt. Seinerzeit waren die italienischen Fürstenhöfe bekannt für die beste Reitkunst, das wollten die Habsburger nicht auf sich sitzen lassen. Bis 1667 dauerte es zur Premiere der schneeweißen Rösser mit dem goldbeschlagenen Zaumzeug. Großer Erfolg, fortan gab es regelmäßige Veranstaltungen mit Kunststücken der Vierbeiner und ihrer Bereiter. Weil das Renommee so hoch war, ließ Kaiser Karl VI. in der Wiener Hofburg vom Stararchitekten Joseph Emanuel Fischer von Erlach die Winterreitschule (1735) errichten. Die große Zeit der Spanischen Hofreitschule war die Regentschaft von Maria Theresia. Sie ließ Ritterspiele abhalten und schwang sich zu Karussells höchstpersönlich in den Sattel. Pferdevorführungen waren Teil prunkvoller Hofbälle und Feste. Höhepunkt war und ist die Schulquadrille, gezeigt von acht Reitern. Mit den Lipizzanern ließ sich sogar Politik machen. Als Kaiser Franz Joseph I. 1867 zum König von Ungarn gekrönt wurde, ritt er in Budapest auf einem Lipizzanerhengst ein. Nach dem Ende der Monarchie und der gewaltigen Verkleinerung des Staatsgebiets wurden 1920 die Lipizzaner ins Bundesgestüt Piber in der Steiermark gebracht. Dort werden die Pferde bis heute gezüchtet. In Wien sind sie in Stallungen untergebracht, die sich in einem Renaissancebau befinden. Bei der Morgenarbeit in der Winterreitschule zeigen sie jeden Tag Reitkunst in höchster Vollendung. Nur im Juli und August stehen den Pferden sechs Wochen Urlaub zu.

㊴ St. Marxer Friedhof in Wien
Der letzte Biedermeier-Friedhof der Welt

Wien ist seit je auch eine Stadt der Toten; Friedhöfe, Mausoleen, Gedenkstätten und -kapellen prägen sie wie kaum eine andere. »Der Tod, das muaß a Wiener sein«, wie es der Liedermacher Georg Kreisler beschrieb. Es ist eine besondere Mentalität, die das Vergängliche so in den Mittelpunkt rückt, es immer wieder reflektierend umkreist, beklagt und betrauert und zugleich als Antrieb für eine vitale Lebenslust benutzt. Philosophen und Psychologen deuten vieles, können aber nicht genau erklären, warum gerade in dieser Stadt Frömmigkeit in Bezug aufs Sterben, Melancholie, Begräbniszeremonielle, verklärender Totenkult und die betonte Bedeutung des endgültigen Abschiednehmens von dieser Welt einen so außerordentlich hohen Stellenwert haben. Der schwarzhumorige Helmut Qualtinger allerdings meinte darauf eine Antwort gefunden zu haben: »In Wien musst erst sterben, damit sie dich hochleben lassen. Aber dann lebst lang.«

In Österreichs Metropole ist es für viele Stadtbewohner eine selbstverständliche Gewohnheit, auf den Friedhöfen spazieren zu gehen und dort Zeit zu verbringen. Eine ganz eigenwillige Art der Pietät, aber auch Freude an der Natur. Die großen Friedhöfe wie der Zentralfriedhof auf einer Fläche von 2,5 Quadratkilometern oder der Hietzinger Friedhof mit mehr als 14 000 Gräbern sind riesige Parks, von Menschenhand gestaltet und überaus gepflegt. Dass diese optimalen Flanierstrecken auch zum Walking benutzt werden, um die Fitness zu steigern, wird vielen, die zur Andacht an den Gräbern kommen, nicht gefallen. Andere aber argumentieren, auf diese Weise sei »manch schöne Leich« weniger allein.

Den Friedhof St. Marx, benannt nach dem hl. Markus, besetzen rund 8000 Grabsteine. Er entstand zwischen 1784 bis 1873 und ist danach nicht mehr für Beerdigungen genutzt worden. Das ordentliche Flächendenkmal,

Von der Natur überwuchert und verwittert: Grabsteine auf Wiens letztem erhaltenen Biedermeier-Friedhof St. Marx

Wolfgang Amadeus Mozart wurde auf dem St. Marxer Friedhof in ein »allgemeines einfaches« und unbezeichnetes Grab gebettet

**REGION 9
Bundesland
Wien**

Wiens letzter Biedermeierfriedhof, wartet zwar mit einigen Prunkgrabmälern auf, ist aber insgesamt eher ein bescheidener Gottesacker. Haupteingang, Allee, Seitenwege sind sichtbare Koordinaten der Gedenkstätte. Die meisten Besucher zieht es wegen Wolfgang Amadeus Mozart hierher, dabei steht nicht einmal fest, wo genau er begraben wurde. Nach einer Bleivergiftung und dem frühen Tod 1791 wurde Mozart, der gerade wieder einmal mittellos gewesen war und für dessen Beerdigung niemand aufkommen wollte, schnöde in einem Armengrab beigesetzt. Namenlos, weshalb das Grab nach einiger Zeit unauffindbar war. Später wurde eine Stelle markiert, wo man es vermutete, die Friedhofswärter kennzeichneten den Fleck mit ausgedientem Grabschmuck, der gerade zur Hand war. Einem Engel, einem Säulenstumpf und einer Steintafel. So ist es bis heute geblieben.

㊵ Stephansdom in Wien
Gotteshaus mit großer Geschichte

Der Stephansdom und die Gassen der Wiener Altstadt

Geht es um seinen Steffl, kennt Anton Faber keine Gnade. Der Chef von zehn Priestern, einer Köchin und »weiters 30 bis 40 seelsorglichen Helfern« schwärmt hemmungslos. »Mein Leben gehört dem Dom. Ich habe einen Traumberuf.« Religiöses Customer-Relationship-Marketing betrei-

be der Pfarrer, schrieb eine Wiener Zeitung. Seine Arbeit prägen weder Berührungsängste vor den Zielgruppen noch Medienscheu. Die urchristliche Rolle des Menschenfischers hat der smarte Priester in zeitgemäßes Networking umgesetzt. Und er hat – von Gesprächsforen über Musicals und andere Events bis zum Papstbesuch 2007 – Erfolg damit. »Auch ein barockes Hochamt bedarf heute einiger Inszenierungen«, erklärt er.

Der Stephansdom ist für die österreichische Identität so wichtig, dass nach den Zerstörungen des Zweiten Weltkriegs alle Bundesländer zu seinem Wiederaufbau beigetragen haben. Das Wiener Wahrzeichen, der bedeutendste Bau der Hoch- und Spätgotik Österreichs, ist 136 Meter hoch und weithin sichtbar. 1359 begann der Neubau des Doms auf den Fundamenten vorheriger Kirchen. 1443 war der Südturm vollendet, 1511 der Nordturm. Die Pummerin, eine drei Meter hohe und mehr als drei Tonnen schwere Glocke, wurde 1683 aus erbeuteten türkischen Kanonen gegossen. Die Türmerstube des Südturms ist über 343 Stufen zu erreichen. Die Aussicht von dort ist grandios. 3500 Quadratmeter Grundfläche haben die drei Schiffe des Doms, am höchsten ist das Mittelschiff mit 28 Metern. Im Seitenschiff rechts befindet sich das prachtvolle Hochgrab von Kaiser Friedrich III. aus rotem Marmor. Reichsapfel, Zepter und das Motto AEIOU, gedeutet als »Austria erit in orbe ultima« (Österreich wird ewig sein) oder »Alles Erdreich ist Österreich untertan«, verkörpern den früheren Anspruch der Nation. In der Domherrengruft werden seit dem 14. Jahrhundert kirchliche Würdenträger beigesetzt, auch Anton Fabers sterbliche Überreste werden dort einmal aufbewahrt werden. Er kennt schon die Nische, die für den Zinnsarg mit seinem Leichnam reserviert ist.

🅯 Wiener Kriminalmuseum
Wie die Knochen gebrochen wurden

Der Dienstmädchenmörder Hugo Schenk war ein Poet. Zwischen seinen Morden fand er zu schönen Versen, die er mit schwungvoller Hand zu Papier brachte. Mit derselben Hand, mit der er die jungen Frauen tötete. Im Kriminalmuseum, einem der ältesten Gebäude der Leopoldstadt, 1685 als Seifensiederhaus urkundlich erwähnt, ist der Schädel des lyrischen Mörders zu sehen.

Ein kurioses Panoptikum des Verbrechens ist in 20 Räumen ausgebreitet, die Geschichte der Wiener Kriminalität zwischen dem Mittelalter und der Gegenwart. Der Besucher erfährt vor allem, wie gemordet wurde. Dazu gibt es makabre Ausstellungsstücke aus dem Wiener Polizeiarchiv: Totenmasken, die mumifizierte Kopf eines Hingerichteten, die blutbefleckten Handschuhe, die Kaiser Franz Joseph bei dem Attentat auf ihn 1853 trug. Dargestellt werden Justizwesen, Strafrechtsreformen und öffentliche Hinrichtungen. Zu den grusligen Exponaten gehören das Richtrad, mit dem Verurteilten vor der Hinrichtung die Knochen gebrochen wurden, die Tötungsmaschine des französischen Arztes Guillotin und Wachsrekonstruktionen von Mordopfern. Pikant ist das Instrumentarium aus einem Geheimbordell um 1900, grausam muten die Gerätschaften aus einem sadistischen Salon des 19. Jahrhunderts an. Mehr als 300 Kriminalfälle sind dokumentiert, darunter auch die Biografien von Meisterdieben und Heiratsschwindlern. Einblicke gibt es auch ins dunkle Wien der letzten 300 Jahre, in die Unterwelt.

REGION 9
Bundesland Wien

Vanitasmotiv am Stephansdom

Stephansdom
Stephansplatz 3
1010 Wien
✆ (01) 515 52-35 26
(Anmeldung für Gruppenführungen)
www.stephanskirche.at
Mo–Sa 6–22, So/Fei 7–22 Uhr
Domführung (30 Min.)
Mo–Sa 9, 11.30, 13 und 16.30, So/Fei 13 und 16.30 Uhr
Katakombenführungen
Mo–Sa 10–11.30 und 13.30–16.30, So/Fei 13.30–16.30 Uhr (30 Min., € 4,50, ermäßigt € 2,50, Kinder € 1,50)
Abendführungen mit Dachrundgang Juni–Sept. Sa 19 Uhr (90 Min., € 10, Kinder € 4)
Besteigung des Südturms tägl. 9–17.30 Uhr (€ 3,50, Kinder € 1)

Wiener Kriminalmuseum
Große Sperlgasse 24
1020 Wien
✆ (01) 214 46 78
www.kriminalmuseum.at
Do–So 10–17 Uhr
Eintritt € 5, ermäßigt € 4, Schüler € 2

REGION 9
Bundesland Wien

Opernball Wien
Goethegasse 1
1010 Wien
℃ (01) 514 44-26 06
Fax (01) 514 44-26 24
Der Wiener Opernball findet traditionell am Donnerstag vor Aschermittwoch statt.

㊷ Wiener Opernball
Rauschende Ballnacht

Das populärste Haus österreichischer Theater- und Gesangskultur ist der berühmteste Bau an der inneren Ringstraße. Eduard van der Nüll und August von Siccardsburg errichteten die Staatsoper von 1861 bis 1869 im Stil der Renaissance. Nach massiven Schäden im Zweiten Weltkrieg wurde sie jahrelang restauriert und 1955 schließlich wiedereröffnet. Eine Eintrittskarte in diese heiligen Räume zu ergattern ist selbst ein Kunststück. Die Staatsoper definiert sich als Hort, ja Bollwerk der Hochkunst gerade im Zeitalter rasanter kultureller Verflachungen. Ihr Einfluss auf andere Opernhäuser weltweit ist beträchtlich, und die Wiener sind zu Recht stolz auf diese Institution, die auch äußerlich etwas hermacht. Deshalb ist sie prädestiniert für das gesellschaftliche Großereignis des Jahres, den Opernball am letzten Donnerstag im Fasching im Februar.

Der Ball beginnt mit einer Polonaise des Jungdamen- und Jungherrenkomitees. Es folgt der Einzug der Ehrengäste im Blitzlicht der Fotografen und vor laufenden Fernsehkameras. Wer dabei sein darf, fühlt sich auto-

**REGION 9
Bundesland
Wien**

matisch geehrt. Etwa 3000 Personen, alle elegant aufgebrezelt, füllen Säle, Logen, Balkone und das Parkett. Nachdem sich alle im Innern der Oper eingefunden haben, legen die Debütanten einen Linkswalzer aufs Parkett. Anschließend wird die Tanzfläche mit dem auffordernden Ruf »Alles Walzer!« freigegeben. Dann drehen sich die Tänzer, wirbeln, vermischen sich, finden wieder zueinander und zeigen Respekt vor Partnerin oder Partner. Neben Granden aus Wirtschaft, Kultur und Politik sind es auch betuchte Handwerker, Geschäftsbesitzer, Mediziner, Professoren und alle, denen es gelungen ist, ein Billett zu erwerben. Natürlich läuft das alles bei Livemusik ab.

Das geht so, seit Kaiser Joseph II. Ende des 18. Jahrhunderts das Privileg des Adels auf höfische Bälle aufhob, was als gesellschaftlicher Fortschritt verstanden wurde, noch nicht aber als Egalisierung der Klassenhierarchie, die in Wien besonders ausgeprägt war. Heute gehört der Opernball vorwiegend der High Society, das Preisgefüge sorgt für natürliche Selektion, und Stifter und Sponsoren legen größten Wert darauf, dass auch Stars aus dem Ausland als Special Guests die Logen schmücken und die Paparazzi anlocken. Zwei Millionen Fernsehzuschauer verfolgen weltweit den Rummel.

*Der »Ball der Bälle«:
Eröffnung des Wiener
Opernballs durch das
Jungdamen- und Herrenkomitee*

REGION 9
Bundesland Wien

Wiener Prater
Prater 9
1020 Wien
© (01) 728 05 16
Fax (01) 728 52 74
www.prater.at
Tägl. 10–1 Uhr, Hauptsaison: 15. März–31. Okt.

㊸ Wiener Prater
Wo die Sterne blinken

Die Frau hockt in der offenen Kapsel einer Wurfmaschine wie eine, deren letzte Stunde geschlagen hat. Dass sie freiwillig eingestiegen ist, macht die Sache nicht besser: Zur Angst kommt die Verachtung der eigenen Person. Der Typ neben der Frau nervt, er bietet sich an, ihre Hand zu halten. Aber sie will keine Hand und weder etwas sehen noch hören. Die Wurfkapsel wird hinausgeschossen in den nächtlichen Himmel, dort, wo die Sterne blinken. Sie kreist durchs All, der Praterboden ist weit weg, und doch ganz nahe, nach wenigen Minuten ist die Weltraumfahrt zu Ende. Mit stolzem Gesicht steigt die Frau aus. Der Prater gehört zu den großen Vergnügungsparks der Welt. Er liegt auf ehemals kaiserlichem Jagdgebiet, erst 1766 wurde das

Areal für das Volk geöffnet. Schon damals gab es Karussells und Schießstände, einige der klapprigen Geisterbahnen sind noch heute in Fahrt. Die populärste Attraktion, das 65 Meter hohe Riesenrad, stammt aus dem Jahr 1897. Die angejahrte Mechanik, gut gewartet, funktioniert nach wie vor. Das Affenorchester, die Gorillas mit den erschreckend langen Greifarmen, die Skelette ohne Kopf. Der Prater ist auch ein Museum der Technikgeschichte.

Elias Canetti war hier an der Hand seiner Kinderfrau, noch als Literaturnobelpreisträger schrieb er darüber. Erich Kästner faszinierten die schreienden, grimassierenden Massen vor der Frau ohne Unterleib oder dem todesmutigen Artisten. Johann Strauß, Josef Lanner und Carl Michael Ziehrer ließen Orchester aufspielen. Was viele übersehen: Die Pratergegend ist ein riesiger Park mit Auengelände zwischen Donau und Donau-

REGION 9
Bundesland
Wien

Lustiges und Gruseliges dicht bei dicht: der Praterkasperl und der Sensenmann vom Geisterschloss im Wiener Prater

Wiens Wahrzeichen: die berühmten »Wiener Speichen«, das Riesenrad im Prater, davor die Liliputbahn

231

Ein »Tempel« der Musik: der Musikverein am Kärntner Ring

Wiener Ringstraße
Entlang des Rings fahren die Straßenbahnlinien 1 oder 2 (Ring-Linien)

kanal. Auf einer 14 Kilometer langen Wegstrecke lässt es sich unter uralten Kastanienbäumen gut spazieren, radeln oder skaten. Ein Erlebnis für Kinder: Die Liliputbahn fährt seit 1898 über vier Kilometer entlang der Hauptallee durchs Auengebiet. Im 1783 erbauten Lusthaus ist ein gastronomischer Betrieb, hier wurden schon napoleonische Soldaten bewirtet.

44 Wiener Ringstraße
Der sogenannte Ringstraßenstil

Ein US-Amerikaner wollte der Sache auf den Grund gehen. Der Musikverein residiert in einem Neorenaissancegebäude an der Ringstraße, die Akustik des Gebäudes gilt als einzigartig. Der Akustikexperte wollte das Geheimnis des Wohlklangs ergründen. Mit umfangreichen Messungen und Vergleichen wies er nach, dass der Goldene Saal der bestgeeignete Raum für Musik auf der ganzen Welt sei. Dennoch fand er das Geheimnis der überwältigenden Wirkung des Resonanzkörpers nicht heraus. Schließlich führte er es konsterniert auf die 36 Karyatiden zurück, gemalte Mädchengestalten.

Die 4,5 Kilometer lange Ringstraße zeigt an und in den Gebäuden viele solcher Dekorationsfiguren. Die teils privaten, teils öffentlichen Bauten imitieren sämtliche Baustile früherer Zeiten, von der griechisch-römischen Antike über die Kathedralengotik, Renaissance und Barock bis zu allerlei Stilmischungen des Historismus. Das Ganze repräsentiert den sogenannten Ringstraßenstil. Als städtebauliches Gesamtkunstwerk ist der Ring weltweit einmalig. Zwar gibt es anderswo breitere Straßen und noch mehr pompöse Gebäude, aber nirgendwo in dieser Länge und Fülle. Der Prachtboulevard umgürtet das historische Zentrum und mündet am Ufer des Donaukanals an zwei Stellen in den Franz-Josefs-Kai.

Es war ein mutiger Befehl, mit dem Kaiser Franz Joseph 1857 anwies, Wiens alte Befestigungsanlage zu schleifen und an ihrer Stelle die Ringstraße zu errichten, Wiens größtes Bauprojekt im 19. Jahrhundert. Das Grundkonzept der Bebauung stammt von Ludwig Forster, mehrere Architekten wurden beauftragt, in je ihren historischen Stilen Gebäude zu entwerfen. Der Ring wurde in vier Zonen aufgeteilt: Neben Kultur und Handel sollten Bankwesen und vornehme Wohnhäuser angesiedelt sein. Die Bebauung dauerte bis Mitte der 1880er-Jahre. Der Wiener Historismus etablierte sich kraftvoll in seinen historisierenden Formen, auch wenn diese nicht unumstritten waren und schon während der Bauarbeiten als nicht mehr zeitgemäß galten. Als überholt wurden vor allem opernhaft inszenierte Kompositionen empfunden. Die Großbauten sollten weithin Größe und Macht des Habsburgerreichs verkünden, die dazwischen aufgestellten Denkmäler, meist von Gartenanlagen umgeben, seine Geschichte verherrlichen. Das Rathaus ist neugotisch, Staatsoper und andere Kulturbauten folgen der Neorenaissance, Universität, Burgtheater, zwei Museen und das Börsenviertel sind neobarock.

REGION 9
Bundesland Wien

 Wiener Sängerknaben
Augartenpalais
Obere Augartenstr. 1c
1020 Wien
✆ (01) 216 39 42 37
www.wsk.at
Mitte Sept.–Ende Juni
So 9.15 Uhr Begleitung der Messe in der Hofburgkapelle, € 5–29, Stehplätze gratis

45 Wiener Sängerknaben
Nur im Matrosenanzug

Erst nach dem Zusammenbruch der Habsburgermonarchie hörten die Bürger ihre Söhne singen. Die Wiener Sängerknaben, der heute wohl berühmteste Knabenchor der Welt, waren vorher ausschließlich Hofsängerknaben. Seit dem 15. Jahrhundert brillierten sie mit ihren Goldkehlen vor dem Hofstaat, doch die dicken Mauern der Hofburg ließen nichts nach draußen dringen. Einige von ihnen wurden nach dem Stimmbruch erfolgreiche Musiker, so Franz Schubert und die Haydn-Brüder. Rund 100 Jungen zwischen zehn und 14 Jahren, die auf vier Chöre aufgeteilt sind und jedes Jahr vor über einer halben Million Menschen etwa 300 Konzerte geben, üben an ihrem Stammsitz, dem Augartenpalais. Bei sämtlichen öffentlichen Auftritten und gemeinsamen Reisen – um sie zum Beispiel auf Flughäfen besser wiederzufinden – müssen sie das traditionelle Outfit tragen: den Matrosenanzug mit passender Mütze, auf die »Wiener Sängerknaben« gestickt ist. Zu Hause treten die Knaben regelmäßig in der Wiener Staatsoper und der Volksoper auf, oft sind sie in Opern eingebunden, etwa in Mozarts »Zauberflöte«. Auch Gottesdienste, Film- und Plattenaufnahmen bestreiten sie. Ihr Repertoire umfasst mittelalterliche, klassische und moderne experimentelle Musik, auch sogenannte Weltmusik und eigenproduzierte Kinderopern wie »Moby Dick« und »Märchen-Matrix«. Die Hälfte der Sängerknaben, viele mit Zahnspangen, stammt aus Wien, weitere 30 Prozent aus Österreich, der Rest vereint Tschechen, Deutsche, Australier und Amerikaner. Das hohe C müssen sie nicht singen können, aber ein Ohr und Leidenschaft für Musik haben. Sie besuchen keine öffentliche Schule, sondern das hauseigene Internat, dessen Lehrplan und Prüfungen sich nach ihren Konzertreisen richten. Schule, Hausaufgaben, Fußball und Proben – alles machen die Knaben gemeinsam. Einer internen Umfrage zufolge gaben 80 Prozent der Kinder an, das Schönste am Dasein als Sängerknabe seien die Tourneen. Bis zu elf Wochen sind sie pro Jahr weltweit unterwegs.

Nur im Matrosenanzug: die Wiener Sängerknaben

REGION 9
Bundesland Wien

»Der Zeit ihre Kunst, der Kunst ihre Freiheit«: das Motto am Ausstellungsgebäude der Wiener Secession

🏛 **Wiener Secession**
Friedrichstr. 12
1010 Wien
✆ (01) 587 53 07-10
Fax (01) 587 53 07-34
www.secession.at
Di–So 10–18 Uhr
Eintritt € 5, ermäßigt € 4
Führungen jeden Sa 15 und So 11 Uhr (€ 1,50)

46 Wiener Secession
Aufbruch in die Moderne

Aufbruch in die Moderne: »Ver Sacrum« (Heiliger Frühling), Plakat der Zeitschrift der Vereinigung bildender Künstler Österreichs

Am Anfang war Opposition. 1892 wollten die Jungen Wilden demonstrativ etwas ganz Neues, ganz Anderes machen. Sie scharten sich um den Protagonisten Gustav Klimt, einst Historienmaler der Ringstraße und Meister der Alten Schule, jetzt Revolutionär. 1897 gründete er die bis heute bestehende Künstlervereinigung Secession. Ihren Widerstand gegen das Establishment und den Historismus drückten die Secessionisten damit aus, dass sie sich in die Welt der Antike flüchteten. Die Wiener Jugend verstand trotzdem, worum es ging, und zeigte Sympathie für die Aufmüpfigen, deren Schlagwort lautete: »Der Zeit ihre Kunst, der Kunst ihre Freiheit.« Das Motto steht bis heute in güldenen Lettern am Gebäude der Secession (1898) nahe dem Karlsplatz.

Damals erwarteten die Künstler keine Anregungen mehr von der siechenden Monarchie, sie wollten aber Erneuerung, Fortschritt – gerade auch in der Kunst. Die Historienpracht Wiens schmähten sie als »Potemkinsches Dorf«, die funktional-schönen Bauten eines Otto Wagner dagegen (Postsparkasse, Stadtbahn) galten als modern. Das Secessionshaus war ein Zufluchtsort am Vorabend des Umbruchs in Europa und des Untergangs der Donaumonarchie. Wegen seiner vergoldeten Lorbeerblätter erhielt es in der Bevölkerung den Spitznamen »Krauthappel« (Kohlkopf). Bis heute wirkt das Gebäude fremd wie der Tempel einer wunderlichen Sekte. Sein Inneres ist völlig offen, ein Raum für alles – heiliger Gral, Meditationsstätte, Ort der Revolutionsplanung. Offen wollte man zur Zukunft hin sein, nicht rückwärts orientiert wie die Traditionalisten. Die Secession ist nur vor dem Hintergrund der wirtschaftlichen und sozialen Umbruchsituation zu verstehen, in Wahrheit waren ihre Anhänger Aussteiger, die sich nach einer anderen Welt sehnten, nach Schönheit, Poesie und Empfindsamkeit. Später liefen der Bewegung die Väter weg. Klimt distanzierte sich, Wagner machte als Architekt Karriere – die Secession blieb eine Art Pubertätsfieber. Als zeithistorisches Dokument ist das extravagante Gebäude geblieben, in dem heute Wechselausstellungen gezeigt werden.

④ Wiener Staatsoper
Aushängeschild österreichischer Kultur

Wien ist musikbesessen wie vermutlich keine andere Stadt der Welt. Deshalb wurde die 1869 fertiggestellte Oper am Ring platziert. Nur von dort aus kann man noch heute den historischen Teil betrachten, der vom ursprünglichen Bau erhalten blieb. Die Fassaden repräsentieren den pompösen Renaissance-Bogenstil, die Loggia verkörpert den öffentlichen Charakter des massiven Gebäudes. Die Planung der beiden Architekten August von Siccardsburg und Eduard von der Nüll hatte die ganze Häme der Wiener aktiviert, denen die ausufernden Formen zu gewaltig erschienen. Das war so kränkend, dass beide Baumeister daran zugrunde gingen: Siccardsburg starb kurz vor der Eröffnung am Schlaganfall, Nüll beging Selbstmord. Der Kaiser als Auftraggeber war tief betroffen. Über der Hauptfassade der Loggia sind zwei Reiter auf geflügelten Pferden unterwegs. In den Arkaden stehen fünf Bronzestatuen aus der griechischen Mythologie auf Podesten. Rechts und links flankieren das Haus zwei Brunnen, die für die Gegensätzlichkeit der Empfindungen stehen. Nach hinten verbreitet sich der zweiteilige Bau deutlich. Dort steht das Bühnenhaus mit den dazugehörigen Räumlichkeiten. Der schmalere Vorderteil enthält das Auditorium und für das Publikum zugängliche Räume. Auffällig sind die unterschiedlichen Dachformen: das gewölbte Dach über dem Kernbau der Anlage, Auditorium und Bühne, die Walmdächer der Quertrakte und die Satteldächer der zweigschossigen Verbindungsbauten. An den Quertraktfassaden prangt das Wappen der österreichisch-ungarischen Monarchie. 1945 brannte das Haus bei der Eroberung Wiens durch die Rote Armee ab – der Wiederaufbau dauerte zehn Jahre. Heute ist das Logentheater ein Aushängeschild des österreichischen Kulturwesens, mit einem der besten Orchester der Welt, den Wiener Philharmonikern. Und einem Opernball, der regelmäßig für internationale Schlagzeilen sorgt. Ins Ensemble der Wiener Staatsoper aufgenommen zu werden ist so etwas wie ein Ritterschlag. Neben Chor und Orchester für die Opernaufführungen – pro Spieljahr rund 60 verschiedene Werke – gibt es auch die Wiener Staatsoper für Kinder.

REGION 9
Bundesland Wien

Wiener Staatsoper
Opernring 2
1010 Wien
✆ (01) 514 44-22 50
Führungen ✆ (01) 514 44-26 06/-24 21
Fax (01) 514 44-26 26
www.wiener-staatsoper.at

Wiener Staatsoper am Opernring bei Nacht

**REGION 9
Bundesland
Wien**

*Theatermasken am ▷
Ehrengrab des Bühnen-
und Filmschauspielers
Curt Jürgens auf dem
Zentralfriedhof*

④⑧ Zentralfriedhof in Wien
Linie 71 bis Endstation

Wo der Tod ist, ist auch viel Leben. Innerhalb der acht Kilometer langen Ziegelmauer, die den Zentralfriedhof umgibt, haben sich in Kuhlen und Büschen zwischen Gräbern Hasen, Fasane und Rebhühner einquartiert. Eichhörnchen gleiten Baumstämme hinauf und hinunter und das eifrige Tackern eines Spechts zerhackt die Stille. Die Hasen vermehren sich so schnell, dass die Friedhofsleitung einmal pro Jahr für einen Jagdverein die Hatz auf die Tiere freigibt. Schließlich ist das ein Ort der Pietät.

Anfahrt mit der Straßenbahnlinie 71. Hinter der Simmeringer Hauptstraße verkündet eine sonore Stimme: »Zentralfriedhof, erstes Tor.« Erst zwei Haltestellen weiter ist Endstation. Das Reich der Toten ist ein riesiges Areal, deshalb steht auch ein Bus in den Landesfarben Weiß-Rot zur Verfügung. Die Allee zu den Gräbern ist breit wie eine sechsspurige Autobahn, Tausende Menschen pilgern täglich zu Grabstätten auf zweieinhalb Qua-

👁 Zentralfriedhof
Simmeringer
Hauptstr. 230–244
1110 Wien
✆ (01) 760 41-0
www.zentralfriedhof.at
Tägl. Mai–Aug. 7–20,
März, Okt.–Nov. 7–18,
April 7–19, Nov.–Febr.
8–17 Uhr

*Für Touristen ein Sight-
seeing-Ziel: die Ehren-
gräber auf dem Wiener
Zentralfriedhof*

dratkilometern. Marmor an Granit, Engel neben Heiligen. Seit 1874 werden hier Tote beerdigt. »Der Tod, das muss ein Wiener sein«, sang Georg Kreisler, Star des Wiener Kabaretts. Touristen zieht es zu den Grabstätten der Prominenten. Ein goldener Schmetterling flattert auf Beethovens Stele. Drei Engelchen halten den Vorhang für Franz von Suppé. Angestrengt blickt der steinerne Brahms auf eine verwischte Partitur. Auch Schubert und Johann Strauß ruhen hier. Scharen von Frauenskulpturen in wallenden Gewändern trauern um die großen Dahingegangenen. An die 500 Ehrengräber gibt es für Volksschauspieler, Soubretten, Zauberkünstler, Feldmarschälle und Gelehrte. Die Totenkultur formte rührende, aber auch bizarre Steinblüten, Kolossalstatuen, antikisierende, barocke oder klassizistische Grabmäler, Urnen, Stelen, Obelisken, Säulen, Pyramiden und Kreuze, auch Totenköpfe und Gerippe. Weithin sichtbar ist die blaugrüne Kuppel der gewaltigen Jugendstilkirche Karl Borromäus. Die Ziffern der Turmuhr sind gegen Buchstaben ausgetauscht: TEMPUS FUGIT – die Zeit flieht.

REGION 9
Bundesland
Wien

Service von A–Z

Österreich in Zahlen und Fakten

Fläche: 83 879 km². Der Alpenraum nimmt rund zwei Drittel der Landesfläche ein.
Einwohner: 8,4 Mio. (Anfang 2011), 98 % davon sind deutschsprachig. Sechs anerkannte Volksgruppen sind in die Bevölkerung integriert: Burgenländische Kroaten, Roma, Slowaken, Slowenen, Tschechen und Ungarn. 78 % der Österreicher sind römisch-katholisch, 5 % Protestanten, 4,5 % bekennen sich zu anderen Konfessionen.
Einwohnerdichte: 100 Einwohner pro km²
Klima: Wechselwirkung zwischen ozeanischem und kontinentalem bzw. pannonischem Klima. Im Osten Österreichs sind die Winter kalt, die Sommer mild bis heiß mit nur mäßigem Niederschlag. Im Westen mit seinen niederschlagsreichen Gegenden sind die Winter milder und die Sommer warm. Ab Juni /Juli werden Temperaturen um 25°C bis 35°C gemessen. Im Winter fallen die Temperaturen im Westen und Osten nur selten unter -2 C, in den Hochlandschaften fast immer unter -10°C mit reichlich Schneefall.
Höchster Berg: Großglockner (3797 m)
Längster Fluss: Donau (durchströmt das Land in 350 km Länge).
Grenzen: Tschechien, Slowakei, Deutschland, Ungarn, Slowenien, Italien, Schweiz und Liechtenstein.
Politische Gliederung: Bundesstaat und föderative Republik (auf demokratisch-parlamentarischer Basis). Österreich ist Mitglied der EU und der Vereinten Nationen (UNO).
Bildung: In Österreich gibt es 22 öffentliche und 12 private Universitäten neben 20 Fachhochschulen und 14 pädagogischen Hochschulen, an denen jährlich 330 000 Studenten – 70 000 ausländische – betreut werden.
Wirtschaft: Die Volkswirtschaft Österreichs wird vor allem von der Dienstleistung (Tourismus, Handel, Banken) dominiert, die Industrie (Bau und Produktion) macht 30 % aus und Forst- und Landwirtschaft ca. 2 %. Das BIP wurde 2009 mit 274,89 Mrd. Euro beziffert, das entspricht einem BIP pro Einwohner von 32 800 Euro.
Tourismus: Der Tourismus als treibende Wirtschaftskraft verzeichnete 2010 mit 33,4 Mio. Besuchern sein bislang bestes Ergebnis, dabei bildeten deutsche Touristen mit 54 % die Mehrheit.

Anreise

Mit dem Flugzeug
Von fast allen großen deutschen Städten sowie von Zürich werden von Austrian Airlines, Lufthansa, Tyrolean Airways, TUIfly aber auch anderen Anbietern tägliche Verbindungen offeriert. Zielflughäfen sind vor allem Wien, Salzburg, Graz, Linz und Klagenfurt. Die Flugzeit von Frankfurt am Main nach Wien beträgt 1 1/2 Std. Hin- und Rückflüge gibt es je nach Saison und Airline ab € 130. Es lohnt sich, nach Reisespecials oder Angeboten der Billig-Airlines wie airberlin und Ryanair zu fragen.

Mit der Bahn
Die gesamte Alpenrepublik ist gleismäßig gut erschlossen, der Eurocity bindet Österreich ans internationale Zugnetz. Die Fahrt München–Wien zum Beispiel dauert rund 5 Std. Von Frankfurt, Hamburg oder Berlin aus kostet die ICE-Rückfahrkarte ca. € 250, Sparangebote bereits ab € 78. Zwischen mehreren deutschen Städten und Innsbruck, Salzburg sowie Villach werden Autoreisezug-Verbindungen angeboten. Die Strecke von Frankfurt nach Villach kostet mit Schlafwagenabteil je nach Saison zwischen € 600 und € 1050. Bahnservice in Österreich (Platzreservierung bis 24 Std. vor Fahrtantritt) und zentrale Zugauskunft rund um die Uhr: ✆ +43-5 17 17, Tickets können unter www.oebb.at gebucht werden.

Mit dem Auto
Autofahrer benutzen Richtung Wien bzw. Westösterreich die ab Salzburg und Linz gut ausgebaute Westautobahn A1. Die Hauptverkehrsader nach Ostösterreich und Tirol verläuft von München nach Salzburg (A8) bzw. Kufstein (A93). In Richtung Vorarlberg ist die Route von Ulm über Memmingen (A7) nach Lindau (A96) empfehlenswert. Der Süden Österreichs ist über die Südautobahn von Wien über Graz nach Klagenfurt und Villach zu erreichen, Villach kann außerdem über die Tauernautobahn ab Salzburg angefahren werden.

Auf Österreichs Autobahnen besteht **Mautpflicht**. Das gilt auch für Stadtautobahnen. Die PKW-Vignette, die man z.B. beim ADAC oder an der Grenze erhält, kostet für 10 Tage € 7,90, für 2 Monate € 23 und als Jahresvignette € 76,50. Man sollte niemals ohne Vignette auf Autobahnen unterwegs sein, das kann sehr teuer werden.

Auch auf zahlreichen Berg- und Panoramastraßen sowie besonderen Durchfahrtsrouten – etwa

»Ski unlimited«: der Skicircus Saalbach Hinterglemm

Brennerautobahn oder Felbertauernstraße – herrscht Mautpflicht. Informationen beim Österreichischen Automobil-Club, ℂ (01) 71 19 90, www.oeamtc.at.

Auf Autobahnen gilt eine **Geschwindigkeitsbegrenzung** von 130 km/h, auf Landstraßen sind maximal 80 km/h, in Ortschaften 50 km/h erlaubt. In Österreich besteht **Gurtpflicht**, auch auf den Rücksitzen. Pflicht ist auch, tagsüber stets mit **Abblendlicht** zu fahren. Wer ohne erwischt wird, zahlt etwa € 30 Strafe. Die **Promillegrenze** liegt bei 0,5. Aufgrund von Parkplatznot und dichtem Verkehr in vielen Stadtzentren ist es empfehlenswert, den Wagen nur zur An- und Abfahrt zu nutzen und ansonsten in einer Hotel- oder Tiefgarage abzustellen. Das Nahverkehrsnetz ist gut ausgebaut. Zentrale Busauskunft: ℂ (01) 711 01.

In Kurzparkzonen darf das Auto höchstens 90 Minuten abgestellt werden, Parkscheine erhält man am *Trafik* (Kiosk), an Tankstellen oder am Automaten. In »Blauen Zonen« kann – wenn nicht anders angegeben – zwischen 30 Min. und 3 Std. kostenlos geparkt werden. In allen größeren Städten bieten die führenden Leihwagenfirmen ihre Dienste an. Ein Mittelklassewagen kostet pro Tag inkl. Versicherung und unbegrenzter Kilometerzahl um die € 80.

Mit dem Schiff

Ein besonderes Erlebnis ist die Reise mit dem Schiff über die Donau. Kleine Schifffahrtsgesellschaften bieten Fahrten zwischen Passau und Wien an. Informationen erhalten Sie unter ℂ (01) 72 75 00 oder www.adfc.de.

Auskunft

Alle größeren Orte und Regionen haben eigene Informationsstellen, die im jeweiligen Kapitel zu finden sind. Im Folgenden die Tourismusämter der einzelnen Bundesländer, die bei Buchungen behilflich sind und bei denen man Informationen und Prospekte downloaden oder bestellen kann.

Urlaubs-Service Österreich
Postfach 83, A-1043 Wien
ℂ 00800-40 02 00 00 (aus Deutschland gebührenfrei)
Fax (018 02) 10 18 19, www.austria.info
Mo–Fr 9–17 Uhr

Burgenland Tourismus
Johann-Permayer-Str. 13, A-7000 Eisenstadt
ℂ (026 82) 633 84-0, Fax (026 82) 633 84-20
www.burgenland.info

Urlaubsinformation Kärnten
Casinoplatz 1, A-9220 Velden
ℂ (04 63) 30 00, Fax (042 74) 521 00-50
www.kaernten.at

Niederösterreich-Information
Palais Niederösterreich
Herrengasse 13, A-1014 Wien
ℂ (01) 536 10, Fax (01) 536 10-198 58
www.niederoesterreich.at

Oberösterreich Tourismus
Freistädter Str. 119, A-4041 Linz

Service von A–Z

✆ (07 32) 72 77-100, Fax (07 32) 72 77-130
www.oberoesterreich-tourismus.at
Mo–Fr 8–17 Uhr

Salzburger Land Tourismus Ges.m.b.H.
Wiener Bundesstr. 23, A-5300 Hallwang
✆ (06 62) 66 88-0, Fax (06 62) 66 88-66
www.salzburgerland.com

Tourismus Salzburg GmbH
Auerspergstr. 6, A-5020 Salzburg
✆ (06 62) 889 87-0
www.salzburg.info

Steirische Tourismus GmbH
St. Peter Hauptstr. 243, A-8042 Graz
✆ (03 16) 40 03-0, Fax (03 16) 40 03-10
www.steiermark.com

Tirol Info
Maria-Theresien-Str. 55, A-6010 Innsbruck
✆ (05 12) 72 72-0, Fax (05 12) 72 72-7
www.tirol.at

Wien-Hotels & Info
✆ (01) 245 55
Fax (01) 245 55-666
www.wien.info
Tägl. 9–19 Uhr

Wien Tourismusverband
Obere Augartenstr. 40, A-1025 Wien
✆ (01) 21 11 40, Fax (01) 216 84 91
www.wien.info.at

Vorarlberg Tourismus GmbH
Poststr. 11, A-6850 Dornbirn
✆ (055 72) 37 70 33-0, Fax (055 72) 37 70 33-5
www.vorarlberg.travel

Internet

www.austria.info, www.tourist-information.at
www.bregenz.at
www.eisenstadt.at
www.graztourismus.at
www.innsbruck.info
www.info.klagenfurt.at
www.linz.at
www.salzburg.info
www.st-poelten.gv.at
www.wien.info, www.viennawalks.com,
www.wien.gv.at
Donauschifffahrt: www.ddsg-blue-danube.at, www.donauschiffahrt.de
Kinder: www.austria4kids.at, www.kindergaudi.de/at
Radfahren: www.radtouren.at, www.fahr-radwege.com, www.bikeburgenland.at, www.bike.tirol.at
Wandern: www.alpannonia.at, www.alpenverein.at
Weingebiete: www.oesterreichwein.at, www.waldviertel.or.at, www.wachau.at, www.weine-austria.at, www.schilcherland.com, www.suedsteirischeweinstrasse.at
Wellness: www.besthealthaustria.com

Weingut in der Wachau

Wichtige Rufnummern

Ambulanz/Rettung ✆ 144
Apotheken-Notdienst ✆ 15 50
Busauskunft ✆ 711 01
Flugauskunft ✆ (01) 700 72 22 33
Karten-Sperr-Notruf ✆ +49-30 40 50 40 50
Notruf ✆ 112
Pannendienste ÖAMTC/Europa-Notruf ✆ 120
ARBÖ ✆ 123
Reisenotruf ✆ (01) 895 60 60
Schiffsverkehr ✆ (01) 15 37
Wetter ✆ 15 66
Zugauskunft ✆ 05 17 17

Diplomatische Vertretungen

Botschaft und Konsulat der Bundesrepublik Deutschland
Metternichgasse 3, A-1030 Wien
Eingang Konsularabteilung Reisnerstr. 44
✆ (01) 711 54-0
Fax (01) 713 83 66
www.wien.diplo.de, Mo–Fr 9–12 Uhr
Konsulate gibt es außerdem in Bregenz, Eisenstadt, Graz, Innsbruck, Klagenfurt, Linz und Salzburg.

Schweizer Botschaft und Konsulat
Prinz-Eugen-Str. 7–9, A-1030 Wien
✆ (01) 79 50 50
Fax (01) 795 05 21
www.eda.admin.ch/wien, Mo–Fr 9–12 Uhr
Ein Konsulat gibt es auch in Bregenz.

Einkaufen

Es ist eine Lust, in Österreichs Großstädten, aber auch in vielen mittleren Städten zu shoppen. Ausstattung und Ausstaffierung vieler Geschäfte sind oft eine Augenweide, das Verkaufspersonal ist überwiegend bemüht, teilweise charmant – vor allem gegenüber weiblicher Kundschaft. Die meisten Geschäfte sind 9–19 Uhr, am Samstag bis 17 Uhr geöffnet, aber es gibt auch abweichende Regelungen.

Das Angebot ist beträchtlich, vor allem bei Produkten mit lokaler Tradition. Nirgendwo in der Welt bekommt man und vor allem frau bessere Trachtenmode. Auch die Handwerks- und Kunsthandwerksarbeiten sind ihren Preis wert. Ob handgefertigte Lederschuhe, ausgefallene Möbel und Accessoires, Schmuck oder Sportartikel – die Auswahl ist enorm, die Qualität solide. Besonders beliebt sind kulinarische Souvenirs, etwa Käse aus dem Burgenland, Schnäpse (Obstler) aus der Steiermark oder Weine aus der Wachau und anderen Anbaugebieten.

Service von A–Z

Das echte Wiener Schnitzel braucht ein unverfälschtes Gasthausinterieur

Edel-Shopper müssen in die Großstädte. Besonders beliebt sind die kleinen, mitunter exklusiven Einzelhandelsläden – ein Ausflug in die gute alte Zeit, als der Kunde noch König war.

Essen und Trinken

Wiener Schnitzel und Tafelspitz sind längst nicht alles, was Österreich kulinarisch zu bieten hat. Neben eigenständigen regionalen Traditionen ist die Küche des Landes seit etwa 1600 zunehmend beeinflusst von Kochtraditionen aus Böhmen, Ungarn, Bayern und Italien und gehört zu den Topküchen der Welt.

In **Niederösterreich** sind Wildgerichte, Marchfelder Spargel, Wachauer Marillen (Aprikosen) und der Waldviertler Mohn – für Mohnnudeln, aber auch Süßes verwendet – verbreitet.

In **Oberösterreich** werden ähnlich wie im benachbarten Böhmen und Bayern Knödel mit pikanten Fleischfüllungen angeboten. Die Linzer Torte hat unter den Backwerken der Welt einige Berühmtheit erlangt. Das Mostviertel gilt als Heimatland des Mosts, weshalb die Oberösterreicher von Landsleuten gelegentlich »Mostschädln« genannt werden.

In **Kärnten** kommt viel Fisch auf den Tisch, fast ausschließlich aus eigenen Gewässern. Aber auch Getreide- und Milchprodukte, Fleisch und Spezialitäten wie die *Kärntner Kasnudeln* (gefüllte Teigtaschen), *Schlickkrapfen* mit Fleischfüllung und *Ritschert*, ein Eintopf mit Rollgerste und Bohnen, gehören dazu.

In der **Steiermark** bilden der *Erdäpfelsalat* (Kartoffelsalat) und andere Salate die Basis, meist wer-

Service von A–Z

den sie mit Kürbiskernöl angemacht, das es original nur in der Steiermark gibt. In der Erntezeit sind Kürbisgerichte sehr beliebt, im Winter gibt es *Heidensterz*, eine sämige Suppe aus Buchweizenmehl.

Etwas ganz Besonderes sind die üppigen Desserts, Mehl- und Süßspeisen. Auch die **Kaffeekultur** zählt mit dem *Verlängerten*, der *Melange*, dem *Einspänner*, *Kapuziner*, *Großen* und *Kleinen Braunen* zu den echten österreichischen Genießertraditionen.

Österreich hat hervorragende **Weine**, die am nördlichen Alpenrand nachweislich schon vor mehr als 2000 Jahren von den Römern angebaut wurden. Die wichtigsten Anbaugebiete sind das Burgenland, Niederösterreich, die Steiermark und Wien, das auf seinem Stadtgebiet mehrere große Rebstockgebiete hat. Die berühmtesten Sorten unter den Rotweinen sind Zweigelt, Sankt Laurent und Blaufränkischer, bei den Weißweinen Grüner Veltliner, Schilcher, Welschriesling und Uhudler. Eine Spezialität ist die Erfindung des Heurigen Buschenschanks. Ein über dem Hauseingang aufgehängter »Buschen« im Herbst weist darauf hin, dass frisch gekelterter Jungwein ausgeschenkt wird. **Bier** ist – trotz aller Liebe zum Wein – das am häufigsten konsumierte Getränk. Lagerbier, Zwicklbier und Hefeweizen sind die populärsten Sorten.

In Österreich spielt die Zwischenmahlzeit – *Jause* genannt – eine wichtige Rolle. Da geht es mit Speck, Käse, *Verhackertem*, Schmalz, Leberkäse, Würstl, kleinem Gulasch, Brettljause (Hartwurst), *Blunzen* (Blutwurst) und Geselchtem mit Kren (Meerrettich) durchweg deftig zu.

Feiertage/Feste

Feiertage:

1. Januar: **Neujahrstag**, 6. Januar: **Heilige-Drei-Könige**, **Ostermontag**, 1. Mai: **Staatsfeiertag**, **Christi Himmelfahrt**, **Pfingstmontag**, **Fronleichnam**, 15. August: **Maria-Himmelfahrt**, 26. Oktober: **Nationalfeiertag**, 1. November: **Allerheiligen**, 8. Dezember: **Maria Empfängnis**, 25. und 26. Dezember: **Weihnachten**.

Einige besondere Feste:

März
Wiener Opernball – berühmtester Ball der Welt, www.wiener-staatsoper.at

Juni
Narzissenfest im Ausseerland-Salzkammergut, www.narzissenfest.at
Badener Rosentage – ein Fest zu Ehren der Rose, http://rosentage.baden.at

Juli
Carinthischer Sommer – Aufführungen klassischer Musik in Ossiach und Villach, www.carinthischer-sommer.at
Styriarte – sommerliche Musikfestspiele der Steiermark, www.styriarte.com

Juli/August
Salzburger Festspiele, www.salzburgfestival.at, **Mozart Festspiele**, www.mozartfestival.at
Bregenzer Festspiele – auf der weltgrößten Seebühne auf dem Bodensee, www.bregenzerfestspiele.com
Seefestspiele in Mörbisch www.seefestspiele-moerbisch.at und die **Opernfestspiele** in St. Margarethen im Burgenland
Festival Ars Electronica in Linz – Ideen und Visionen einer modernen Informationsgesellschaft, www.aec.at
Villacher Kirchtag – größtes Brauchtumsfest Österreichs, www.villacherkirchtag.at

Ende August
Internationales Jazzfestival Saalfelden, www.jazzsaalfelden.com

Ebenseer Fetzenzug am Faschingsmontag (Traunsee)

Traditionelles Röschitzer Winzerfest im westliches Weinviertel, www.weine-oesterreich.at

Service von A–Z

Geld/Banken/Kreditkarten

Währungseinheit ist der Euro (€). Die Banken haben in der Regel Mo–Fr 8–12.30 und 13.30–15.30, manche bis 17 Uhr geöffnet. Das Land ist nahezu flächendeckend mit Bankomaten ausgestattet, an denen man Geld ziehen kann. Gängige Kreditkarten werden in den touristischen Regionen fast überall akzeptiert. Nur in kleineren Betrieben, etwa einer Almhütte, ist mit der Kreditkarte nichts zu bekommen.

Für die Sperrung von Kreditkarten, ec-Karten, Handys oder Ausweisen steht rund um die Uhr ein **Service** unter ✆ +49-30 40 50 40 50 zur Verfügung. American Express-Karten und Reiseschecks können Sie von Österreich aus unter ✆ 0800-23 23 40, Mastercard und Kreditkarten unter ✆ 0800-21 82 35 sperren lassen.

Trachtenkinder in Lech am Arlberg

Hinweise für Menschen mit Behinderung

Für Österreichs Gastgeber gibt es keine Touristen, die als »Behinderte« bezeichnet werden. Man nennt sie »Gäste mit besonderen Bedürfnissen« und ist auch sehr gut auf sie eingestellt. Unter www.wien.info/de/reiseinfos/wien-barrierefrei können die meisten Herbergen Wiens abgefragt werden. Auch Sehenswürdigkeiten, Opernhäuser, Theater, Kinos und Museen geben Auskunft über barrierefreie Zugänge etc., ebenso wie Cafés, Restaurants und Bars.

Österreich-Reisende mit besonderen Bedürfnissen können davon ausgehen, dass der Großteil der gesamten Infrastruktur auf sie zugeschnitten ist.

Medizinische Versorgung

Die ärztliche Versorgung ist landesweit gesichert; im Gebirge ist die Ausstattung und Schnelligkeit der Hilfs- und Rettungskräfte bei Ski-, Lawinen- und Absturzunglücken vorbildlich.

Das Apothekennetz erstreckt sich dicht über das ganze Land. Der Erwerb einer Europäischen Krankenversicherungskarte und der Abschluss einer Auslandskrankenversicherung sind dennoch empfehlenswert.

Mit Kindern in Österreich

Kinder sind in der Alpenrepublik herzlich willkommen. Im Winter gibt es in jedem größeren Skigebiet Kinderbetreuung und Kinderskischulen. Im Sommer kommen die kleinen Urlauber ebenfalls nicht zu kurz. Es gibt Wanderführer, die dem Nachwuchs über Stunden Geschichten von Bergen, Riesen, Geistern und Feen im Gebirge erzählen. In vielen Regionen wird auch Reiten angeboten, ebenso wie viele andere sportliche Aktivitäten.

Auch in den Städten kann man mit Kindern einiges erleben. Der Tiergarten Schönbrunn in Wien lädt zu Kindernachmittagen ein, wenn Tierbabys geboren wurden. Speziell geschulte Führer unternehmen in den Städten Rundgänge für Kinder – in Salzburg etwa auf den Spuren des jungen Mozarts. Museen werden oft so konzipiert, dass auch für Kinder etwas Interessantes dabei ist. Mehr Info unter www.kindergaudi.de/at/.

Im Almtal im Salzkammergut

Service von A–Z

Presse

Österreich gehört zu den Ländern mit dem reichhaltigsten Presseangebot der Welt. Alle großen internationalen Tageszeitungen sind zu bekommen. Die interessantesten einheimischen Blätter sind der liberale »Standard«, die konservative »Presse« und die soliden »Salzburger Nachrichten«. Auflagenstark sind die Boulevardzeitungen »Kurier« und »Neue Kronenzeitung«. Außerdem gibt es in Österreich einige gut gemachte Magazine, wie den »Wiener« und die »Wienerin« sowie das Nachrichtenmagazin »Profil«.

Sightseeing

Alle größeren und mittleren Städte, aber auch Regionen bieten geführte Touren an, viele davon sehr lokal-engagiert oder ausgesprochen witzig. In Österreich weiß jeder, dass man vom Tourismus lebt. Man informiere sich bei den Tourist-Informationen über Angebote.

Sport

Österreich ist ein ideales Land für alle Arten des Wintersports. **Skisport** ist in allen Facetten und Schwierigkeitsgraden möglich. Allerdings sollten alle Wintersportler, ausgenommen Skilangläufer, die teilweise recht hohen Kosten (Lift) bedenken. Sie »läppern« sich rasch zu bedeutsamen Summen zusammen. Deshalb sollte man sich möglichst schon vor Urlaubsbeginn über günstige Kombiangebote informieren: Skipässe, Familienkarten, Gästeermäßigungen.

Über Schneelagen und Lawinengefahr informieren regionale Radio- und TV-Sender, aber auch örtliche Schneetelefone und die Websites www.alpenverein.at, www.lawine.at.

Das Alpenland ist auch wunderbar zum **Wandern** geeignet. Auskünfte über Wanderwetter und allgemeine Bedingungen erteilen die Sektionen des Österreichischen Alpenvereins, ✆ (05 12) 595 47, sehr informativ ist auch die Homepage www.alpenverein.at.

Um den Wanderausflug zu einem Erlebnis zu machen, ist eine gute Ausrüstung unbedingt ratsam. Festes, »eingelaufenes« Schuhwerk, Regenschutz, Wanderkarte und genug zu trinken (am besten in leichten Plastikflaschen) gehören zum Standard. Markierte Wanderrouten sollte man nicht verlassen, und die Ratschläge der Einheimischen stets ernst nehmen.

Sie kennen sich in den Wanderregionen am besten aus. In den Alpen kommt es immer wieder zu raschen Wetterumschwüngen. Vorsicht ist daher immer und überall geboten.

Sprachhilfen für das Österreichische

Österreich, sagen die Österreicher, sei ein glückliches Land: Dort sprechen alle Leute Deutsch und sind

Ein Spaß für die ganze Familie: Flusswanderungen mit dem Kanu

trotzdem keine Preußen! Dennoch hat man noch nie von Austauschschülern gehört, die nach Österreich entsandt wurden, auf dass sie ordentliches Deutsch lernen. Das Land ist sprachlich zerrissen, unzählige Dialekte dominieren und austriakische Kuriositäten sind in der Tagespresse und selbst in der gehobenen Literatur ständig zu finden. Sogar Speisekarten halten manche Überraschung parat.

Österreichisches Deutsch ist auch ein Psychogramm: Die Seele einer Stadt oder Region zeigt sich darin, welche Worte man findet, wie man sie ausspricht und betont. Hier zeichnen sich, so böse Zungen, drei Themenkreise ab: die unterschiedlichen Grade der Alkoholisierung, die diversen Formen geistiger Demenz und die vielfältigen Aspekte weiblicher Widerwärtigkeit. Behauptet jedenfalls der Dichter H.C. Artmann, der es als Spracharbeiter wissen sollte.

»Ich ersuche Sie«, sagt der Polizist, wenn der Verkehrssünder nicht gleich einsichtig ist. »Setzen wir uns nieder«, heißt es im Kaffeehaus, der Amtsstube oder im Wartesaal. »Frau Figlmüller ist heute unter Verschluss, da kann ich Sie nicht durchstellen«, erklärt die Sekretärin den stressgeplagten Alltag der Chefin, deren »Klappe« sie nicht herausgeben will.

Der »Adabei« ist einer, der keinen gesellschaftlichen Anlass ohne seine Gegenwart verstreichen lässt. Der »Ahnl« ist ein Vorfahre, der »Abschnitzl« das, was beim Schnitzen und Schneiden von Holz oder Fleisch zurückbleibt. Ein besonderer Schmäh, also üble Nachrede, ist der »Anserschmäh« (Einserschmäh). Und der »Armutschkerl« hat nicht nur wenig Geld, sondern ist überhaupt ein bedauernswertes Geschöpf.

Mancher Erstbesucher wähnt sich im sprachfremden Ausland, dabei sind die Österreicher beim Sprechen nur ein wenig barock, »Jessasmaria!«. Man muss gut zuhören, sich der Klangmelodie anpassen, dann bekommt man bald recht gut mit, worum es bei dem »schlampert« wirkenden Genuschel geht.

Lang zieht sich die Sprache der Österreicher, bandwurmartig, und so gemütlich ist sie wie die Lebensart im Alpenland. »Danke – bitte«, lautet eine der häufig zu hörenden Wendungen. Man bedankt sich für etwas, klärt aber im selben Atemzug, dass man solches von einem dienstbaren Geist schon erwarten kann. »Das möchd scho sei!«, »Was waaß denn ich«, wird ausgewichen, wenn die Antwort nicht klar ist.

»Des interessiert doch mich ned«, wird nachgebessert. »Geh heerst, gib a Ruah«, wird der Schlussstrich gezogen. Mitunter heißt es auch: »Naa, geh heerst, bisd ned ganz gscheit!« Und wenn dann immer noch verbaler Widerstand kommt, bleibt nur noch der Schmäh: »No, da heert sich doch alles auf. Da siehst, diese Ausländer, allweil hudln, allweil bressiern, aber dann wundern, wenn's ned old wir'n, geh heerst!«

Sky Walk und Gondel am Dachsteingletscher

Service von A–Z

Gelegentlich kommt es auch mal zur sprachlichen Attacke: »Schau ned so bleed!« Selbst das klingt noch lieblich. Ohnehin muss es immer gemütlich zugehen, in Österreich werden nirgendwo »Kristalllamp'n von der Deck'n geschossen«, auch wenn die »Piefkes« (alle Deutschen außer den Bayern, auch »Mexikaner« von »mag sie kaner« genannt) auf Einhaltung von Terminen und Absprachen bestehen.

Das österreichische Deutsch schmiegt sich als Sprachfluss ins Ohr, kommt nur manchmal etwas »grätzig« daher. In diesem Durchgangsland wird eben nicht nur Deutsch gesprochen. Von jeher hat hier Heimrecht, was die Fremden über Jahrhunderte hinweg mitbrachten. Wer genau zuhört, wird schnell verstehen, dass ein »Beisl« nichts anderes ist als ein uriges Gasthaus, in dem man sein »Laberl«, ein Gericht mit verschiedenen Fleischsorten, oder »Geselchtes« (Rauchfleisch) verzehrt, aber auch Gemüsesorten wie »Paradeiser« (Tomaten), frische »Erdäpp'l« (Kartoffeln) oder »Karfiol« (Blumenkohl) zu sich nimmt und mit einem »Viertele« nachspült.

Ein »Götz« ist ein sonderbarer Mensch, bei »Graffelwerk« handelt es sich um etwas Nutzloses, nicht Funktionstüchtiges, und »Loatsch« bezeichnet eine Weibsperson, die trinkt, unzüchtig lebt und auch nicht in die Kirche geht. Das T-Shirt heißt »Leiberl«, krumme Geschäfte werden als »Machloikes« verharmlost und »pipperln« bedeutet nicht das, was Sic sofort denken, sondern nur gern und häufig Wein trinken.

Der »Schani« ist der Kellner, darf aber nicht so gerufen werden, auch der »Türschnapperl« – jener, der in Hotels und Restaurants Auto- und sonstige Türen aufreißt – will nicht so heißen, sonst setzt es

Service von A–Z

womöglich eine »Tschinelle« (Ohrfeige). Vorsicht auch beim Umgang mit dem dem »Ungustl«, einem unsympathischen Menschen, und der »Pritsche« (Prostituierte).

Aber Österreich ist in Wahrheit ein »Prutschenellengspiel« (Marionettentheater), fast alles basiert auf »Mischkulanz«, nur die Oberösterreicher tanzen als »Mostschädel« aus der Reihe.

Man liebt es gemütlich. Und wenn doch einmal Stress aufkommt, gelten drei Standardformeln: »Dös hamma allaweil so g'macht«, »Dös hamma no nia so g'macht« und »Da kennet jo a jeda kumman«. Das ist seit Jahrhunderten Österreichs Motto und Bollwerk gegen Tempomacher, Antitraditionalisten und andere Engstirnige – »Nua ned hudln.«

Telefonieren

Seit auch in Österreich private Telefonanbieter im Geschäft sind, macht eine Angabe des Telefonpreises keinen Sinn mehr. Aber immer noch heißt es: aufpassen.

Man erkundige sich an der Hotelrezeption sehr genau, welcher Tarif für Inlands- und vor allem für Auslandsgespräche genommen wird. Aufschläge um bis das Fünffache sind durchaus üblich. Besser ist, sich eine Telefonkarte zu kaufen und von einer öffentlichen Zelle aus zu telefonieren. Zwischen 18 und 8 Uhr sowie am Wochenende ist das günstiger. Vorsicht beim mobilen Telefonieren: Die Roaming-Gebühren sind recht hoch.

Vorwahlen:

Österreich ✆ +43
Deutschland ✆ +49
Schweiz ✆ +41
(jeweils Ortsvorwahl ohne 0)

Telefonauskunft:

✆ 16 11 (Inland)
✆ 16 12 (Deutschland)
✆ 16 13 (Europa)
✆ 16 14 (Übersee)
✆ +43-66 21 18 11(kostengünstige Auskunft auch von Deutschland aus)

Direkt an der Skipiste: Almhütte auf der Hochwurzenalm in der Region Schladming-Dachstein

Mit Tieren in Österreich

Tiere sind in Österreich in den meisten Hotels, Pensionen und Restaurants willkommen. Allerdings legen viele Hoteliers Wert auf eine vorherige Anmeldung. Die Einreise ist relativ unproblematisch: Tiere, die älter als 12 Wochen sind, müssen eine tierärztliche Tollwutbescheinigung haben. Die Impfung muss mindestens 30 Tage vor der Reise erfolgen und darf nicht älter als 12 Monate sein. Maulkorb und Leine müssen mitgeführt werden. Jedes Tier muss durch eine deutlich erkennbare Tätowierung oder einen Mikrochip gekennzeichnet sein. Eine Zeckenbehandlung ist darüber hinaus ratsam.

Trinkgeld

»Bedienungszuschlag inbegriffen« heißt es in manchen Lokalen. Doch in Österreich ist der »Schmattes« Pflicht, ein angemessenes Trinkgeld wird für jedwede Dienstleistung erwartet. € 2–3 sollten es schon sein, in guten Restaurants etwas mehr. Als Faustregel gilt: 5 % des Gesamtbetrags.

Unterkunft

Österreich hat alle Formen von Unterkünften zu bieten. Etwas Besonderes in der Alpenrepublik stellen die Schlosshotels und Herrenhäuser dar. Besucher können dort ganz feudal residieren. Die Pensionen und Hotels sind in den letzten Jahren deutlich familien- und kindergerechter geworden, viele werben vermehrt um diese Klientel. Die Kinderbetreuung in den Hotels umfasst nicht nur Malen und andere Beschäftigungstherapien. Sie reicht von Singen, Tanzen, im Schnee spielen, Märchenstunden bis hin zu kleinen Ausflügen und zur Abendwanderung mit Fackeln. Viele Häuser leihen Eltern Babyfons, damit sie auch mal zu zweit in die Hotelbar gehen können.

Doch auch für Erwachsene ohne Kinder ist gesorgt. Neben diversen Wellnessangeboten gibt es in vielen Unterkünften Gesundheits- und Naturprogramme und auch die Kulinarik spielt eine herausragende Rolle. Überall, bis auf über 2000 m Höhe, gibt es komfortable Hotels, deren Personal bemüht ist, die Gäste zu verwöhnen.

Junge Leute finden in Jugendherbergen und preiswerten Pensionen Unterkunft. Letztere sind durchaus auch für diejenigen empfehlenswert, die es urig und persönlich mögen. Nicht selten sitzt man nämlich in kleinen Privatpensionen zum Frühstück in der »guten Stube« oder bekommt gleich bei der Ankunft einen typisch österreichischen Obstbrand. Am kostengünstigsten sind der Urlaub auf dem Bauernhof oder das Mieten eines Apartments mit Selbstversorgung. Die Preise variieren dabei je nach Komfort und eingeschlossenen Leistungen zwischen € 20 pro Person und Nacht mit Frühstück und unter Umständen mehreren Hundert Euro pro Person und Nacht mit »Rundum-Verwöhnpension«.

Für das ganze Land erhält man unter www.austria.info und der gebührenfreien Servicenummer ✆ 00800-40 02 00 00 wertvolle Tipps und Informationen zum Urlaub mit Kindern in Österreich. Auch auf der Homepage www.tiscover.at kommt man über Links weiter.

Verkehr

Das öffentliche Nahverkehrsnetz ist exzellent und stets die bessere Alternative zum Auto (Parkplatznot und allzeit verstopfte Straßen). In Trafiks, Tourist-Informationen und vielen Hotels gibt es Pläne mit Nahverkehrsanbindungen für die jeweilige Stadt oder Region.

Viele Städte offerieren attraktive Angebote, Österreichs Hauptstadt etwa die **Wien-Karte**, eine 72-Stunden-Netzkarte für den öffentlichen Nahverkehr (€ 18,50), mit der man darüber hinaus Ermäßigungen bei Museen, Konzerten, Restaurants usw. erhält.

Wiener Tram

Service von A–Z

Orts- und Sachregister

Die **fetten** Seitenzahlen verweisen auf ausführliche Erwähnungen, *kursiv* gesetzte Begriffe bzw. Seitenzahlen beziehen sich auf den Service von A–Z.

Achenkirch 143
– Posthotel Achenkirch 143
Achensee 144
– Kloster St. Georgenberg 144
Almsee 70
Alpbachtal 145 f.
Alpen 4, 32, 36, 42, 141, *238*
– Berchtesgadener Alpen 87
– Brandenberger Alpen 144
– Julische Alpen 32, 36
– Kalkalpen 42, 60, 104
– Karawanken 32, 36
– Karnische Alpen 36
– Kitzbüheler Alpen 161
– Lechtaler Alpen 182
– Ostalpen 88, 93, 155
– Zillertaler Alpen 169
Altausseer See 125
Anreise 238 f.
Arlberg 142, 176, 178, 182
Armschlag 58
Attersee 63
– Wallfahrtskirche 63
Auskunft 239 f.
Ausseerland 82

Baden bei Wien **44 f.**, *242*
– Casino 44
– Kurpark 45
– Römertherme 45
Bad Aussee 125
– Narzissenfest 125, *242*
Bad Blumau 136
Bad Ischl 64
– Kaiservilla 64
– Marmorschlössl 64
Bad Gastein **82 f.**, 91
– Gasteiner Fall 91
– Graukogel 84
– Hotel Weismayr 84
– Schlossalm 84
– Sportgastein 84
Bad Radkersburg 136, 138
Bad Reichenhall 81
Bad Waltersdorf 136
Bärnbach 130
Bergisel 140, 149

Bergsee 37
Best Health Austria 84
Bielerhöhe 183
Birnluckn 90
Bludenz 178
Bodensee 170, 174, 176
Böhmerwald 61, 79
Brand 173
Brandnertal 173 f.
Bratislava 48
Bregenz **173–176**
– Bregenzer Festspiele 174, **175 f.**, *242*
Bregenzer Wald 136, 171, **176**
– Dörfer im Bregenzer Wald **176 f.**
Brenner 142
Burgenland **18–29**, 42, 136
Burgenländische Weingüter 21
Buschenschank 20

Dachstein 61, 81, 82, 84
Dachstein-Tauern-Region 133
– Almwandern 133
Deutschfeistritz 136
Deutschland 164, 174
Deutschlandsberg 138
Diplomatische Vertretungen 241
Döllach 90
Donau 42, 47, 58, 62, 187, 196, *238, 239*
Drachenwand 77
Drautal 91
Dürnstein 9, 43
– Ruine Dürnstein 43
Dunkelsteiner Wald 48

Egg 31, 36
Eibenstein 78
Einkaufen 241
Eisenstadt 19 f., **22**, 23, 28
– Dom St. Martin 22
– Haydn-Haus 23
– Schloss Esterházy 23
– Spitalskirche 22
Engelhartstetten 48
Enns 61
Erlakogel 67
Essen und Trinken 241 f.

Faaker See 32, 36
Faggenbach 155
Falkensteinwand 121
Feichten 156
Feiertage/Feste 242 f.
Feldkirch 177 f.
– Johanneskirche 177
– Palais Liechtenstein 177
– Rathaus 177
– St. Nikolaus 177
Fiakersee 31
Filzmoos 82

– Hotel Hubertus 82
Flachgau 88, 89
Floitental 146 f.
– Wandern 146 f.
Franking 65
– Landhotel Moorhof 65
Frauenkirchen 24
– Stekovics 24
– Wallfahrtskirche 28
Fuschl am See 84 f.
– Hotel Ebner's Waldhof 84 f.
Fuschlsee 85

Gaislachkogl 165
Galtür 183
Garsella 178
Gault Millau 84, 167, 218
Geigenbichl 161
Geinberg 66 f.
– Therme 66 f.
Geld/Banken/Kreditkarten 243
Gepatsch-Ferner 155, 156
Gerlos-Pass 93
Glan 31, 38
Glemmtal 95
Glocknerterrasse 92
Gmunden 67 ff.
– Gmundner Keramik 67
– Gmundner Tram 67
– Landschloss Orth 70
– Museum Klo & So 67
Gmünd 44
Göttlesbrunn 52
Goldegg 86
– Schloss Goldegg 86
– Golfplatz 86
– Thomas-Bernhard-Wanderweg 86
Goldegger See 86
Gosauzwang 61
Granatspitzgruppe 91
Graz **123– 129**, 137
– Alt-Graz 126 f.
– Augartenhotel art & design 127
– Dom 126
– Kunsthaus 126, 128
– Landeszeughaus 126
– Murinsel 127 f.
– Schlossberg 124, 126 f., **129 f.**
– Schloss Eggenberg 129
– Universalmuseum Joanneum 126, 129
Grödig-St. Leonhard 87
– Zeppezauerhaus 87
Grossgmain 88
– Salzburger Freilichtmuseum 88
Großen Muntanitz 91
Großglockner 8, 33, 91, *238*
Großglockner Hochalpenstraße 33
– Edelweißspitze 33
– Kaiser-Franz-Josefs-Höhe 33

248

Orts- und Sachregister

Großlitzner 183
Großvenediger 91
Grünauer Almtal 70
– Cumberland-Wildtierpark 70
– Konrad-Lorenz-Forschungsstelle 70
Guide Michelin 84, 167, 218
Gulmakamm 174
Gurk 32 f.
– Dom Mariä Himmelfahrt 32 f.

Hagengebirge 120
Hahnenkamm 156
Hainburger Au 9
Hall 147
– Burg Hasegg 147
– Rathaus 147
Hallein 81, **88 f.**
– Keltenmuseum 89
– Keltensommer 89
Hallstatt 21, 62, **72**, 81
– Museum Hallstatt 72
– Pfarrkirche 72
– Salzberg 72
Hallstätter See 72
Heidenreichstein 44
Heiligenkreuz 45 f.
– Zisterzienserabtei 45 f.
Henndorf 89
– Gut Aiderbichl 89
Hintertux 148
– Hotel Vier Jahreszeiten 148
Hinweise für Menschen mit Behinderung 243
Hochkönig 86, 120
Hochkogel 67
Hochosterwitz, Burg 39
Hochtannberg 176
Hohe Munde 149
Hohe Tauern, Nationalpark 33, 82, **90 f.**, 92

Imst 158, 159
Inn 61, 141, 145, 157
Innerschwand 77
Innsbruck 15, 142, 144, **149–153**
– Bergiselschanze 149
– Goldenes Dachl 142, **150**, 153
– Hotel The Penz 151
– Kaiserliche Hofburg 151 f.
– Maria-Theresien-Straße 142
– Maximilianeum 150
– Schloss Ambras 152 f.
– Tiroler Landesmuseum Ferdinandeum 153
Irrsee 82
Ischgl 154 f.
– Top of the Mountain Concerts 154
Italien 141, 156, 164, 202

Jenbach 144
Jochberg-Resterhöhe 156

Kärnten 30–41, 90, *241*
Kärntner Seen 36 f.
Kahlenberg 9
Kaisergebirge 157, 160
Kapfenstein 138
Kaprun 92
– Burg Kaprun 92
– Kraftwerk Glockner-Kaprun 92
– Vötter's Fahrzeugmuseum 92
Karlesspitze 156
Karnischer Höhenweg 31
Karwendel 143, 144
Kaunertal **155 f.**, 159
– Gletscherwandern 155 f.
Kirchdorf 93
Kitzbühel 156 f.
– Grand SPA Resort A-ROSA 156 f.
– Katharinenkirche 157
Kitzeck 139
Klagenfurt 30 f., **37–39**, 38 f.
– Altstadt 37 f.
– Domkirche 38
– Lindwurmbrunnen 31, **38 f.**
– Kärntner Landesmuseum 38
Klopein 36
Klopeiner See 36
Klostertal 182
Köflach 130
– Lipizzaner-Gestüt Piber **130**, 224
Kramsach 145
Krems 42, **46 ff.**, 59
– Karikaturmuseum 47
Kremsmünster 73
– Benediktinerstift 73
Kremstal 10
– Venus vom Galgenberg 10
– Venus von Willendorf 48
Krimmler Wasserfällen 9, 91, **93**
Kronberg 53
– Weinviertelmuseum 53
Kufstein 142, 157 f.
– Festung Kufstein 157 f.

Längsee 36
Landeck 158
Launsdorf 39
Lech am Arlberg **178 f.**, 182
– Gasthof zur Post 179
Leogang 95
Linz 8, 62, **74–77**
– Ars Electronica Center 62, **74**, *242*
– Brucknerhaus 74
– Grottenbahn 74 f.
– Kunstmuseum Lentos 62, **74**
– Linzer Kultursommer 76
– Minoritenkirche 76
– Museum Linz Genesis 76

– Pöstlingberg 8, 74
– Schlossmuseum 77
Liechtenstein, Fürstentum 173
Lipizzaner **130**, 143, **224**
Lobau 9
Loipersdorf 136
Lorenzital 174
Lüner See 174
Lungau 88

Mantua 140
Marchfeld 10, **48**
Marchfeldkanal 48
Mariazell 8, 131
– Wallfahrtskirche Basilika 8, **131**
Mariazeller Land 123
Medizinische Versorgung 243
Mehrerau 173
– Benediktinerabtei 173
Melk 9, 47, **48 f.**
– Barockstift 48 f.
– Stiftskirche Peter und Paul 49
Meran 142
Millstatt 40
– Kloster Millstatt 40
– Millstätter Musikwochen 40
Millstätter See 32, **40**
Mils 158 f.
– Trofana Erlebnis-Dorf 158 f.
Mit Kindern in Österreich 243
Mit Tieren in Österreich 247
Mölltal 90
Mörbisch 28
– Jagdschloss 28
– Seefestspiele 28, *242*
Mondsee **77 f.**, 82
– Benediktinerkloster 77
Montafon 183
Mühlviertel 61 f., **78 f.**
– Chakra-Wanderweg 78
Mur **127**, 129, 137
Murtörl 90

Neusiedler See **24–28**, 29
– Hanság 24
– Nationalpark Neusiedler See 24 f.
– Salzlacken,Seewinkel 24 f.
Neustift im Stubaital 165
Niederösterreich **42–59**, *241*
Nordkette 149

Oberndorf 82
– Nikolauskirche 82
Oberösterreich 42, **60–79**, 82, *241*

249

Orts- und Sachregister

Ötztal 159
Ossiacher See 32, 36

Pannonien 18, 20, 45, 52
Passeiertal 140
Patscherkofel 149
Paznauntal **154 f.**, 183
Pendling 157
Pertisau 144
Petronell-Carnuntum 52
– Archäologischer Park 52
– Freilichtmuseum 52
Piller Höhe 159
Pinzgau 88
Pitzbach 159
Pitzenklamm 159
Pitztal 159 f.
Piz Buin 183
Pongau 88
Presse 244
Pressegger See 36

Raiding 28 f.
– Liszts Geburtshaus 28
Raxalpe 55
Reichenau 55
Reichenthal 79
Reintaler Seenplatte 145
Retz 53
Riegersburg 124, 132 f
– Burg Riegersburg 124, **132 f.**, 138
Rosittenbach 87
Rust 20, 25, **29**
– »Auge Gottes« 29
– Fischerkirche 25
– Historische Altstadt 29
Rußbach 48

Saalbach Hinterglemm 95
– Technoparty »Rave on Snow« 95
Salzach 80, 89, 90, 93, 94, 103, 113
Salzburger Land **80–121**, 82, 90, 93
– Salzminen 81
Salzburg 8, 13, 77, **80–121**, 87, 89, 95, 97
– Alter Markt 95 f.
– Altes Rathaus 101
– Altstadt 96
– Altstadthotels 110 f.
– – Arthotel Blaue Gans 110
– – Hotel Goldener Hirsch 111
– – Hotel Stein 111
– Brauereien 111 f.
– – Augustiner-Bräu 112

– – Die Weisse 112
– – Stiegl-Brauwelt 111
– Café Bazar 103
– Café-Konditorei Fürst 96
– Café-Konditorei Schatz 103
– Café Sacher 103
– Café Tomaselli 96, 103
– Café Wernbacher 103
– Congress Center 116
– Dom 80, **112 f.**
– Dürrnberg 89
– Erzbischöfliche Apotheke 96
– Festung Hohensalzburg 8, 97
– Florianibrunnen 96
– Friedhof St. Sebastian 100 f.
– Getreidegasse 100 f.
– Hangar 7 **102**, 110
– Kapitelplatz **104**, 106
– Kapuzinerberg 104 f.
– Kapuzinerkloster 104
– Kloster St. Peter 13, 104, **105**
– Kloster Nonnberg 13
– Marionettentheater 114 f.
– Mirabellgarten 8
– Miracle's Wax Museum 115
– Mönchsberg 80
– Mozartplatz 106
– Mozarts Geburtshaus 80, 106
– Mozarts Wohnhaus 106
– Museum Carolino Augusteum 110, **115 f.**
– Museum der Moderne Mönchsberg 108
– Museum der Moderne Rupertinum 108 f.
– Neustadt 116
– Papagenoplatz 80
– Residenz 80, 110
– Residenzplatz 109 f.
– Restaurant Carpe Diem 110
– Salzburger Festspiele 80, 103, 109, **113 f.**, 115, *242*
– Schloss Hellbrunn 117
– Schloss Mirabell 118
– Sebastianskirche 100
– Spielzeug Museum 114
– Traditionsgeschäfte 119
Salzkammergut 61, 63, 67, 72, 77, 82, 84, 121
Samnaun 154
Schafberg 77, 121
Schallaburg 54
– Renaissanceschloss 54
Scheffau 160 f.
Schesaplana 173
Schladming 133
Schwarzach 94
– Rathaus 94
Schweiz 156, 174, 178
Seefeld 161

– S'Alte Wirtshaus am Geigenbichl 161
Seefelder Joch 141
Seespitz 144
Seewalchen 63
– Villa Paulick 63
Semmering 55
– Semmeringbahn 55
Serbien 64
Serfaus-Fiss-Ladis 164
Serles 149
– Komperdell 164
Sightseeing 244
Silvretta 154, 170, **182 f.**
– Silvretta-Hochalpenstraße **182 f.**
Slowakei 42, 48
Slowenien 130
Sölden 164 f.
– Big 3 164
Sonntag 178
Spanien 130
Sport 244
Sprachhilfen für das Österreichische 244 ff.
St. Anton am Arlberg 182
– Ski- und Heimatmuseum 182
St. Georgen 36
– Benediktinerabtei 36
St. Gilgen 121
St. Kanzian 36
St. Leonhard 160
St. Lorenz 77
St. Petersburg 168
St. Pölten 44, **56 f.**
– Festspielhaus 57
– Landesmuseum 56
– Landtagsgebäude 56
– Stöhr-Haus 57
St. Veit im Pongau 39, **94**
St. Wolfgang 121
– Weißes Rössl 121
Steiermark 42, **122–139**, 137, 241, *242*
– Steirischer Herbst 126, 128
Stein 42
– Stift Göttweig 42
Steinbach 63
Steirisches Thermenland 124
Stubaital 165 f.
Stuben 182
Stübing 136 f.
– Freilichtmuseum 136 f.
– Südsteiermark 137 f.
– Kernölproduktion 137 f.
– Weinanbau 138 f.
Südtirol 142

Tannheim 166 f.
– Restaurant Tannheimer Stube Hohenfels 166 f.
Telefonieren 246 f.

250

Orts- und Sachregister/ Namenregister

Tennengau 88
Tennengebirge 87, 120
Thüringerberg 178
Tiefenbachkogl 165
Tiefgraben 77
Timmelsjoch 142
Tirol 90, 93, **140–169**, 182
Traunsee 67 f.
Traunstein 67
Trinkgeld 247
Tschechien 42, 48, 58
Tulln a. d. Donau 57 f.
– Egon Schiele Museum 57 f.
– Pfarrkirche St. Stephan 57
Turracher See 32, 36

UNESCO Biosphärenpark Großes Walsertal 178
– Walserweg 178
Ungarn 11, 29, 48
Untersberg 87, 88
Unterkunft 247

Valluga 182
Verkehr 247
Vermunt-Stausee 184
Verwallgruppe 182
Villach *242*
Vorarlberg **170–183**

Wachau 8, 10, 42, **46 ff.**, 48, 58
– Venus von Willenberg 10, 13
Waidhofen/Thaya 59
Waldviertel 43, 48, **58 f.**, 136
– Mohnlehrpfad 59
– Mohnstrudel-Wanderweg 59
Wallersee 89
Wallis 170
Wattens 168
– Swarovski Kristallwelten 168
Werfen 119 f.
– Eisriesenwelt 119 f.
– Festung Hohenwerfen 120 f.
Wien 4, 8, 11, 12, 56, 170, **184–236**, *242, 247*
– Albertina 188 f.
– Architektur der Moderne 189 f.
– Beisl 190 f.
– Bestattungsmuseum 191
– Brunnen an der Strudlhofstiege 192
– Buffet Trzesniewski 192 f.
– Burgtheater 186, 189, **193 f.**
– Café Hawelka 194 f.
– Café Sacher 152, **195 f.**
– Donauauen 187 f.
– Donauinselfest 196
– Donaukanal 189
– Dorotheum 196 f.
– Fiaker-Fahrt durch Wiens 1. Bezirk 198

– Heurigen-Lokale 199
– Hofburg 130, 152, 186, 189, 198, **200 f.**, 203 f., 215, 219, 233
– Hofmobiliendepot 201
– Hotel Das Triest 202
– Hundertwasserhaus & Village 202 f.
– k.u.k. Hofzuckerbäcker Demel 206
– Kaiserappartements 201, **203 f.**
– Karl-Marx-Hof 189
– Karlskirche 204 f.
– Kriminalmuseum 227
– Kunsthistorisches Museum 207 f.
– Liechtenstein Museum 208
– Loos Bar 209
– Mozarthaus Vienna 209 f.
– MuseumsQuartier 210 f.
– – KUNSTHALLE 211
– – Leopold Museum 211
– – Museum Moderner Kunst 211
– – ZOOM Kindermuseum 211
– Naschmarkt 212 f.
– Nationalbibliothek 186, 201, **215**
– Neustadt 152
– Postsparkassenamt 216 f.
– – Otto-Wagner-Werkmuseum 217
– Prater 8, 230 ff.
– Rauchfangkehrermuseum 217
– Restaurant Palais Coburg 218
– Ringstraße 189, 191, **232 f.**
– Schatzkammer 201, 219
– Schloss Belvedere 214 f., **219 f.**
– – Galerie im Oberen Belvedere 214 f.
– – Schlosspark 220
– – Unteres Belvedere 214
– Schloss Schönbrunn 8, 201, **221**
– Sigmund Freud Museum 222
– Sisi Museum 222 f.
– Spanischen Hofreitschule 130, 201, **224**
– St. Marxer Friedhof 225 f.
– Staatsoper 11, 186, 228 f., **235**
– Stephansdom 189, **226 f.**
– Wiener Opernball **228 ff.**, 235, *242*
– Wiener Sängerknaben 186, 201, **233 f.**
– Wiener Secession 13, 189, 214, **234**
– Zentralfriedhof 236 f.
Weinanbaugebiet Südsteiermark 138
Weinviertel 44, **53**
Weißensee 32, 37
Wienerwald 9, 45, 186
Wilder Kaiser 160
Wildspitze 165
Wolfgang-Amadeus-Airport 102
Wolfgangsee 121
Wulfenia 31

Zahlen und Fakten 247
Zeller See 92, 95
Zillertal 93, 146, 148, 161, **168 f.**
Zirknitz 90
Zürs 179, 182
Zwettl 44, 59
Zwölferhorn 121

Namenregister

Acconci, Vito 128
Aicher, Anton 114
Albert von Sachsen Teschen, Herzog 188
Alexander I., Zar 204
Alt, Salome 118
Altenberg, Peter 14
Anastacia 154
Anne de Bretagne 153
Anzengruber, Ludwig 14
Arad, Ron 127
Aristoteles 25
Artmann, H. C. 14, 194 f., *245*
Artus, König 152
Attenborough, David 119
Aufhauser, Michael 89
Augustus, Kaiser 10, 166

Bachmann, Ingeborg 14, 37
Barbarossa, Friedrich 87
Bebel, August 101
Beckenbauer, Franz 84
Beethoven, Ludwig van 45
Bellini, Giovanni 208
Benatzky, Ralph 121
Benedikt XVI., Pabst 45
Bernecker, Jakob 54
Bernhard, Thomas 14, 47, 86, 193
Bismarck, Otto von 84
Bon Jovi 154
Borromäus, Karl 204 f.
Brahms, Johannes 70, 237
Brandauer, Klaus Maria 194
Bruckner, Anton 74
Brueghel d. Ä., Pieter 207

Campino 194
Canetti, Elias 14, 231
Cannizzaro, Raffaelle 167
Carlone, Carlo Antonio 73
Cäsar, Kaiser 152

251

Namenregister

Chagall, Marc 189
Chisholm, Melanie 154
Conran, Sir Terence 202
Corinth, Lovis 74
Cranach d. Ä., Lukas 207

Damisch, Gunter 127
Deix, Manfred 46
Dietmayr, Berthold 49
Doderer, Heimito von 14, **192**
Domenig, Günther 127
Ducasse, Alain 167
Dürer, Albrecht 188, 207
Dyck, Anthonius van 207, 208

Ebner, Herbert 84
Ebner-Eschenbach, Marie von 14
Elisabeth »Sisi« von Wittelsbach, Kaiserin 13, **64**, 67, 84, 201, 204, **222 f.**
Esterházy, Anton II. von 19 f., 22, 28
Esterházy, Baron Nikolaus 23
Eugen, Prinz von Savoyen 48, 214, 215, **219 f.**

Faber, Anton 226 f.
Faymann, Werner 15
Felix de Mendelssohn 5
Ferdinand II., Erzherzog **152**, 153
Ferdinand II., Kaiser 124
Firmian, Leopold Anton 104
Fischer von Erlach, Johann Bernhard 221
Fischer von Erlach, Joseph 204 f.
Fischer, Heinz 15
Fixlmillner, Placidus 73
Flöge, Emilie 63
Forster, Ludwig 233
Fournier und Cook 128
Franz Ferdinand, Kronprinz 13, 214, 220
Franz Joseph I., Kaiser 13, **64**, 74, 145, 189, 198, 204, 224, 232
Franzobel 14
Freud, Sigmund 55, **222**
Fried, Erich 14
Friedrich der Große 220
Friedrich III., Kaiser 77, 227
Friedrich, Hoff und Zwink 108
Fritzl, Josef 15

Gabriel, Peter 154
Gebrüder Grimm 74
George, Stefan 14
Gerstl, Richard 215

Ghega, Carl Ritter von 55
Glas, Uschi 89
Goethe, Johann W. 62, 176
Gogh, Vincent van 215
Gottschalk, Thomas 89
Gran, Daniel 215
Grillparzer, Franz 46, 84
Guggenbichler, Meinrad 78
Gusenbauer, Alfred 15

Hadid, Zaha 142, 149
Haider, Jörg 5, 46
Hals, Frans 208
Handke, Peter 14, 193
Hans-Adam II, Fürst von Liechtenstein 132, **208**
Hasenauer, Carl von 208
Hawelka, Amir 194
Hawelka, Josefine 194
Hawelka, Leopold 195
Haydn, Johann Michael 106, 233
Haydn, Joseph 11, 19 f., **22**, 106, 233
Hebbel, Friedrich 70
Heine, Heinrich 222
Helene, Herzogin in Bayern 64
Heller, André 168
Hemingway, Ernest 70, 202
Hemma, hl. 32
Hieronymus Bosch 208
Hildebrandt, Lukas von 204
Hitler, Adolf 62
Hodler, Ferdinand 214
Hörbiger, Attila 194
Hörbiger, Paul 194
Hofer und Weber 74
Hofer, Andreas 140, **149**, 150
Hoffmann, Ernst 56 f.
Hoffmann, Josef 201
Hofmannsthal, Hugo von 14, 81, 103, **113 f.**
Hollein, Hans 56
Holzmeister, Clemens 113
Horvath, Ödön von 14
Huber, Wolf 177
Humboldt, Alexander von 72, 80
Humpeler, Egon 179
Hundertwasser, Friedensreich 108, 136, **202 f.**

Iby, Paul, Bischof 22
Isabella, Prinzessin von Portugal 219

Jandl, Ernst 14
Jelinek, Elfriede 14, 193
Jöbstl, Waltraud 139
Johanna die Wahnsinnige 152
Johannes Paul II., Papst 131
John, Elton 154
Joseph II., Kaiser 12, 191, 194, 199, 201, 220, 229, 231

Joyce, James 105, 177 f.
Jürgens, Curd 195
Jürgens, Udo 41

Kada, Klaus 57
Kampusch, Natascha 15
Karajan, Herbert von 114, 195
Karl Baroness von Thyssen-Bornemisza 131
Karl der Große, Kaiser 10, 87, 111, 155
Karl der Kühne 153
Karl VI., Kaiser 204, 215
Kästner, Erich 231
Kauffmann, Angelika 176
Kepler, Johannes 76
Khevenhüller, Georg Freiherr von 39
Kiesbauer, Arabella 84
Klestil, Thomas 15
Klimt, Gustav 13, **63**, 74, 109, 189, 215, **234**
Klinger, Max 215
Kokoschka, Oskar 74, 109, 215
Kolleritsch, Alfred 126
Kolumbus, Christoph 24
Komarek, Alfred 81
Konrad IV., Erzbischof 87
Konstantius, Kaiser 52
Kowanz, Brigitte 22
Krau, Karl 14
Kreisler, Georg 225
Krenn, Bischof 46
Kruckenhauser, Stefan 182

Lalio, Domenico de 37
Lanner, Josef 231
Lavant, Christine 14
Lehár, Franz 11
Lenau, Nikolaus 67
Lennon, John 195
Le Nôtre, André 220
Leonardo da Vinci 153, 189
Leonhard von Keutschach 97
Leopold I., Kaiser 153, 221
Leopold I., Markgraf 48
Leopold II. 48
Leopold V., Herzog 45
Leopold Wilhelm, Erzherzog 207
Lichtblau-Wagner, Architektenbüro 22
Lindner, Patrick 89
Liszt, Franz 28 f.
Lodron, Paris 108
Loos, Adolf 201, 209
Lorenz, Konrad 70
Losenstein, Wilhelm von 54
Ludwig I. 153
Ludwig Kronprinz v. Bayern 118
Luther, Martin 94

252

Namenregister

Mahler, Gustav 11, 63
Maier, Dietmar 84
Maier, Johanna 84
Makart, Hans 116, 214
Manet, Edouard 214
Mann, Thomas 105
Marc Aurel 52
Maria Theresia, Kaiserin 10, 12, 28, 131, 151 f., **201**, 204, **221**, 224
Maria von Burgund 10, 152, 153
Marie d'Agoult, Gräfin 28
Marko, Helmut 127
Martin, hl. 22
Mateschitz, Dietrich 102, 110
Mattielli, Lorenzo 205, 215
Maximilian I., Kaiser 10, 39, 144, 150, **151 f.**, **153**, 158, 166
Mayhöfer, Friederike 14
Menzel, Adolph 214
Metternich, Fürst Clemens von 13
Michelangelo 189
Millau, Gault 84, 139, 151
Mindszenty, József von Ungarn 131
Mommsen, Theodor 52
Monet, Claude 214
Monroe, Marilyn 46
Morisette, Alanis 154
Mörk, Alexander von 119
Moser, Hans 199
Mozart, Constanze 96
Mozart, Leopold 100, **107**, 117
Mozart, Maria Anna 106, **107**, 121
Mozart, Wolfgang Amadeus 11, 80, 84, 103, 106, **107**, **110**, 113, 116, **209 f.**, **226**
Münzer, Hieronymus 177
Muliar, Fritz 194
Munch, Edvard 189, 215
Munggenast, Joseph 49
Musil, Robert 14, 37, 192

Napoleon 20, 129, 140, **149**, 150
Nestroy, Johann 123
Nickol, Silvio 218
Nissen, Georg Nikolaus von 96
Nüll, Eduard van der 228, 235

Odilo, Herzog v. Bayern 78
Olbrich, Joseph Maria 57
Ono, Yoko 195
Otto I., König 11
Otto von Habsburg 131
Ottokar II., König von Böhmen 10

Pacassi, Nikolaus 221
Paracelsus, Theophrastus 82, 100
Paul, Robert 218
Pechstein, Max 74
Perrault, Dominique 151

Pfaffinger, Joseph Anton 104
Philipp der Gute 219
Philipp der Schöne 152
Picasso, Pablo 189
Pienzenau, Hans von 158
Pink 154
Pluhar, Erika 194
Pomis, Pietro de 129
Pozzo, Andrea 208
Prandtauer, Jakob 49
Preradovic, Paula von 56
Presley, Elvis 82
Proksch, Udo 206
Puccini, Giacomo 175

Qualtinger, Helmut 225

Raffael 189, 208
Ravel, Maurice 105
Reinhardt, Max 80, 103, **113**
Rembrandt van Rijn 189, 208
René d'Anjou, Herzog 215
Renoir, Pierre-Auguste 214
Rheticus, Georg Joachim 177
Rilke, Rainer M. 47, 70, **158**
Ritz, Charles 70
Roller, Alfred 113
Rosegger, Peter 14
Ross, Diana 154
Roth, Joseph 14
Rottmayr, Johann Michael 208
Rubens, Peter Paul 189, 207, 208
Rudolf I., König 10, 151
Rudolfs II., Kaiser 219
Rudolph, Kronprinz 64, 201
Rühm, Gerhard 14
Rupert, hl. 106, 113

Sacher, Eduard 195
Salten, Felix 14
Saplier, Moritz Gottlieb 44
Schalk, Franz 113
Schiele, Egon **57**, 74, 189
Schneider, Hannes 182
Schneider, Romy 195
Schnitzler, Arthur 14, 70
Schönberg, Arnold 11
Schopenhauer, Arthur 84
Schratt, Katharina 64
Schubert, Franz 70, **176**, 233, 237
Schuck, Peter 164
Schumacher, Ralf 89
Schwarzenegger, Arnold 128
Semper, Gottfried 194, 208
Septimus Severus 52
Sforza, Bianca Maria 150, 153
Sforza, Galeazzo Maria, Herzog 215
Siccardsburg, August von 228, 235
Siegel, Viktor 53
Siren, Heikki 74

Sittikus, Markus 100, 117
Solari, Santino 113, 117
Spitzweg, Carl 160
Stekovics, Erich 24
Stella, Frank 127
Stewart, Rod 154
Stifter, Adalbert 70, 78
Sting 154
Strauß jun., Johann 11, 231, 237
Strauss, Richard 113
Strudel, Peter 192
Suppé, Franz von 237

Tabori, George 193
Tassilo III., Herzog v. Bayern 73
Theoderich der Große 152
Thun, Matteo 108
Tintoretto 207
Tirol, Graf von 142
Tizian 207
Toman, Toni 148
Toten Hosen 82
Trakl, Georg 14, 106
Trzes'niewski, Francisek 192 f.
Turner, Tina 154

Verdi, Guiseppe 175
Vermeer, Jan 208

Wagner, Cosima 28, 216
Wagner, Otto 189, 213, **216 f.**, **234**
Wagner, Richard 28
Wagnest, Matta 127
Wallack, Franz 33
Weber, Carl Maria von 100
Weber, Genoveva von 100
Weismayr, Gustav 84
Weissenkircher, Hans Adam 129
Weizsäcker, Richard von 84
Welles, Orson 195
Wells, Herbert George 105
Welser, Philippine 152 f.
Welz, Friedrich 109
Wilde, Oscar 209
Wilhelm I., König v. Preußen 82
Wittgenstein, Caroline 28
Wörther, Jörg 24, 110
Wolf Dietrich, Erzfürstbischof 100, 105, **109**, **113**, **118**

Ziehrer, Carl Michael 231
Zumthor, Peter 172, 17
Zuntz, Nathan 179
Zweig, Stefan 14, 103, 105

253

Ihre persönlichen Reisenotizen:

Bildnachweis

A-ROSA Resort und Hotel GmbH, Hamburg: S. 156 u.
Archäologischer Park, Petronell-Carnuntum/Stefan Baumann: S. 52 u.
Archiv Großglockner Hochalpenstraßen AG: S. 34/35
Albertina, Wien: S. 189 o.; Albertina, Wien/Harald Eisenberger: S. 188
Almtaler Bauern/Mag. Rauchenberger: S. 243 u.
Lisa Bahnmüller, Geretsried-Gelting: S. 189 u.
Donau Niederösterreich/Rudi Weiß: S. 244
Dorotheum GmbH & Co KG, Wien: S. 197 u.
Fotolia/Aintschie: S. 138 o.; Georgios Alexandris: S. 186 o.; Alexglantschnig: S. 3; Augenblicke: S. 235 u.; Babsi_w: S. 53, 139 u.; Stefan Balk: S. 174 o.; Ludwig Berchtold: S. 176 o.; Peter Bosch: S. 231 o., 231 u.; Henner Damke: S. 240; Digitalpress: S. 193; DopKay: S. 15; Christa Eder: S. 144 u.; Alban Egger: S. 149 o.; Falkenauge: S. 170; Martin Filzwieser: S. 219; Urs Frischknecht: S. 235 o.; Foto Guttmann: S. 62 o.; David Harding: S. 234 o.; Posztós János: S. 109; Netzer Johannes: S. 16/17, 171, 179 o., 183 o., 183 u.; Xaver Klaußner: S. 26/2. v. u.; Olaf Kloß: S. 26/2. v. o.; Pavol Kmeto: S. 230/231; Ruben Knoll: S. 147; Gerhard Köhler: S. 31 o.; Herbert Kratky: S. 205; LianeM: S. 150 u., 155 u.; Walter Luger: S. 43; Martin: S. 130; Kurt Misar: S. 191; Werner Münzker: S. 213; Nachbelichtet: S. 198 o.; Tom Oliveira: S. 187; Openlens: S. 74; By Paul: S. 146/147; Petrabarz: S. 81; Photoinsel: S. 232; Hans-Peter Reichartz: S. 169 u.; Thomas Reimer: S. 118 o.; Alexander Reitter: S. 46/47; Prager Rene: S. 159 o., 159 u.; RW-Design: S. 160; Bettina Sampl: S. 133; Gina Sanders: S. 29; Tobias Scharla: S. 165 u.; Regine Schöttl: S. 59; Schwoab: S. 206 o., Strusi: S. 237; Studali: S. 54 u., 139 o.; SyresZERO: S. 20 o.; Thomas: S. 176 u.; Andrea Todeschini: S. 152; Kurt Tutschek: S. 54 o.; VRD: S. 155 o.; Waldteufel: S. 73 o.; Olaf Wandruschka: S. 134/135; Gerhard Wanzenböck: S. 26/27; Oliver Weber: S. 141 o.; Boris No Worries: S 117; Alexander Wurditsch: S. 26 u., 138 u.
Gasteinertal Tourismus GmbH: S. 82 o., 84
Golfclub, Goldegg: S. 86
Rainer Hackenberg, Köln: S. 7, 204
Haslinger, Baden bei Wien: S. 45
Kurt Henseler/laif, Köln: S. 236/237
Horst Herzig, Groß-Gerau: S. 186 u., 200
Hohenfels, Tannheim: S. 167 o., 167 u.
Hotel Das Triest, Wien/Severin Wurnig: S. 202
Hotel Ebner's Waldhof am See, Fuschl am See: S. 85
iStockphoto/4FR: S. 60, 70, 71; Antonio d'Albore: S. 227; Babsi_w: S. 80; Ben Blankenburg: S. 92 o.; Richard Cano: S. 225 u.; Cschoeps: S. 30 u.; Claudia Dewald: S. 92 u.; Markus Divis: S. 18 u.; Matthew Dixon: S. 220/221; Fotofrankyat: S. 42, 58/59; Georg Hafner: S. 165 o.; Dieter Hawlan: S. 75; Fritz Hiersche: S. 22; Hsvrs: S. 93, 150 o.; Vladimir Khirman: S. 67, 145; Robert Kohlhuber: S. 68/69; Bogdan Lazar: S. 44 u., 87 u.; Leonsbox: S. 132 o.; LianeM: S. 162/163; Dave Long: S. 83, 105, 106 u., 112; Megan Lorenz: S. 26 o.; Daniel Loretto: S. 72 u.; Carsten Madsen: S. 141 u., Manfredxy: S. 33; Pavle Marjanovic: S. 126 u., 128 o., 128 u.; Flavio Massari: S. 169 o.; Marcel Mayer: S. 174 u.; Ewa Mazur: S. 132/133; Riwanto Megosinarso: S. 247; Narvikk: S. 98/99; Joris van Ostaeyen: S. 49 o., 50/51; Martin Painhart: S. 25 u.; Kurt Praher: S. 28 o.; Alexander Reitter: S. 18 o.; RelaxFoto.de: S. 41 u.; Hansjoerg Richter: S. 30 o.; Christian Riedel: S. 25 o., 215 u.; Scibak: S. 238; Robert Simon: S. 185; Willie B. Thomas: S. 199 u.; Tokle: S. 164; Tupungato: S. 177 o.; Ed Ward: S. 142 u.; Ingmar Wesemann: S. 5 o.; Stephan Zabel: S. 4 o.
Gerold Jung, Ottobrunn: S. 104, 113 o.
Kärnten Werbung: S. 4 u., 31 o., 36 u., 38; Gerdl: S. 6 o.; Leitner: S. 40 o.; Rauschendorfer: S. 5 u.
Kierok/laif, Köln: S. 184
Michael Klein - 7reasons - www.kelten.co.at: S. 88, 89 o.
Magistrat St. Pölten: S. 56 o., 56 u.
Mariazeller Land: S. 124 u., 131 u.
Mozarthaus Vienna/David Peters: S. 210
Narzissenfestverein Bad Aussee: S. 125
Nationalpark Hohe Tauern/NPV Salzburg, Rieder: S. 91
Oberes Belvedere, Wien: S. 214 o., 220
OÖ.Tourismus: S. 76/77; Erber: S. 78/79; Neubacher: S. 242
OÖ.Werbung/Heilinger: S. 8/9; Himsl: S. 6 u., 62 u.
Österreich Werbung/Ascher: S. 156 o.; Bartl: S. 195; Bohnacker: S. 37 o.; Diejun: S. 211 u.; Fankhauser: S. 148; Felder: S. 179 u.; Kalmár: S. 206 u.; Lammerhuber: S. 224, 228/229; Mallaun: S. 157; ÖBB: S. 55; Pigneter: S. 131 o.; Popp: S. 8, 21, 129; Trumler: S. 23 u., 73 u.; Weinhäupl: S. 120, 122; Wiesenhofer: S. 173, 203, 215 o., 241, 243 o.
François PERRI/REA/laif, Köln: S. 44 o.
Pixelio: S. 46; Stefanie Abel: S. 94; S. Götz: S. 142 o.; Karl-Heinz Liebisch: S. 61, 123, 124 o.; Michael Wittstock: S. 172/173
Planai-Hochwurzen Bahnen: S. 245
Posthotel Achenkirch Resort & Spa, Achenkirch: S. 143 o., 143 u.
Restaurant Palais Coburg/Franz Zwickl, Wien: S. 218
Romantik Hotel Im Weissen Rössl, St. Wolfgang: S. 121 o., 121 u.

Bildnachweis Impressum

Saalbach Hinterglemm/Edward Groeger: S. 95 u., 239; Leo Himsl: S. 95 o.
Salzburger Land Tourismus Gesellschaft m.b.H.: S. 82 u., 87 o.
Salzburger Marionettentheater: S. 114 u.
Salzburger Museum Carolino Augusteum/Poschacher: S. 115
Schladming-Dachstein/Herbert Raffalt: S. 246
Horst Schmidt-Brümmer, Köln: S. 106 o.
Andreas Schulz, Köln: S. 89 u.
Julius Silver, Wien: S. 198 u., 226
Guenter Standl/laif, Köln: S. 20 u., 212/213
Berthold Steinhilber/laif, Köln: S. 190 u., 194, 199 o., 207 o.
Stekovics, Frauenkirchen: S. 24
Cathrine Stukhard/laif, Köln: S. 197 o.
Swarovski AG, Triesen (Fürstentum Liechtenstein): S. 168
Therme Geinberg: S. 66
Tourismus Salzburg GmbH: S. 6/7, 97, 100, 101 o., 101 u., 103 o., 103 u., 107 o., 108, 111, 113 u., 114 o., 116, 118 u.
Tourismusverband Paznaun – Ischgl: S. 154 o., 154 u.
TVB MondSeeLand, Mondsee-Irrsee: S. 77
TVB St. Anton am Arlberg/Josef Mallaun: S. 180/181, 182
Vista Point Verlag (Archiv), Köln: S. 10 o., 11 o., 11 u., 12 o.. 12 u., 13 o. l., 13 o. r., 13 u., 14 o. l., 14 o. Mitte, 14 o. r., 14 u., 23 o., 28 u., 40 u., 49 u., 57, 63, 64, 107 u., 126 o., 144 o., 149 u., 153, 190 o., 201, 207 u., 208, 211 o., 214 u., 221, 222 o., 222 u., 234 u.
Wien-Tourismus/Wiesenhofer: S. 10 u.
Wiener Sängerknaben/www.lukasbeck.com: S. 233
Wikipedia/Andrew Bossi: S. 127; Rafael Brix: S. 90/91; Piergiuliano Chesi: S. 166; Böhringer Friedrich: S. 151, 175, 177 u.; Griensteidl: S. 32; Walter Hochauer: S. 9; Johann Jaritz: S. 36 o.; Matthias Kabel: S. 10 Mitte, 52 o.; Kuli: S. 161; Mausemarie: S. 72 o.; Neithan90: S. 37 u.; Popie: S. 41 o.; Herbert Ruhdorfer: S. 102; Marion Schneider & Christoph Aistleitner: S. 137; SchwarzerKater.at Roland Weber: S. 136/137; Sigmunds: S. 64/65, Snoop: S. 209; Werckmeister: S. 119
Ernst Wrba, Wiesbaden: S. 216
Clemens Zahn/laif, Köln: S. 225 o.
Zinn/laif, Köln: S. 223

Umschlagvorderseite: Going am Wilden Kaiser (Tirol). Foto: Österreich Werbung/Jezierzanski
Vordere Umschlagklappe (innen): Übersichtskarte des Reisegebietes
Schmutztitel (S. 1): Pfiffiger Wächter der Alpenregion – Murmeltier am Großglockner. Foto: Fotolia/Andreas Resch
Innentitel (S. 2/3): Herbst am Grundlsee im steirischen Teil des Salzkammerguts. Foto: iStockphoto/4FR
Hintere Umschlagklappe (außen): Vor allem für seinen Weinanbau ist die Wachau bekannt. Foto: iStockphoto/Dieter Hawlan
Umschlagrückseite: Jause in Kärnten, Foto: Kärnten Werbung/Gerdl (oben); Wahrzeichen der Wachau – das Benediktinerkloster Stift Melk, Foto: iStockphoto/Joris van Ostaeyen (Mitte); Murmeltier am Großglockner, Foto: Fotolia/Andreas Resch (unten)

Gaia ist eine Marke der Vista Point Verlag GmbH, Köln
© 2012 Originalausgabe Vista Point Verlag GmbH, Köln
Alle Rechte vorbehalten
Verlegerische Leitung: Andreas Schulz
Reihenkonzeption: Horst Schmidt-Brümmer, Andreas Schulz
Bild- und Textredaktion: Andrea Herfurth-Schindler
Lektorat: Christiane Mahlberg, Köln
Layout und Herstellung: Sandra Penno-Vesper
Reproduktionen: Henning Rohm, Köln
Kartographie: Kartographie Huber, München
Gedruckt auf chlorfrei gebleichtem Papier

ISBN 978-3-86871-466-1